U0865481

2019年度教育部人文社会科学研究青年基金项目（19YJC820032）
“生态环境损害赔偿与环境公益诉讼的衔接机制研究”阶段性研究成果

社会主体提起的
环境行政公益诉讼研究

SHEHUI ZHUTI TIQI DE
HUANJING XINGZHENG GONGYI SUSONG YANJIU

梁春艳　著

法律出版社
LAW PRESS·CHINA
北京

图书在版编目(CIP)数据

社会主体提起的环境行政公益诉讼研究 / 梁春艳著
. -- 北京 : 法律出版社, 2024
ISBN 978 - 7 - 5197 - 7876 - 7

Ⅰ. ①社… Ⅱ. ①梁… Ⅲ. ①环境保护法 - 行政诉讼
- 研究 - 中国 Ⅳ. ①D925.304

中国国家版本馆 CIP 数据核字(2023)第 073337 号

社会主体提起的环境行政公益诉讼研究
SHEHUI ZHUTI TIQI DE HUANJING XINGZHENG GONGYI SUSONG YANJIU

梁春艳 著

策划编辑 张 颖
责任编辑 张 颖
装帧设计 臧晓飞

出版发行 法律出版社
编辑统筹 法律应用出版分社
责任校对 裴 黎
责任印制 刘晓伟
经 销 新华书店

开本 A5
印张 10.125 **字数** 288 千
版本 2024 年 1 月第 1 版
印次 2024 年 1 月第 1 次印刷
印刷 北京虎彩文化传播有限公司

地址:北京市丰台区莲花池西里 7 号(100073)
网址:www.lawpress.com.cn
投稿邮箱:info@lawpress.com.cn
举报盗版邮箱:jbwq@lawpress.com.cn
销售电话:010 - 83938349
客服电话:010 - 83938350
咨询电话:010 - 63939796
版权所有 · 侵权必究

书号:ISBN 978 - 7 - 5197 - 7876 - 7
定价:52.00 元
凡购买本社图书,如有印装错误,我社负责退换。电话:010 - 83938349

前　言

生态环境共治很大程度上离不开政府和环保行政机关的宏观决策和微观管制，而社会主体（包括社会组织和公民）的有效参与和监督是实现生态环境共治的现实需求。新兴的环境公益诉讼制度为社会主体借助司法参与生态环境共治提供了机遇。作为新兴的环境诉讼形态，环境公益诉讼的发展模式和类型选择应同时符合环境保护法理基础和司法理性标准两个维度。基于环境保护法理和司法理论，以国家环境保护义务论和环境公共治理理论作为环境保护法理基础，以司法中立、司法公正、司法民主、司法效率和司法谦抑作为司法理性判断标准，两者并驾齐驱共同辨识各类环境公益诉讼的价值理性和实践理性，笔者发现社会主体提起的环境行政公益诉讼是我国环境公益诉讼发展最适当的诉讼类型和应然主流，其他环境公益诉讼类型（公权力主体提起的环境民事公益诉讼、社会主体提起的环境民事公益诉讼、公权力主体提起的环境行政公益诉讼）都只在特定适用条件下发挥补充性功能。

社会主体提起环境行政公益诉讼的功能之一——保障社会组织或公民有权借助司法公器督促

政府或环保行政机关积极履行国家环境保护义务、提供基本环境公共服务和维护基本环境公益。在环保法治社会，国家不仅负有不侵犯公众环境权益和不损害环境公益的消极义务，还负有保障公众环境权益、提供基本环境公共服务和促进基本环境公益的积极义务。政府和环保行政机关是履行国家环境保护义务的法定主体。当政府或环保行政机关怠于履行国家环境保护义务而有损环境公益时，社会组织或公民应当有权利诉诸司法督促国家环境保护义务的履行，救济和维护基本环境公益。

社会主体提起环境行政公益诉讼的功能之二——将社会学、政治学、管理学等领域的公共治理理论运用到环境司法领域，为社会组织和公民有效地参与国家环境治理提供强有力的司法保障。环境保护离不开政府和环保行政机关的宏观决策和微观管制，也离不开社会公众的共同参与。维护和促进环境公益是环境保护法治国家和社会的共同目标。当环境公共治理失灵或失效时，社会主体提起环境行政公益诉讼则能够借助司法公器促使社会环境权力和国家环境权力重新有效地形成合力，实现生态环境共治。

社会主体提起环境行政公益诉讼的功能之三——将司法中立、司法公正、司法民主、司法效率和司法谦抑等司法理性判断标准运用到环境司法领域。构建社会主体提起的环境行政公益诉讼制度，有利于促使法院摆脱行政依附性，中立、公正地行使审判权，实现司法中立和司法公正；有利于保障社会组织和公民有效诉诸司法，实现司法民主；有利于督促政府或环保行政机关发挥环境行政管制职能和优势，实现司法效率。此外，社会主体提起的环境行政公益诉讼是环境行政的有益补充，遵循穷尽行政救济原则，是司法谦抑原则在环境司法领域的体现。

然而，综观我国各阶段环境公益诉讼司法实践历程，环境公益诉讼类型多元并存，但社会主体提起的环境行政公益诉讼还未充分发挥其价值。社会主体始终难以借助司法公器督促政府或环保行政机关切实履行国家环境保护义务，以实现生态环境共治。

我国社会主体提起的环境行政公益诉讼司法实践阻力重重，其中，存在理念待更新、立法待完善、公民意识待加强、社会主体能力不足等方面的原因。针对诸多现实阻力,有必要从制度层面构建社会主体提起的环境行政公益诉讼。美国、德国和日本在立法上均赋予社会公众诉诸司法以监督环境行政的权利,且分别发展为较为成熟的美国环境公民诉讼、德国利他性环保团体诉讼和日本民众诉讼。他山之石,可以攻玉。立足于我国的社会背景和权力构造,辩证性地借鉴国外的经验,对完善我国环境公益诉讼制度的发展大有裨益。

社会主体提起的环境行政公益诉讼的制度构建应遵循穷尽行政救济原则、有益补充原则、合法性和合目的性审查原则以及法定原则。在实体法规范层面,明确社会组织和公民的起诉权、具有可诉性的国家环境保护义务、国家环境权力以及环境标准体系等规则;在程序法规范层面,规定起诉资格法定条件、被告范围、诉前告知义务、勤勉执行前置程序、受案范围以及举证责任分配等规则。

此外,为确保制度构建的互补性和完整性,还需完善相关保障机制以及建立与其他诉讼制度之间的衔接规则,使社会主体提起的环境行政公益诉讼不脱离现有诉讼体系,并尽量做到对现有诉讼体系干扰最少。

目录

引　言

一、研究背景

针对环境日益恶化、环境纠纷不断增多的现实困局，在环境诉讼产生初期，法院多适用传统的诉讼法理和法律规范来解决新型的环境侵权纠纷。在一定程度上，因环境污染、生态破坏而导致的人身损害、财产损害等私益损害可通过传统司法途径予以救济，而受损的环境公益则一度被抛掷于司法救济的范畴之外。21世纪初期，公民以维护环境公益为目的提起的环境公益诉讼案件均以失败告终，如2000年青岛市市民诉青岛市规划局撤销规划许可案、2001年东南大学两位教师诉南京市规划局撤销紫金山观景台规划许可案以及2002年陈某庆诉杭州市余杭区环保局怠于履职案。

大气污染、水污染、土壤污染、废弃化学品污染等一系列环境突发事件的陆续爆发，引起人们对环境生态价值的广泛关注，通过构建环境公益诉讼制度来救济受损的环境公益的呼声越来越高。为适应环境案件专门化审理的司法需求，专门化环境审判机构在各地应运而生。2004年，河北省晋州市人民法院成立专门环保法庭，辽宁省大连市沙河口区人民法院成立环保巡回法庭。2007 年,贵州省清镇市人民法院设立环境保护法庭,贵阳市中级人民法院成立环保审判庭,专门审理涉及环境保护的民事、行政、刑事案件以及环境公益诉讼案件。随后,无锡、昆明等地的中级人民法院纷纷增设环境保护合议庭或审判庭,建立"三审合一""四审合一"等审判模式。地方试点相对成熟后,最高人民法院于 2014 年 7 月 3 日设立环境资源审判庭。据不完全统计,截至 2014 年 12 月 9 日,我国已有 20 个省(市、自治区)人民法院设立了环境资源审判庭、合议庭、巡回法庭,共计 369 个。[1] 2015 年,最高人民法院设立了环境资源司法研究中心。此后,各地纷纷响应号召,在高级人民法院、中级人民法院中设立环境资源审判机构,逐步形成环境司法专门化格局。

早在 20 世纪末 21 世纪初,始有学者开展环境公益诉讼相关研究。[2] 对我国环境公益诉讼应采取何种模式的问题,学界的认识则与司法实践大有不同。较多学者认为我国应构建环境民事公益诉讼和环境行政公益诉讼并存的"二元"模式。亦有少数学者认为,不宜进行"二元"划分,应建立专门的环境诉讼机制。[3] 但无论何种主张,都共同认为环境公益诉讼应当同时追究环境民事违法者和环境行政违法者的法律责任。学界的部分研究成果被国家政策和立法采纳。2005 年 3 月,梁从诚等 28 名全国政协委员联合提交《关于尽快建立健全环保公益诉讼制度的提案》(第 1223 号),提出"我们迫切地呼吁尽快着手建立环境民事公益诉讼制度";同年 12 月,《国务院关于落实科学发展观加强环境保护的决定》首次提出

---

〔1〕 李成思:《环境保护法治进入变革时代　环境资源审判走向专业化》,载中国新闻网,http://finance.chinanews.com/ny/2014/12-31/6928443_4.shtml。

〔2〕 参见朱谦:《美国环境法上的公民诉讼制度及其启示》,载《世界环境》1999 年第 3 期;强雨、周刚:《构建我国行政公益诉讼的理论思考》,载《人民司法》2002 年第 9 期;张明华:《环境公益诉讼制度刍议》,载《法学论坛》2002 年第 6 期。

〔3〕 参见吕忠梅:《环境公益诉讼辨析》,载《法商研究》2008 年第 6 期;张海燕:《论环境公益诉讼的原告范围及其诉权顺位》,载《理论学刊》2012 年第 5 期;刘超:《环保法庭在突破环境侵权诉讼困局中的挣扎与困境》,载《武汉大学学报(哲学社会科学版)》2012 年第 4 期。

“发挥社会团体的作用,鼓励检举和揭发各种环境违法行为,推动环境公益诉讼”。2011 年《国家环境保护“十二五”规划》中明确“支持环境公益诉讼”。此后,中华环保联合会积极联合云南省高级人民法院等地方法院和武汉大学等科研院校召开年度环境司法论坛,探讨环境司法实践热点问题。

在国家政策的推动下,各地积极制定环境公益诉讼地方规范性文件。除贵阳规定环境民事公益诉讼和环境行政公益诉讼外,无锡、昆明等地仅规定了环境民事公益诉讼。据笔者综合有关学者文献和网络资源的详细统计[1],截至 2012 年 12 月,即环境公益诉讼规则确立之前,全国各地法院共公开受理 36 起环境公益诉讼案件。其中,环境民事公益诉讼案件 33 起,约占总数的 91.7%,且大部分案件由公权力主体提起或得到公权力主体的支持;环境行政公益诉讼案件 3 起,约占总数的 8.3%,主要由具有官方背景的中华环保联合会提起。可见,在司法试点实践时期,我国环境公益诉讼的发展以公权力主体提起的环境民事公益诉讼为主线。社会主体提起的环境民事公益诉讼和环境行政公益诉讼仅获得部分法院的能动受理,且胜诉案件数量有限。我国 2012 年修正的《民事诉讼法》(已修改)首次在立法层面确认环境民事公益诉讼。随后,2014 年修订的《环境保护法》以及 2015 年发布并实施的《最高人民法院关于审理环境民事公益诉讼案件适用法律若干问题的解释》(已修改)对环境民事公益诉讼的起诉资格及具体审理规则予以进一步明确,赋予法律规定的机关和有关组织提起环境民事公益诉讼的起诉资格。至此,我国在立法层面确立了公权力主体提起的环境民事公益诉讼和社会主体提起的环境民事公益诉讼。但我国 2014 年《行政诉讼法》(已修改)并未采纳学界所建议的行政

---

〔1〕 笔者主要对 2000 年 1 月至 2016 年 3 月法院公开受理且审结的环境公益诉讼案例进行统计,统计资料源于最高人民法院网、中国法院网、中国裁判文书网、北大法意网、北大法律信息网、其他新闻网站和期刊报纸公开发布的案例,以及中华环保联合会和自然资源保护协会:《民间环保组织在环境公益诉讼中的角色及作用——调研报告》,载自然资源保护协会网,http://www.nrdc.cn/Public/uploads/2016-12-02/5841642fe31f3.pdf。

公益诉讼规则。根据2015年《立法法》(已修改)第8条第10项的规定,诉讼和仲裁制度只能依据国家法律运行。因此,2015年之前,我国立法并未确立环境行政公益诉讼。

环保法治建设离不开政府或环保行政机关在微观层面管制环境行政相对人以及在宏观层面制定环境规划、政策立法。而在建立环境民事公益诉讼的单一模式下,政府或环保行政机关有损环境公益的违法行为难以受到环境公益诉讼制约。为应对环境民事公益诉讼这一单一诉讼类型带来的弊端,国家开始转向开展环境行政公益诉讼司法试点。[1] 在党的十八届四中全会报告呼吁"探索建立检察机关提起公益诉讼制度"之后,全国人民代表大会常务委员会于2015年7月2日审议通过了《检察机关提起公益诉讼改革试点方案》,授权检察机关在北京、内蒙古、湖北等13个省份开展环境行政公益诉讼的改革试点工作。2015年12月16日,最高人民检察院审议通过《人民检察院提起公益诉讼试点工作实施办法》(已废止),规定了检察机关提起行政公益诉讼的负责部门、检察机关的管辖分工、证据调查方式、诉讼前置程序、举证责任等内容,为检察机关试点提起环境行政公益诉讼提供具体规则指引。为了保障检察机关提起的行政公益诉讼案件能获得顺利审理,2016年2月,最高人民法院发布《人民法院审理人民检察院提起公益诉讼案件试点工作实施办法》,对人民法院登记立案、检察机关的诉讼权利和诉讼义

---

[1] 事实上,环境行政公益诉讼司法试点早在2000年就已经开启,只是以公民个人为原告的环境行政公益诉讼案件(2000年青岛市市民诉青岛市规划局撤销规划许可案、2002年陈某庆诉杭州市余杭区环保局怠于履职案以及2003年金某喜诉杭州市规划局撤销老年大学项目许可案等)均以失败告终。截至2016年3月,共有9起环境行政公益诉讼案件(2009年中华环保联合会诉清镇市国土资源局案、2012年中华环保联合会诉贵州省修文县环保局信息公开案、2012年中华环保联合会诉无锡市蠡湖惠山景区管理委员会案、2013年贵阳公众环境教育中心诉贵州省某镇人民政府案、2013年陈某雯诉广州市环保局信息公开案、2014年贵州省金沙县人民检察院诉贵州省金沙县环保局案、2015年山东省庆云县人民检察院诉庆云县环保局案、2015年贵州省锦屏县人民检察院诉锦屏县环保局案以及2015年福建省清流县人民检察院诉清流县环保局案)基于当地法院的重视和地方政策的支持而得以受理。

务以及提起公益诉讼案件是否适用人民陪审制等具体问题作了较为详细的规定。经过为期两年授权试点的经验积累和实践反馈,全国人民代表大会常务委员会于2017年6月27日审议通过了《关于修改〈中华人民共和国民事诉讼法〉和〈中华人民共和国行政诉讼法〉的决定》(以下简称《修改决定》),我国2017年修正的《行政诉讼法》第25条增加了第4款,在立法中首次规定检察机关有权提起行政公益诉讼。2018年3月1日,最高人民法院和最高人民检察院联合发布《关于检察公益诉讼案件适用法律若干问题的解释》(法释〔2018〕6号,已修改),为检察机关开展公益诉讼工作提供了相对具体的司法适用规则。紧接着,我国《人民检察院组织法》(2018年10月修订)以及《检察官法》(2019年4月修订)分别吸纳了公益诉讼检察职权的相关规定。随后,2020年修正的《最高人民法院、最高人民检察院关于检察公益诉讼案件适用法律若干问题的解释》(法释〔2020〕20号)以及《人民检察院公益诉讼办案规则》(高检发释字〔2021〕2号)等司法解释相继出台,为检察机关探索环境行政公益诉讼制度提供了规则指引。

二、研究动机与目的

我国环境公益诉讼历经20多年的司法实践探索,具有高度的中国特色。其形成和发展,经历了从"公权力主体提起的环境民事公益诉讼单一模式"向"公权力主体提起的环境民事公益诉讼、社会主体提起的环境民事公益诉讼与公权力主体提起的环境行政公益诉讼多元并存模式"发展的几个主要阶段。我国环境公益诉讼司法实践万象丛生、诉讼类型多元并存。

然而,在具有中国特色的环境公益诉讼司法实践中,我国先后出现过几种环境公益诉讼类型?各类环境公益诉讼的利弊及适用条件是什么?如何判断哪一类环境公益诉讼更符合我国环境保护法理基础和司法理性评判标准?哪一类环境公益诉讼是我国环境公益诉讼发展最适当的类型和应然主流?该类环境公益诉讼在现实中存在哪些阻碍以及受阻原因何在?应当如何针对现实阻碍作出对策选择并进行制度构建,使其不脱离我国现有诉讼制度且对现有诉讼制度干扰最少？围绕以上问题，本书拟开展深入探讨。

三、国内外研究现状

自20世纪70年代始，国内外不少学者相继对“环境公益诉讼”相关主题开展研究。其中，截至2022年10月1日，学者已出版的相关英文著作不少于6部[1]，中文著作不少于16部[2]。在中国知网(CNKI)上，以“环境公益诉讼”为主题进行搜索，检索到核心期刊论文和CSSCI期刊论文966篇，硕士、博士论文1402篇。

然而，以“社会主体提起的环境行政公益诉讼”为主题进行研究的成

---

〔1〕 相关英文专著包括：Francesco Sindico & Makane Moïse Mbengue, *Comparative Climate Change Litigation: Beyond the Usual Supects*, Springer Cham, 2021; Rachel E. Stern, *Environmental Litigation in China: A Study in Political Ambivalence*, Cambridge University Press, 2013, p. 324; Lee Paddock, Du Qun & Louis Kotze, *Compliance and Enforcement in Environmental Laws: Toward More Effective Implementation*, Edward Elgar Publishers, 2010; Jona Razzaque, *Public Interest Environmental Litigation in India, Pakistan, and Bangladesh*, Kluwer Law International, 2004; Micheael D. Axline, *Environmental Citizen Suits*, Michie, Butterworth Legal Publishers, 1995; Bruce T. Wallace & William J. Stapleton, *Environmental Litigation*, Wiley Law Publications, 1994。

〔2〕 相关中文专著包括：别涛主编：《环境公益诉讼》，法律出版社2007年版；吕忠梅、[美]王立德主编：《环境公益诉讼：中美之比较》，法律出版社2009年版；徐祥民等：《环境公益诉讼研究：以制度建设为中心》，中国法制出版社2009年版；陈阳：《检察机关环境公益诉讼原告资格及其限制》，山东人民出版社2009年版；陈亮：《美国环境公益诉讼原告适格规则研究》，中国检察出版社2010年版；徐祥民、陶卫东主编：《生态文明建设与环境公益诉讼》，知识产权出版社2011年版；刘年夫、李挚萍主编：《正义与平衡：环境公益诉讼的深度探索》，中山大学出版社2011年版；张式军：《环境公益诉讼原告资格研究》，山东文艺出版社2012年版；孙洪坤：《检察机关参与环境公益诉讼的程序研究》，法律出版社2013年版；陈冬：《美国环境公民诉讼研究》，中国人民大学出版社2014年版；杨严炎等：《外国环境公益诉讼和集团诉讼案例评析》，法律出版社2014年版；陈亮：《环境公益诉讼研究》，法律出版社2015年版；颜运秋：《中国特色生态环境公益诉讼理论和制度研究》，中国政法大学出版社2019年版；颜运秋等：《生态环境公益诉讼机制研究》，经济科学出版社2019年版；竺效主编：《环境公益诉讼案例精编》，中国人民大学出版社2019年版；薛艳华：《中国环境公益诉讼制度构造研究》，中国社会科学出版社2021年版。

果较少。相关英文文献多集中在环境公民诉讼领域[1]。在中国知网上，分别以“环境行政公益诉讼”与“社会主体”、“社会组织”、“社会团体”（非政府组织）、“环境非政府组织”（ENGO）、“公民”或“个人”同为主题进行高级搜索，检索到博士、硕士学位论文约8篇[2]，且均局限于环保社会组织或非政府组织（NGO）提起环境行政公益诉讼的领域；中文期刊文献约7篇。[3] 通过对上述专著和文献进行梳理，可以发现现有国内外研究主要从如下五个方面展开。

（一）从案例分析的视角开展研究

国外学者研究国外环境公民诉讼（或环境公益诉讼）的成果较多，

---

〔1〕 Christian Langpap, *Pollution Abatement with Limited Enforcement Power and Citizen Suits*, Journal of Regalatory Economics, Vol. 31, p. 57 – 81 (2007); Dietrich Earnhanrt, *Environmental "Citizen Suits" in the Czech Republic*, European Journal of Law and Economics, Vol. 10, p. 43 – 68 (2000); Christian Langpap, *Voluntary Agreements and Private Enforcement of Environmental Regulation*, Journal of Regulatory Economics, Vol. 47, p. 99 – 116 (2015); Richard C. Rich et al., *Citizen Participation and Emprowerment: The Case of Local Environmental Hazards*, American Journal of Community Psychology, Vol. 23, p. 657 – 676 (1995). ect.

〔2〕 分别为：赖薇：《论NGO在环境行政公益诉讼中的法律地位》，中国政法大学2006年硕士学位论文；蒋丽霞：《环保NGO参与环境行政公益诉讼法律问题研究》，中国地质大学（北京）2009年硕士学位论文；李国奇：《环保NGO参与环境行政公益诉讼法律问题研究》，石家庄经济学院2011年硕士学位论文；陈新：《中国环保非政府组织环境行政公益诉讼原告资格问题研究》，上海交通大学2014年硕士学位论文；李小玲：《环保NGO在环境行政公益诉讼中的原告资格探究》，新疆大学2015年硕士学位论文；王芳超：《我国环境行政公益诉讼起诉主体制度研究》，大连海事大学2019年硕士学位论文；黄进晖：《环境行政公益诉讼起诉主体资格研究——以客观诉讼理论为视角》，安徽师范大学2020年硕士学位论文；张焕：《社会组织提起环境行政公益诉讼研究》，安徽大学2020年硕士学位论文。

〔3〕 相关文献包括：于博：《略论环境行政公益诉讼中的NGO——基于一个案例的联想》，载《山东科技大学学报（社会科学版）》2007年第4期；林燕、李明华：《构建环保NGO环境行政公益诉讼权利制度》，载《法制与社会》2009年第14期；章礼明：《检察机关不宜作为环境公益诉讼的原告》，载《法学》2011年第6期；钱卫：《环境行政公益诉讼中环保NGO原告资格的SWOT分析》，载《中外企业家》2011年第10期；杨岳涛：《公益组织提起环境行政公益诉讼的原告资格探析——以中华环保联合会诉国家海洋局案等案例为视角》，载《中国环境法治》2014年第1期；黄娜、杜家明：《社会组织参与环境公益诉讼的优化路径》，载《河北法学》2018年第9期；丁国民、贲丹丹：《环境行政公益诉讼提起主体之拓展》，载《东南学术》2021年第6期。

研究我国环境公益诉讼的成果较少。在研究国外环境公民诉讼(或环境公益诉讼)的成果中,国外学者多从典型的环境案例(数案或个案)切入,对环境公民诉讼(或环境公益诉讼)相关问题进行研究,以案例作为论据支撑论点,或单独介绍案例的背景以及法院判决。如 Karl S. Coplan 通过四个典型环境案例分析环境公民诉讼对美国《清洁水法》的推动作用。[1] Timothy Belevetz 以鲁坚诉国家野生生物联盟案(Lujan *v*. National Wildlife Federation)为背景,研究环境公民诉讼中“事实利益损害”对起诉资格规则的影响。[2] Ann E. Carlson 分析鲁坚诉国家野生生物联盟案对环境公民诉讼甚至是环境保护法的影响,提出该案的影响不仅局限于美国环境公民诉讼领域,而且远远超出环境保护法的视野,适用于更深层次的公法问题。[3] Joseph T. Phillips 通过地球之友诉兰得洛环境服务公司案(Friends of the Earth *v*. Laidlaw Environmental Services)分析环境公民诉讼的影响、效果及未来的可行性。[4] Hudson P. Henry 通过地球之友诉兰得洛环境服务公司案分析原告资格学说在环境公民诉讼中的变化。[5] W. Earl Webster 认为,地球之友诉兰得洛环境服务公司案以及马萨诸塞州诉联邦环保局案(Massachusetts *v*. EPA)使环境公民诉讼原告起诉资格规则在 21 世纪明显松动。[6] Scott Foster 通过阿什克罗夫特诉

---

〔1〕 Karl S. Coplan, *Citizen Litigants Citizen Regulators: Four Cases Where Citizen Suits Drove Development of Clean Water Law*, Colo. Nat. Resources, 61 Energy & Envtl. L. Rev., p. 61 – 74(2014).

〔2〕 Timothy Belevetz, *The Impact on Standing Doctrin in Environmental Litigaition of the Injury in Fact Requirement in Lujan v. National Wildlife Federation*, 17 Doklady Biochemistry & Biophysics, p. 103 – 122 (1992).

〔3〕 Ann E. Carlson, *Standing for the Environment*, 45 UCLA L. Rev. 931, p. 944 (1998).

〔4〕 Joseph T. Phillips, *Fridends of the Earth v. Laidlaw Environmental Services : Impact, Outcomes, and the Future Viability of Environmental Citizen Suits*, 68 University of Cincinnati Law Review, p. 1281 – 1305 (2000).

〔5〕 Hudson P. Henry, *A Shift in Citizen Suit Standing Doctrine: Friends of the Earth v. Laidlaw Environmental Services*, 28 Ecology Law Quarterly 233(2001).

〔6〕 W. Earl Webster, *How Can Mother Nature Get to Court? The Status of the Standing Docrine in a Post Laid Law Landscape*, 27 J. Land Resources & Envtl. L, p. 453 – 459(2007).

伊克巴尔案(Ashcroft *v.* Iqbal),提出环境公益诉讼在起诉资格、民事程序等方面突破了传统诉讼模式。[1] Ryan Pyles 通过美国邮政工人联合会诉波特案(APWU *v.* POTTER)分析公民诉讼对司法管辖权的挑战。[2] Marisa L. Ugalde 通过个案分析环境公民诉讼的发展。[3] Vawter Parker 在论述公民诉讼起诉主体时,以塞拉俱乐部诉莫顿案(Sierra Club *v.* Morton)为例,论证任何人均可以依据《美国清洁水法》提起公民诉讼。[4] Cassandra Stubbs 在分析可诉性标准在美国环境公民诉讼中的发展历程以及未来走向时,引用数个环境案例作为论据。[5] Heather A. Heilman 则对布法罗建筑工会诉布法罗市开发商和布法罗市案(Building & Construction Trades Council of Buffalo *v.* Downtown Development)的背景、法院判决作了详细分析。[6] 然而,国外学者鲜有对与环境公民诉讼(或环境公益诉讼)相关的环境案例进行系统化统计和分析。

我国学者对国外环境公民诉讼(或环境公益诉讼)的研究,也多是从数案或个案切入,进而分析国外环境公益诉讼在起诉资格、诉讼制度发展及建构方面的经验和启示。例如,有学者通过地球之友诉兰得洛环境服

---

〔1〕 Scott Foster, *Breaking the Transsubstantive Pleading Mold: Public Interest Environmental Litigation after Ashcroft v. Iqbal*, 35 Wm. & Mary Envtl. L. & Poly Rev. 581, p. 885 – 929 (2011).

〔2〕 Ryan Pyles, *APWU v. POTTER As Illustrative of the Jurisdictional Challenges to Bringing a Ctizen Suit under CERCLA* ,19 J. Nat. Resources & Envtl, p. 121 – 135 (2005).

〔3〕 Marisa L. Ugalde, *The Future of Environmental Citizen Suits after Buckhannon Board & Care Home, Inc. v. West Virginia Department of Health & Human Resources*, 8 Environmental Lawyer, p. 589 – 618 (2002).

〔4〕 Vawter Parker, *The Increasing Role of Citizen Antipollution Suits*, 15 St. B. Tex. Envtl. L. J, p. 7(1985).

〔5〕 Cassandra Stubbs, *Is the Environmental Citizen Suit Dead? An Examination of the Erosion of Standards of Justiciability for Environmental Citizen Suits*, 26 N. Y. U. Rev. L. & Soc. Change, p. 77 – 135 (2000).

〔6〕 Heather A. Heilman, *Building & Construction Trades Council of Buffalo v. Downtown Development: The Interest and Purpose of a Labor Union as Plaintiff an Envrionmental Citizen's Suit*, 20 Tul. Envtl. L. J, p. 195 – 206 (2006).

务公司案来分析环境公益诉讼的原告资格。[1] 有学者以鲁坚诉国家野生生物联盟案为中心，研究美国环境公民诉讼的起诉资格规则的法律及其运用。[2] 有学者以波罗的海高速公路案为研究对象分析德国利他性环保团体诉讼中环保 NGO 的原告资格问题。[3] 有学者以案例作为论据，对各国环境公益诉讼原告起诉资格进行比较研究。[4] 有学者通过研究美国数个典型判例的发展经验，针对我国环境公益诉讼存在的问题提出对策分析。[5] 有学者以 BUND-NRW 诉 Trianel 电厂有限公司案以及 BUND-NRW 诉 A3/A44 高速公路枢纽排水项目案为研究对象，分析德国环境保护团体诉讼对我国建构环境公益诉讼制度的启示。[6] 有学者通过马萨诸塞州诉联邦环保局案来研究美国环境公民诉讼对我国的启示。[7] 有学者单独对美国环境公民诉讼判例中的个案进行详细介绍，如单独介绍保护哈德逊优美环境协会诉联邦电力委员会案[8]，或单独介绍地球之友诉兰得洛环境服务公司案。[9]

〔1〕 张百灵、韩静、范娟：《从地球之友诉兰得洛环境服务公司案谈环境公益诉讼原告资格确立的新路径》，载《环境教育》2009 年第 9 期。

〔2〕 陈冬：《严格的起诉资格规则——以鲁坚案为中心析美国环境公民诉讼》，载吕忠梅、徐祥民主编：《环境资源法论丛》第 4 卷，法律出版社 2004 年版。

〔3〕 张式军：《德国环保 NGO 通过环境诉讼参与环境保护的法律制度介评——以环境公益诉讼中的"原告资格"为中心》，载《黑龙江省政法管理干部学院学报》2007 年第 4 期。

〔4〕 吴卫星：《环境公益诉讼原告资格比较研究与借鉴——以美国、印度和欧盟为例》，载《江苏行政学院学报》2011 年第 3 期。

〔5〕 常纪文：《我国环境公益诉讼立法存在的问题及其对策——美国判例法的新近发展及其经验借鉴》，载《现代法学》2007 年第 5 期。

〔6〕 张大海：《论我国环境保护团体诉讼的建构——以德国环境保护团体诉讼制度为参考》，载《法律适用》2012 年第 8 期。

〔7〕 马存利：《全球变暖下的环境诉讼原告资格分析——从马萨诸塞州诉联邦环保署案出发》，载《中外法学》2008 年第 4 期；梁睿：《从"马萨诸塞州诉环境保护总署"案谈美国公民公益诉讼制度及对我国的启示》，载《法学论坛》2009 年第 3 期。

〔8〕 陈岳琴：《Storm King：美国环境公益诉讼的经典案例》，载《世界环境》2006 年第 6 期。

〔9〕 ［美］迈克尔·E. 沃勒、王立德：《兰得洛案例与环境公民诉讼》，载《世界环境》2006 年第 6 期。

在我国学者研究我国环境公益诉讼的相关成果中，多数学者直接从学理层面进行问题剖析、制度构建或立法论析。[1] 部分学者从司法实践中选择典型个案或数案切入，针对案件存在的问题展开学理剖析。[2] 少数学者对我国环境公益诉讼司法实践中出现的案例进行归纳总结，为立法提供有力支持。[3] 但目前鲜有学者对我国环境公益诉讼司法实践中出现的案例进行系统化统计和梳理，然后客观地分析我国环境公益诉讼司法实践在各个历史阶段的演变及特征。

（二）对诉讼类型化进行研究

现阶段，国外学者较少对国外的环境公民诉讼（或环境公益诉讼）进行类型化研究，只是依据被告的区别，将环境公民诉讼进行划分。如 Stephen M. Johnson 将环境公民诉讼根据被告的不同，划分为针对联邦政府的公民诉讼（citizen suits against the federal government）和针对非政府违法者的公

---

〔1〕 参见吕忠梅：《环境公益诉讼辨析》，载《法商研究》2008 年第 6 期；徐祥民、张明君：《建立我国环境公益诉讼制度的便捷路径》，载《河北法学》2014 年第 6 期；李义松、朱强：《新〈环保法〉背景下的环境公益诉讼》，载《湖北社会科学》2015 年第 4 期；王灿发、程多威：《新〈环境保护法〉规范下环境公益诉讼制度的构建》，载《环境保护》2014 年第 10 期；王明远：《论我国环境公益诉讼的发展方向：基于行政权与司法权关系理论的分析》，载《中国法学》2016 年第 1 期；王曦：《我国环境公益诉讼制度设计的弊端与改进》，载《昆明理工大学学报（社会科学版）》2021 年第 1 期。

〔2〕 参见王灿发：《一起环境行政诉讼透视出的环境公益诉讼影响和作用》，载《世界环境》2006 年第 6 期；李义松、苏胜利：《环境公益诉讼的制度生成研究——以近年几起环境公益诉讼案为例展开》，载《中国软科学》2011 年第 4 期；秦天宝、段帷帷：《论我国环境行政公益诉讼制度的发展——以全国首例检察机关提起环境行政公益诉讼案为例》，载《环境保护》2015 年第 1 期；秦鹏、陈幸欢：《环境公益诉讼中的法院角色、逆向选择与社会结构——以泰州 1.6 亿赔偿案为样本的法社会学分析》，载《西南民族大学学报（人文社会科学版）》2015 年第 5 期；夏云娇、尚将：《环境行政公益诉讼判决方式的检视及其完善》，载《南京工业大学学报（社会科学版）》2021 年第 3 期。

〔3〕 参见王社坤：《我国环境公益诉讼司法实践与制度构建调查报告》，载《中国环境法治》2011 年第 1 期；吕忠梅、张忠民：《环境司法专门化与环境案件类型化的现状》，载《中国应用法学》2017 年第 6 期；张忠民、黄剑勇：《环境公益诉讼发展的实证检视——以 2015 年和 2016 年已受理的 208 件环境公益诉讼案件为样本》，载秦天宝主编：《环境法评论》，中国社会科学出版社 2018 年版。

民诉讼(citizen suits against nongovernmental violators)。[1] 鲜有国外学者对我国的环境公益诉讼进行类型化研究。

我国有少数学者对国外环境公民诉讼(或环境公益诉讼)进行归类。如有学者提出,美国是以权力分立与制衡机制为核心的体制,诉讼类型只有“民事诉讼”和“刑事诉讼”两大类。联邦环境公民诉讼实质上属于美国“民事诉讼”的范畴。[2] 有学者提出,根据诉讼被告划分,美国公民诉讼可以划分为针对环保行政机关的公民诉讼和针对排污者的公民诉讼。[3] 有学者提出,目前,德国利他性环境团体诉讼仅包括行政公益诉讼一种类型,环境团体尚不能直接以企业或个人为被告提起民事公益诉讼。[4] 有学者提出,日本并不存在“环境公益诉讼”的称谓,公益诉讼实质上属于民众诉讼,适用行政诉讼程序。[5] 有学者提出,印度的环境公益诉讼只能针对邦政府、中央政府和市政当局等国家机构,所以印度环境公益诉讼实际上就是环境行政公益诉讼。[6]

此外,我国学者对我国环境公益诉讼进行类型化研究时,多以诉讼程序或诉讼被告为界分标准,将环境公益诉讼类型化为环境民事公益诉讼和环境行政公益诉讼。[7] 少数学者以起诉权的主体为界分标准,将

---

〔1〕 Stephen M. Johnson, *Private Plaintiffs, Public Rights: Article Ⅱ and Environmental Citizen Suits*, 49 U. Kan. L. Rev. 383(2000).

〔2〕 陈冬:《环境公益诉讼研究——以美国环境公民诉讼为中心》,中国海洋大学2004年博士学位论文,第29页。

〔3〕 李艳芳:《美国的公民诉讼制度及其启示——关于建立我国公益诉讼制度的借鉴性思考》,载《中国人民大学学报》2003年第2期。

〔4〕 陶建国:《德国环境行政公益诉讼制度及其对我国的启示》,载《德国研究》2013年第2期。

〔5〕 汪劲:《中国的环境公益诉讼:何时才能浮出水面?》,载别涛主编:《环境公益诉讼》,法律出版社2007年版。

〔6〕 裘璆、何琼:《环境行政公益诉讼——以美、印经验为借鉴》,载《中国环保产业》2006年第7期。

〔7〕 参见蔡守秋:《论环境公益诉讼的几个问题》,载《昆明理工大学学报(社会科学版)》2009年第9期;李爱年:《中国环境公益诉讼的立法选择》,载《法学杂志》2010年第8期;李义松、苏胜利:《环境公益诉讼的环保逻辑与法律逻辑》,载《青海社会科学》2011年第1期;王树义、罗吉:《论我国环境公益诉讼制度的构建——结合〈环境保护法〉修改的思考》,载《清华法治论衡》2012年第2期。

我国环境公益诉讼界分为社会主导型的环境公益诉讼模式和国家机关主导型的环境公益诉讼模式。[1] 但目前鲜有学者根据我国环境公益诉讼司法实践,结合起诉主体和诉讼程序双重标准,将环境公益诉讼划分为公权力主体提起的环境民事公益诉讼、社会主体提起的环境民事公益诉讼、公权力主体提起的环境行政公益诉讼和社会主体提起的环境行政公益诉讼,并以司法理性判断标准对这四种类型进行利弊分析,进而选择最适当的环境公益诉讼类型作为我国环境公益诉讼发展的应然主流和方向。

(三)将社会组织和公民统归为一类进行研究

较多国外学者在研究环境公民诉讼(或环境公益诉讼)的起诉主体时,分别研究社会组织或公民的起诉主体问题,如 Charles C. Steincamp 对公民在环境公民诉讼中的起诉主体资格进行单独讨论,以区别于政府机构或公益组织在环境公民诉讼中的起诉主体资格。[2] 少数国外学者将社会组织和公民作为一类进行系统研究。如 Christopher Brown 在研究与气候变化相关的诉讼问题时,提出公民和社会组织均具有起诉资格,且均应当在气候变化相关诉讼中承担道德义务。[3]

我国学者多依据国外现行法律规定或司法判例对国外环境公民诉讼(或环境公益诉讼)的起诉主体进行介绍性研究。如有学者提出,在德国,无论是联邦还是州的环境立法,起诉的主体只能是那些被官方承认的非政府组织。[4] 有学者提出,德国的利他性环境团体行政公益诉讼的诉权

---

〔1〕 潘世钦、潘小江、石维斌:《我国环境公益诉讼模式选择》,载《青海社会科学》2009年第3期。

〔2〕 Charles C. Steincamp, *Citizenship: A Discussion of Environmental Citizen Suits*, 39 Washburn L. J, p. 72 – 79 (1999).

〔3〕 Christopher Brown, *A Litigious Proposal: A Citizen's Duty to Challenge Climate Change, Lessons from Recent Federal Standing Analysis, and Possible State-Level Remedies*, 25 J. Envtl. L. & Litig, p. 385 – 418 (2010).

〔4〕 张式军:《环境公益诉讼原告资格研究》,武汉大学2005年博士学位论文,第115页。

仅赋予环境团体,个人并无诉诸司法的权利。因为保护自然环境是为了服务社会,而不是为了保护个人利益。但德国学者对这一过于谨慎的立法给予较多批评。[1] 有学者提出,印度法官认为与具体案件有充分利益关系的“任何人”才具有起诉资格。[2] 有学者提出,根据环境司法的实践,印度环境公益诉讼的起诉主体主要有两类:公民和志愿组织(非政府组织)。[3] 有学者单独对公民提起环境公益诉讼的起诉资格进行研究。[4] 但鲜有学者对国外环境公民诉讼(或环境公益诉讼)的起诉主体,尤其是社会组织或公民,统归为一类进行研究。

在与“社会主体提起的环境行政公益诉讼”主题最为相关的研究领域,我国多数学者仅将视野聚焦在社会组织提起环境行政公益诉讼的范围,忽略了对公民提起环境行政公益诉讼的制度研究。[5] 其中,有学者

---

〔1〕 陶建国:《德国环境行政公益诉讼制度及其对我国的启示》,载《德国研究》2013年第2期。

〔2〕 阮丽娟:《环境公益诉讼原告资格的司法实践分析》,载《江西社会科学》2013年第12期。

〔3〕 关丽:《环境民事公益诉讼研究》,中国政法大学2011年博士学位论文,第51~52页。

〔4〕 陈冬:《公民可否成为我国环境公益诉讼的原告》,载《清华法治论衡》2012年第2期。

〔5〕 学位论文包括:赖薇:《论NGO在环境行政公益诉讼中的法律地位》,中国政法大学2006年硕士学位论文;蒋丽霞:《环保NGO参与环境行政公益诉讼法律问题研究》,中国地质大学(北京)2009年硕士学位论文;李国奇:《环保NGO参与环境行政公益诉讼法律问题研究》,石家庄经济学院2011年硕士学位论文;陈新:《中国环保非政府组织环境行政公益原告资格问题研究》,上海交通大学2014年硕士学位论文;李小玲:《环保NGO在环境行政公益诉讼中的原告资格探究》,新疆大学2015年硕士学位论文。期刊论文包括:于博:《略论环境行政公益诉讼中的NGO——基于一个案例的联想》,载《山东科技大学学报(社会科学版)》2007年第4期;林燕、李明华:《构建环保NGO环境行政公益诉讼权利制度》,载《法制与社会》2009年第14期;钱卫:《环境行政公益诉讼中环保NGO原告资格的SWOT分析》,载《中外企业家》2011年第5期;吴卫星:《环境公益诉讼原告资格比较研究与借鉴——以美国、印度和欧盟为例》,载《江苏行政学院学报》2011年第3期;王灿发、程多威:《新〈环境保护法〉下环境公益诉讼面临的困境及其破解》,载《法律适用》2014年第8期;杨岳涛:《公益组织提起环境行政公益诉讼的原告资格探析——以中华环保联合会诉国家海洋局案等案例为视角》,载《中国环境法治》2014年第1期。

鲜明地提出,我国环境公益诉讼应以环境行政公益诉讼为核心,且将原告范围局限于环境非政府组织。[1] 然而,公民作为环境公益的直接享有者以及参与环境公共治理最直接的社会成员,在环境保护法治国家,应当有资格借助司法监督环境行政并保障环境共治目标的最终实现,即公民最终应当同环保社会组织一并发展成为环境行政公益诉讼的主力军。然而,目前鲜有学者将社会组织和公民统归为一类作为提起环境行政公益诉讼的起诉主体,进行理论基础和制度构建方面的研究,为社会组织和公民提起环境行政公益诉讼提供立法依据和机制保障。

(四)理论基础的研究现状

国外学者多将公共信托理论(The Theory of Public Trust Doctrine)、私人检察总长理论(The Theory of Private Attorney General)和私人实施理论(The Theory of Private Enforcement)作为环境公民诉讼(或环境公益诉讼)的理论基础,或探讨这些理论在环境公民诉讼中所发挥的作用。如 Kenton M. Bednarz 将公共信托理论作为美国密歇根州最高法庭审理环境公民诉讼案件的理论依据。[2] James R. May 指出,1970 年,国会尝试授权公民以私人检察总长的权威身份提起公民诉讼,以实施美国《清洁空气法》。作为私人检察总长,公民经正式授权可督促行政机构诚信地实施国家环境保护法律。[3] Edward Brunet 认为,环境公民诉讼的理论基础,应由私人实施理论取代传统的集团诉讼理论。但同时也指出,依赖高风险的公民诉讼来取代环保行政机关执法是不明智的。[4]

---

〔1〕 吴卫星:《环境公益诉讼原告资格比较研究与借鉴——以美国、印度和欧盟为例》,载《江苏行政学院学报》2011 年第 3 期。

〔2〕 Kenton M. Bednarz, *Should the Public Trust Dcotrine Interplay with the Bottling of Michigan Groundwater? Now is the Appropriate Time for the Michigan Supreme Court to Decide*, 53 Wayne L. Rev. 733(2007).

〔3〕 James R. May, *Now More than Ever: Trends in Environmental Citizen Suits at* 30, 10 Widener Law Review, Vol. 10, p. 47(2003).

〔4〕 Edward Brunet, *Debunking Wholesale Private Enforcement of Environmental Rights*, 15 Harv. J. L. & Pub. Ploy, p. 311 - 324 (1992).

我国学者对环境公益诉讼的理论基础认识不一。有学者认为,环境公益诉讼的理论基础为公共信托理论、环境权理论、私人检察总长理论、诉讼权理论。[1] 有学者认为,环境公益诉讼的理论基础为环境权理论、自然资源国家所有权理论和诉讼信托理论。[2] 有学者认为,环境公益诉讼理论基础为公共信托理论、私人检察总长理论、人民主权理论、诉讼实施理论。[3] 亦有少数学者提出环境公益诉讼的理论基础应为环境责任论。如徐祥民认为,因环境不能成为权利对象,所以环境权理论和公共信托理论纯属假说,不能成为环境公益诉讼的理论基础;人民主权理论并不必然要求构建环境公益诉讼制度;私人实施理论以及私人检察总长理论实质上是国家论、权力论,以"积极公民"为适用前提,与我国法律制度相冲突。环境公益诉讼的理论基础应是环境责任论,公民具有环境保护义务是环境公益诉讼的理论基础。[4] 胡中华在环境责任论的基础上进一步阐释环境保护义务论,并认为只有以义务论而非权利论作为理论视角才能触及环境公益诉讼制度的本质,同时,提出普遍义务论的逻辑起点是人的基本需要的满足,而人的基本需要的满足须由国家和政府全力保障。[5] 但环境保护普遍义务论只将普遍义务的主体局限于公民个体予以讨论,并未进一步探讨国家义务问题。

对"国家义务"进行研究始于政治学学者,较早研究文献为高鹏程于2004年发表的《国家义务析论》一文。随后,宪法与行政法学者将"国家

〔1〕 张式军:《环境公益诉讼原告资格研究》,武汉大学2005年博士学位论文,第150页。

〔2〕 杨朝霞:《论环境公益诉讼的权利基础和起诉顺位——兼谈自然资源物权和环境权的理论要点》,载《法学论坛》2013年第3期。

〔3〕 潘怀平:《专业化、民主化与社会化——环境诉权实施主体的多元建构》,载《环境保护》2012年第2期。

〔4〕 徐祥民等:《环境公益诉讼研究——以制度建设为中心》,中国法制出版社2009年版,第11~32页;徐祥民、凌欣、陈阳:《环境公益诉讼的理论基础探究》,载《中国人口·资源与环境》2010年第1期。

〔5〕 胡中华:《环境保护普遍义务论》,法律出版社2014年版,第60页。

义务”引入法学领域[1]，提出通过国家义务的履行保障人权。刘耀辉进一步对可诉性国家义务进行研究。[2] 亦有环境保护法学者根据环境公共财产理论、公共信托理论或人民主权理论，提出国家应承担环境保护义务。[3] 近几年，环境保护法学者才正式将“国家义务论”作为基础理论引入环境保护法领域进行探讨，提出国家环境保护义务论。[4] 其中，2013年，蔡守秋首先发表的《从环境权到国家环境保护义务和环境公益诉讼》一文以公众环境权为研究的逻辑起点，提出国家环境保护义务是公民环境权的保障，为环境公益诉讼主体范围的界定奠定基础。陈海嵩于2015年出版《国家环境保护义务论》一书，从历史、理论和现实三个角度系统地论述了国家环境保护义务论，并提出履行国家环境保护义务的基本路径为“立法 + 行政”。目前，鲜有学者将国家环境保护义务论作为社会主体提起的环境行政公益诉讼的理论基础进行系统化研究，用以论证“社会主体提起的环境行政公益诉讼”的正当性和合理性。

此外，环境公共治理理论是公共治理理论在环境保护法领域的延伸和扩展。少数学者提出环境公益诉讼是公众参与社会治理或国家环境管理的司法途径。[5] 但并未将环境公共治理理论作为环境公益诉讼的理论基础作较为系统的研究。唯有王蓉在其所著《环境法总论：社会法与公法共治》一书中，从社会法与公法共治的角度，通过架构公民环境公权利与公民环境公权力对国家环境公权力的二元制衡机制，勾勒出公民、社会

〔1〕 陈霞明、同利平：《宪法财产权及国家义务》，载《理论前沿》2005年第21期。

〔2〕 刘耀辉：《国家义务的可诉性》，载《法学论坛》2010年第5期。

〔3〕 张式军：《环境公益诉讼浅析》，载《甘肃政法学院学报》2004年第4期；吴勇：《环境公诉探析》，载《求索》2006年第11期。

〔4〕 参见蔡守秋：《从环境权到国家环境保护义务和环境公益诉讼》，载《现代法学》2013年第6期；杨雪：《国家应承担的自然环境义务》，载《开封教育学院学报》2013年第5期；陈海嵩：《国家环境保护义务的溯源与展开》，载《法学研究》2014年第3期；陈海嵩：《国家环境危险防御义务的二元制度结构》，载《北方法学》2015年第3期；陈真亮：《我国环境基本国策之检视与展望——基于法定主义的规范分析》，载《吉首大学学报（社会科学版）》2015年第3期。

〔5〕 参见吕忠梅：《环境权力与权利的重构——论民法与环境法的沟通和协调》，载《法律科学（西北政法学院学报）》2000年第5期；陈铭聪：《环境行政公益诉讼的体系建构与具体适用研究》，载《中国环境法治》2014年第2期。

与国家合作、共赢的社会环境治理模式;并从法律责任角度提及公民诉讼的作用不能拘泥于发挥司法权力的第三方作用,更重要的是二元制衡机制赋予社会借助司法公力弥补行政公力的不足,构建国家与社会共治的治理机制。[1] 目前,鲜有学者将环境公共治理理论在环境保护法领域的延伸进行系统性梳理并运用到环境司法领域,将其作为“社会主体提起的环境行政公益诉讼”的正当性、合理性的理论基础。

总体来说,现有研究成果为本书的主题研究奠定了坚实的基础。本书拟在现有研究成果基础上,进一步拓展其理论维度和深度,以国家环境保护义务论和环境公共治理理论作为“社会主体提起的环境行政公益诉讼”的理论基础,具有理论和实践意义层面的正当性和合理性。并在此基础上,结合司法实践,证成在环境司法领域,环境公益诉讼不仅具有纠纷解决的事后救济功能,还能为社会组织或公民督促国家环境保护义务的履行、实现社会环境权力(包括公民环境权力)和国家环境权力之间的有效制衡与合作提供有力的司法保障,最终实现环境生态共治的格局。

(五)制度衔接的研究现状

综观现有与“环境公益诉讼”、“环境民事公益诉讼”或“环境行政公益诉讼”等主题相关的中英文文献,可以发现,国外学者尚未研究环境公民诉讼(或环境公益诉讼)与相关制度的衔接问题。而我国多数学者仅就单一制度本身的规则构建进行研究;部分学者在研究某一类型环境公益诉讼制度时,立足于现有的诉讼体制,考虑与其他诉讼制度的衔接问题,如从顺位的角度,研究“生态环境损害赔偿制度”与“环境公益诉讼”的衔接。[2]

---

〔1〕 王蓉:《环境法总论:社会法与公法共治》,法律出版社2010年版,第386~388页。

〔2〕 参见冷罗生、李树训:《生态环境损害赔偿制度与环境民事公益诉讼研究——基于法律权利和义务的衡量》,载《法学杂志》2019年第11期;詹金峰、汤维婷:《论生态环境损害赔偿制度与检察公益诉讼的衔接》,载《中国检察官》2019年第6期;潘牧天:《生态环境损害赔偿诉讼与环境民事公益诉讼的诉权冲突与有效衔接》,载《法学论坛》2020年第6期;罗丽:《生态环境损害赔偿诉讼与环境民事公益诉讼关系实证研究》,载《法律适用》2020年第4期;王世进、张维娅:《论生态环境损害赔偿诉讼与环境民事公益诉讼的衔接》,载《时代法学》2020年第2期;李义松、刘永丽:《我国环境公益诉讼制度现状检视及路径优化》,载《南京社会科学》2021年第1期。

综观现有与"环境公益诉讼""环境民事公益诉讼""环境行政公益诉讼"等主题相关的博士学位论文,只有少数学者涉及制度衔接相关内容,如关丽所撰《环境民事公益诉讼研究》一文论及"环境民事公益诉讼"与"环境民事私益诉讼""公诉、抗诉""支持诉讼、督促起诉""代表人诉讼"相关诉讼制度的衔接问题。而与"环境公益诉讼""环境民事公益诉讼""环境行政公益诉讼"等主题相关的硕士学位论文,部分论及与其他相关诉讼制度的衔接问题[1],但并未涉及与社会主体提起的环境行政公益诉讼制度的衔接问题。

综上所述,目前以"环境公益诉讼""环境民事公益诉讼""环境行政公益诉讼"为研究对象进行制度构建的论文或著作中,极少学者考虑其所研究的制度本身与社会主体提起的环境行政公益诉讼制度进行衔接的问题。此外,鲜有学者以"社会主体提起的环境行政公益诉讼"为研究对象进行制度构建,并在现有诉讼体制基础上,考虑社会主体提起的环境行政公益诉讼与其他诉讼相关制度进行衔接的问题。

四、研究方法与思路

(一)研究方法

1. 案例分析方法。依托中国裁判文书网、北大法宝、威科先行·法律信息库、最高人民法院官网、最高人民检察院官网、学者文献以及实地调研等路径,系统收集和梳理 2000~2020 年我国法院公开受理并审结的大部分环境公益诉讼案件,在此基础上,分析我国各阶段环境公益诉讼立法嬗变和司法演变的特征。并以大量案例为论证基础,结合诉讼法和环境法等交叉学科理论,分析我国环境公益诉讼的类型,阐释建构社会主体提起的环境行政公益诉讼制度的现实阻碍和对策选择。

---

[1] 参见曾丽渲:《论生态环境损害赔偿诉讼与环境民事公益诉讼的整合》,甘肃政法学院 2019 年硕士学位论文;展振宇:《检察机关提起环境民事公益诉讼和行政公益诉讼衔接研究》,山东科技大学 2020 年硕士学位论文;曾玥:《生态环境损害赔偿诉讼与环境民事公益诉讼衔接的实证研究》,昆明理工大学 2020 年硕士学位论文;袁玉昆:《生态环境损害赔偿之诉与环境公益诉讼衔接机制研究》,山东师范大学 2020 年硕士学位论文。

2. 比较分析方法。其一,以“起诉主体”和“诉讼程序”双重标准划分我国环境公益诉讼类型,并以司法理性判断标准对各类环境公益诉讼展开利弊分析,以发现更符合我国司法理性判断标准的环境公益诉讼类型。其二,辩证地借鉴美国环境公民诉讼、德国利他性环保团体诉讼以及日本民众诉讼的发展经验和制度规范,为我国社会主体提起的环境行政公益诉讼制度构建提供有价值的参照。

3. 规范法学分析方法。对我国现有的与社会主体提起的环境行政公益诉讼制度相关的实体法和程序法规范进行实然层面的解读,从解释论和立法论的角度提出立法建议,试图立足于我国现有诉讼体系,构建社会主体提起的环境行政公益诉讼制度。

(二)研究思路

我国环境公益诉讼司法实践万象丛生,诉讼类型多元并存。根据“起诉主体”和“诉讼程序”双重标准,我国环境公益诉讼可划分为公权力主体提起的环境民事公益诉讼、社会主体提起的环境民事公益诉讼、公权力主体提起的环境行政公益诉讼和社会主体提起的环境行政公益诉讼。从环境保护法理和司法理论出发,以国家环境保护义务论和环境公共治理理论作为环境保护法理基础,以司法中立、司法公正、司法民主、司法效率和司法谦抑原则作为司法理性判断标准,共同架构环境司法价值坐标以辨识各类环境公益诉讼制度的价值理性和实践理性,进而发现社会主体提起的环境行政公益诉讼是我国环境公益诉讼发展中最适当的诉讼类型和应然主流,其他环境公益诉讼类型只能在特定适用条件下发挥补充性功能。然而,社会主体提起的环境行政公益诉讼在现实中遇到诸多阻碍。本书针对社会主体提起的环境行政公益诉讼受阻的原因,进行制度构建,并完善相关保障机制以及建立与现有诉讼制度的衔接,使社会主体提起的环境行政公益诉讼不脱离现有诉讼体系或对现有诉讼体系干扰最少。以上是本书研究的主要思路。

本书共由五章构成(见图1)。

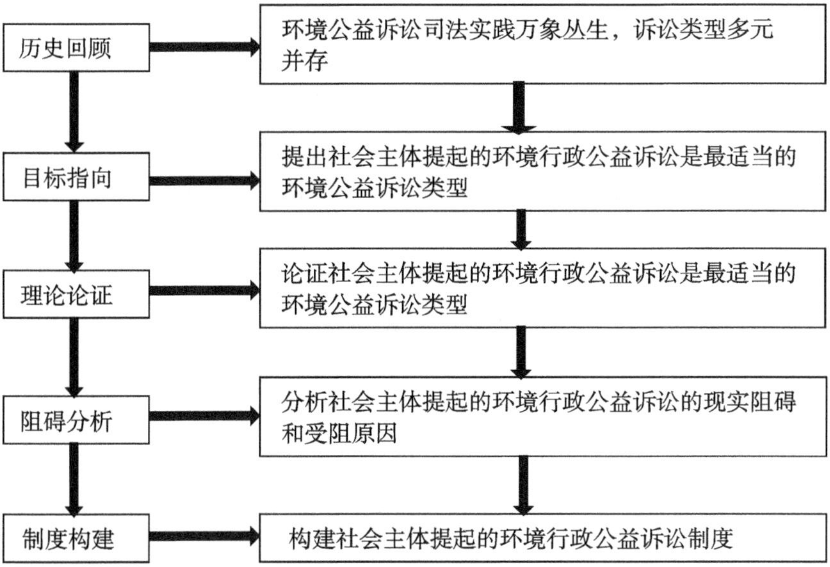

图1　社会主体提起的环境行政公益诉讼研究路径

第一章在对司法案例进行大量统计分析的基础上,对我国新兴的诉讼形态——环境公益诉讼的形成和发展历程展开系统考究,分析各阶段我国环境公益诉讼发展的特征,发现我国环境公益诉讼司法实践万象丛生、诉讼类型多元并存。

第二章依照“起诉主体”和“诉讼程序”双重标准划分环境公益诉讼类型,并进行类型化分析。辩证地借鉴美国环境公民诉讼、德国利他性环保团体诉讼以及日本民众诉讼的发展经验和制度规范,从诉讼性质、诉讼目的、诉讼原告、诉讼被告、诉讼标的方面界定环境公益诉讼最适当的类型——社会主体提起的环境行政公益诉讼的概念和特征。

第三章从环境保护法理和司法理性标准出发,以国家环境保护义务论和环境公共治理理论作为环境保护法理基础,以司法中立、司法公正、司法民主、司法效率和司法谦抑原则构成司法理性判断标准,论证社会主体提起的环境行政公益诉讼是环境公益诉讼最适当的类型和应然主流，其他各类环境公益诉讼在特定适用条件下发挥补充性功能。

第四章分析社会主体提起的环境行政公益诉讼在现实中遭遇的阻碍以及受阻的原因，为作出对策选择、进行制度构建提供现实依据。

第五章进行制度构建，完善相关保障机制，并建立与现有诉讼制度的衔接，使社会主体提起的环境行政公益诉讼不脱离现有诉讼体系，对现有诉讼体系干扰最少。

五、创新之处

第一，环境公益诉讼法律现象的类型化发现和辨识。在我国环境公益诉讼的立法规范和司法实践中，环境公益诉讼的类型多元并存。本书在收集了 2000 ~ 2020 年我国法院公开受理并审结的大部分环境公益诉讼案件的基础上，对我国新兴的诉讼形态——环境公益诉讼进行较为系统的考察和分析，发现：按照起诉主体（公权力主体和社会主体）和诉讼程序（民事诉讼程序和行政诉讼程序）的双重标准，我国环境公益诉讼可划分为公权力主体提起的环境民事公益诉讼、社会主体提起的环境民事公益诉讼、公权力主体提起的环境行政公益诉讼和社会主体提起的环境行政公益诉讼这四种类型；且在我国环境公益诉讼发展的司法实践历程中，各种环境公益诉讼类型都有所涉及，但社会主体提起的环境行政公益诉讼未充分发挥其价值。

第二，环境公益诉讼价值判断和辨识方法的创新。我国环境公益诉讼制度类型多元并存，如何判断哪一类诉讼制度更符合环境公益诉讼的应然本质和司法理性？本书从环境保护法理和司法理性标准出发，以国家环境保护义务论和环境公共治理理论作为环境保护法理基础，同时以司法中立、司法公正、司法民主、司法效率和司法谦抑原则作为环境公益诉讼的司法理性判断标准，两者并驾齐驱作为环境司法价值坐标以辨识我国司法实践中并存的四类环境公益诉讼制度的价值理性和实践理性。

第三，我国环境公益诉讼类型取向的观点创新。本书提出在中国法治发展进程中,最符合司法理性判断标准的环境公益诉讼制度类型是社会主体提起的环境行政公益诉讼,并认为它应当是我国环境公益诉讼发展的主流和方向,而其他环境公益诉讼类型都只应在特定适用条件下发挥补充性功能。本书以国家环境保护义务论和环境公共治理理论为基础论证了社会主体提起的环境行政公益诉讼的正当性和合理性,结合我国实际情况类比分析了它的最适当性,并对社会主体提起的环境公益诉讼的制度构建进行初步探讨。

第一章　我国环境公益诉讼发展的阶段性特点

一项制度的形成和发展影响着该项制度的未来走向。同时,研究一项制度的发展路径,首先应当尊重该制度的历史发展规律。作为新兴的环境诉讼形态,环境公益诉讼的雏形——美国环境公民诉讼发端于20世纪六七十年代,随后各国纷纷取经,构建性质相仿的环境公益诉讼制度。21世纪初,我国理论界和学术界开始广泛关注环境公益诉讼制度。简言之,环境公益诉讼主要是指法律规定的社会主体或公权力主体,为维护和促进环境公益,就损害或有损环境公益之虞的行为,依据法定民事诉讼程序或行政诉讼程序向人民法院提起的诉讼。我国的环境公益诉讼具有典型的中国特色,司法实践始于21世纪初。本章拟采用案例分析方法,对我国各类、各领域的环境公益诉讼在政策制定、规则形成、司法实践等方面的形成和发展历程进行系统性梳理和总结,并分析各阶段特征。

第一节 针对环境污染的司法试点阶段(2007 年以前)

我国环境公益诉讼源起于环境私益诉讼在救济环境公益损害方面的无力以及社会公众环保意识的不断加强。环境公益诉讼司法试点始于 21 世纪初。受益于法学理论界与司法实务界的齐力助推,2002 年始,我国环境资源法学界陆续召开一系列研讨会,如中国环境资源法学研讨会、环境资源法学高级研讨会、环境诉讼疑难案件研讨会等。与会学者呼吁,应进一步突破传统诉讼法理上的利害关系,使社会公益团体或检察院有权代表公众提起行政公益诉讼或民事公益诉讼。[1] 然而,在 2007 年以前,我国环境公益诉讼司法实践仅发生在环境污染领域。在该阶段,我国环境公益诉讼司法试点主要呈现以下几个方面特征。

一、司法依据有限

在我国环境纠纷产生初期,因环境污染导致的人身、财产损害赔偿纠纷被纳入私益救济的范畴,主要通过环境行政处理方式或环境侵权诉讼途径予以解决。我国的《环境保护法》(1989 年)、《大气污染防治法》(1987 年、1995 年、2000 年)、《水污染防治法》(1984 年、1996 年)、《环境噪声污染防治法》(1997 年,已废止)以及《环境噪声污染防治条例》(1989 年,已废止)等环境保护法律均赋予环境保护行政主管部门或法律规定的其他行使环境监管权的部门处理当事人之间有关环境污染赔偿责任和赔偿金额纠纷等私益环境纠纷的权力。对处理结果不服的,当事人还可以向法院提起诉讼。

在该阶段,法院主要依据《民法通则》(1987 年,已废止)、《民事诉讼法》(1991 年)或《行政诉讼法》(1989 年)等法律审理在环境污染领域出现的环境私益纠纷。《民法通则》(1987 年,已废止)第 2 条、第 123 条以

---

〔1〕 罗吉、李广兵:《与时俱进,探索环境资源法律实施机制——2002 年环境资源法学高级研讨会综述》,载《法学评论》2003 年第 2 期。

及第 124 条将环境侵权限于因从事对周围环境有高度危险的作业或实施违法污染环境的行为造成他人人身、财产损害的场合。《民事诉讼法》(1991 年)第 3 条将受案范围限于公民、法人或其他组织的人身、财产权益受到侵害。《行政诉讼法》(1989 年)第 2 条将受案范围限于公民、法人或者其他组织的合法权益受到具体行政行为侵犯。

这一时期,如果公民、法人或其他组织的合法权益没有受到环境侵权行为或具体行政行为的侵犯,则无权依据民事诉讼或行政诉讼寻求司法救济。窘于立法缺失,司法适用的依据有限。该阶段人身权益或财产权益未受到环境污染行为直接侵害的公民或与具体行政行为无直接利害关系的公民提起的环境公益诉讼均以失败告终。[1] 如 2000 年,山东省青岛市 300 多名市民诉青岛市规划局撤销规划许可案,其诉讼请求被青岛市市南区人民法院驳回;2001 年 10 月,东南大学两位老师以南京市规划局批准建设紫金山观景台的规划许可将破坏紫金山自然景观为由,起诉南京市规划局撤销紫金山观景台规划许可案,未得到南京市中级人民法院受理;2002 年,杭州市公民陈某庆诉杭州市余杭区环保局要求其对管辖范围内制造粉尘、噪声的石矿企业进行处理一案,未得到杭州市余杭区人民法院受理;2005 年,北大三位教授连同三位研究生起诉中国石油天然气集团公司(吉林分公司)以索赔 100 亿元人民币用于恢复松花江流域生态平衡一案,未得到黑龙江省高级人民法院受理。由此可见,该阶段法院原则上仅依据《民法通则》(1987 年)、《行政诉讼法》(1989 年)、《民事诉讼法》(1991 年)等传统部门法律受理环境污染领域的环境私益诉讼案件,环境公益诉讼案件的司法依据缺失。

即使是在法院能动司法、认可公民原告起诉资格的 2000 年青岛市市

---

[1] 尽管在 2000 年山东省青岛市市民诉青岛规划局撤销规划许可一案中,法院创新性地对起诉资格进行扩大解释,受理了该案,但仍依据《行政诉讼法》、青岛市人大 2 号议案及政府文件,判决驳回起诉。参见姜培永:《市民状告青岛规划局行政许可案——兼论我国建立公益诉讼制度的必要性与可行性》,载《山东审判》2002 年第 1 期。

民诉青岛市规划局撤销规划许可案中，法院合议庭在认定环境公益诉讼起诉主体资格时，亦是适用《最高人民法院关于执行〈中华人民共和国行政诉讼法〉若干问题的解释》（2000 年，已废止）第 12 条[1]的规定。只是合议庭将该条款中规定的“法律上的利益关系”作了扩大解释，认为我国法律体系所保护的所有权利（包括民事权利、行政法授予行政相对人的权利甚至宪法意义上的公民权利）和利益（包括直接利益和间接利益）都属于可诉利益，至于具体利益是否受到侵害则属于实体审查范畴，不应因此否定原告起诉资格。但在该案的审理过程中，法院审查青岛市规划局向在青岛音乐广场北侧距离海岸线不足 10 米的地方开发建设住宅区的建设项目核发规划许可证的行为时，并没有将公民享有良好环境的权益作为环境公益诉讼案件审理时应考虑的因素，而是严格依据《合同法》（1999 年，已废止）、《城市规划法》（1989 年，已废止）以及青岛市人民政府的相关文件中的例外条款，认定行政规划许可行为具有合法性[2]，驳回原告起诉。在 2003 年乐陵市人民检察院诉金鑫化工厂案中，法院审判所援引的法律条文是《民法通则》（1987 年，已废止）第 5 条、第 73 条以及第 134

〔1〕 该条规定：“与具体行政行为有法律上利害关系的公民、法人或者其他组织对该行为不服的，可以依法提起行政诉讼。”

〔2〕 根据当时《行政诉讼法》第 5 条和第 54 条的规定，法院只能对行政行为的合法性进行审查，显失公正的行政处罚行为除外。而该案中，规划局根据《城市规划法》（1990 年，已废止，下同）以及建设单位与青岛市东部地区开发指挥部在 1995 年签订的有效的《青岛市国有土地使用权出让合同书》（合同约定自实际交付土地之日即 1998 年起计算建设周期），分别于 1999 年 7 月 1 日和 2000 年 9 月 30 日向建设单位核发建设用地规划许可证和建设工程规划许可证。而虽然青岛市政府〔1999〕130 号文件明文规定严禁在自海岸线至陆域 200 米范围内审批建设相关破坏风景区的自然景观的建筑，但一则该文件属于政策性文件，不具有司法适用性，二则该文件同时规定了“对已出让、转让土地但尚未进行建设的，要依照有关法律法规和合同规定进行处理”的例外条款，为规划局依据合同约定进行的审批行为放行。由于当时的《城市规划法》（已废止）、《合同法》（已废止）等法律并未将保护环境作为立法考虑的要素，导致即使行政行为侵害了环境公益，也不属于违法行为，不受司法制裁。参见姜培永：《市民状告青岛规划局行政许可案——兼论我国建立公益诉讼制度的必要性与可行性》，载《山东审判》2002 年第 1 期。

条第 1 款[1],而并没有引用环境保护相关法律条文。

《环境保护法》(1989 年)以及诸多自然资源保护、环境污染防治等单行法律、行政法规、部门规章等规范性文件多以行政授权及行政管制为主线,环境立法给法院司法适用的空间十分有限,存在严重供给不足的状况,导致法院在审理环境案件,尤其是环境公益诉讼案件时,不得不从传统私益部门法中寻找审判依据。有课题组对 2007 年以前近 10 年的近千份环境裁判文书进行调研,调研结果显示,裁判文书所适用的法律范围非常有限,大量专门环境保护法律法规在法院司法中并未被适用。其中,环境行政裁判文书 87% 援引《行政诉讼法》,19% 援引《最高人民法院关于执行〈中华人民共和国行政诉讼法〉若干问题的解释》;环境民事裁判文书 64% 援引《民事诉讼法》,40% 援引《民法通则》,5% 援引《最高人民法院关于民事诉讼证据的若干规定》,只有 6% 援引《环境保护法》,3% 援引《水污染防治法》。[2]

可见,在环境公益诉讼司法实践起步初期,能够被法院援引并适用的司法依据极为有限。即使是充分发挥司法能动性的法院,在审理环境公益诉讼案件时,大多只能从民法或民事诉讼法等私益性质的法律中寻找相关法律依据以作出扩大解释,难以直接援引适用以行政管制为目标的环境保护法律中的相关条款。

二、同案不同判

由于该阶段处于环境公益诉讼发展的萌芽期,缺乏立法对环境公益诉讼的明确规定,法院审理环境公益诉讼案件更多地取决于法官的自由裁量权。因此,不同地区的法院存在同案不同判的情形。例如,同为公民

---

〔1〕《民法通则》(1987 年,已废止)第 5 条规定,公民、法人的合法的民事权益受法律保护,任何组织和个人不得侵犯。第 73 条规定,国家财产属于全民所有。国家财产神圣不可侵犯,禁止任何组织或者个人侵占、哄抢、私分、截留、破坏。第 134 条第 1 款规定,承担民事责任的方式主要有:停止侵害;排除妨碍;消除危险;返还财产;恢复原状;修理、重作、更换;赔偿损失;支付违约金;消除影响、恢复名誉;赔礼道歉。

〔2〕吕忠梅、张忠民、熊晓青:《中国环境司法现状调查——以千份环境裁判文书为样本》,载《法学》2011 年第 4 期。

个人起诉环保行政机关撤销违法规划或许可的环境行政公益诉讼案件，法院持不同态度。

2000年，山东省青岛市市民杜某、慕某良、钟某立代表300多名市民，为避免音乐广场的自然景观受到破坏，依据青岛市人大议案以及青岛市政府规范性文件中明令严禁破坏风景管理区的自然景观的相关规定，向青岛市市南区人民法院起诉青岛市规划局，要求法院判决撤销被告的行政审批行为。法院对《最高人民法院关于执行〈中华人民共和国行政诉讼法〉若干问题的解释》（2000年）第12条进行扩大解释，认可公民的原告起诉资格。[1] 但法院以被告行政行为合法为由驳回原告诉讼请求。

2001年，东南大学两位老师以"南京市规划局违法向南京市中山陵管理局颁发规划许可、允许其在中山陵风景管理区紫金山建立观景台、破坏紫金山自然风景"为由，向南京市中级人民法院起诉，要求被告撤销违法规划许可，南京市中级人民法院以案件不属于辖区内造成重大、复杂影响的行政案件为由驳回原告起诉。[2]

2003年，金某喜为保护杭州西湖风景名胜区的环境公益不受损害，以《杭州市城市规划管理条例》（2002年，已废止）规定的任何单位和个人都有权对城市规划的编制提出意见和建议、对违反城市规划的行为提出检举和控告作为起诉资格的依据，向杭州市西湖区人民法院起诉，认为杭州市规划局违反《杭州西湖风景名胜区保护管理条例》（已废止）第24条关于"任何单位不准在西湖风景名胜区内新建、扩建与风景名胜无关的建筑物"的规定，要求杭州市规划局撤销其违法颁发给浙江老年大学项目建设单位的建设用地规划许可证和建设工程规划许可证。然而，法院以"原告不属于《行政诉讼法》规定的与具体行政行为有直接利害关系的具体行政

---

〔1〕 姜培永：《市民状告青岛规划局行政许可案——兼论我国建立公益诉讼制度的必要性与可行性》，载《山东审判》2002年第1期。

〔2〕 蒋德：《有关部门要在紫金山的最高峰建"观景台"。此举在南京市民中引起强烈反应，群众认为：谁也无权破坏紫金山》，载《法制日报》2001年10月23日，第1版。

相对人”为由，否定原告的起诉资格，不予立案。[1]

这3起案件同是以公民个人为原告、为保护环境公益、针对环保行政机关违法行政许可行为提起的撤销之诉，而法院要么承认公民个人的主体资格但认为行政行为合法而驳回起诉，要么以诉讼标的不属于受案范围驳回起诉，要么否认原告主体资格。该时期，法院对待环境公益诉讼案件同案不同判的现象，一方面表明在环境公益诉讼司法试点探索初期，我国不少法院对审理环境公益诉讼案件持极为保守谨慎的态度；另一方面体现我国环境保护相关的法律、法规（包括地方性法规）的司法适用性不强，法院往往难以或不擅长直接适用环境保护相关法律审理环境案件。

三、国家推动试点

由于司法依据有限，我国环境公益诉讼司法实践在该阶段的发展主要依赖国家政策和地方规范性文件的支持。2004年7月，中共贵州省委九届五次全体扩大会议明确提出“生态立省”战略，对进一步加大生态环境保护作出了全面部署。在该战略影响下，贵州全省的环境公益诉讼在规则制定和实践试点方面都领先于全国其他各省。2005年，国务院首次在国家层面颁布国家政策，推动环境公益诉讼的试点。例如，2005年12月3日，国务院出台《国务院关于落实科学发展观加强环境保护的决定》（国发〔2005〕39号），呼吁“研究建立环境民事和行政公诉制度”“发挥社会团体的作用，鼓励检举和揭发各种环境违法行为，推动环境公益诉讼”。该决定发布之后，全国诸多省、市开始贯彻该决定，广泛开展探索、建立环境公益诉讼制度的相关行动，且部分省份率先制定了符合当地实际需求的地方性法规或政策性文件，探索检察机关和社会公益组织作为环境公益诉讼原告主体的司法实践。例如，贵州省贵阳市中级人民法院出台《关于贵阳市中级人民法院环境保护审判庭、清镇市人民法院环境保护法庭案件受理范围的规定》（2007年），试图在贵阳市范围内，初步探索环境公益诉

---

〔1〕 陈思：《金奎喜诉杭州市规划局案》，载中国法院网2003年11月29日，http://old.chinacourt.org/article/detail/2003/11/id/93681.shtml。

讼的原告资格和受案范围等问题。由此可见,在该时期,我国环境公益诉讼司法实践和各地审判规则的制定离不开国家政策的积极推动。

四、起诉主体受限

在该时期,法院仅能动创新性地受理了2起被媒体宣称为环境公益诉讼的案件。这2起环境公益诉讼案件的起诉主体均为检察机关,且均胜诉。这2起案件分别是2003年乐陵市人民检察院诉金鑫化工厂环境污染责任案以及2003年四川省阆中市人民检察院诉群发骨粉厂环境污染案。

乐陵市人民检察院诉金鑫化工厂环境污染责任案始于2001年9月,山东省乐陵市范某在乐陵市工商管理局注册登记了“乐陵市金鑫化工厂”,营业执照范围是“加工、销售橡胶助剂、沥青”。而范某在营业期间使用其在2001年三四月购进的石油制品加工设备以及同年7月非法购进的原料炼制石油制品,直到2003年3月,乐陵市人民检察院接到当地群众举报,开始展开调查,通过调查取样发现,金鑫化工厂非法生产的石油产品质量不合格,且对周围环境造成严重影响。乐陵市人民检察院立即向技术监督、工商、环保、公安等部门提出建议,认为应当依法制裁、取缔该类损害国有资源、污染环境、威胁公众健康的非法炼油化工厂。但一直未取得良好效果。2003年4月,乐陵市人民检察院向乐陵市人民法院提起民事公诉,请求法院依法判处金鑫化工厂停止侵害、排除妨碍并消除危险。乐陵市人民法院受理该案,并在调解不成后,判处范某在判决生效后5日内自行拆除工厂设备,停止侵害社会公共利益。范某于接到判决书当日下午即自行拆除工厂设备。[1] 四川省阆中市人民检察院诉群发骨粉厂环境污染案也是在国家公权力主体大力推动下、得到法院受理并胜诉的典型环境公益诉讼案件。法院判处被告在1个月内进行设备改造

---

〔1〕 参见刘振文:《人民检察院提起民事公益诉讼制度的立法研究》,载中国法院网2003年10月24日,http://blog.chinacourt.org/wp-profile1.php? p=222778&author=6883。

和更换,直到排放烟尘、恶臭、噪声等污染物达到法定浓度限值标准。[1]这一阶段,法院受理环境公益诉讼案件的态度极为谨慎,几乎仅限于检察机关提起的案件。

五、诉讼标的单一

在该阶段,环境公益诉讼司法实践的诉讼标的仅限于环境污染领域的环境民事违法行为。地方政府或环保行政机关因怠于履行职责导致环境公益受损的违法行政行为不但不能直接被诉,而且在以环境污染者为被告的环境民事公益诉讼案件中,怠于履行职责的环境行政违法行为亦不受该诉讼制约。

其一,在该司法试点时期,以环保行政机关为被告的环境行政公益诉讼案件均以失败告终。如 2000 年山东省青岛市市民诉青岛市规划局撤销规划许可案,虽被法院受理,但法院以环保行政机关的行政行为合法为由驳回原告诉讼请求;2002 年陈某庆诉杭州市余杭区环保局怠于履职案以及 2003 年金某喜诉杭州市规划局撤销老年大学项目许可案中,法院均以原告不适格,不予受理。其中,2002 年,陈某庆之所以以“不履行职责、行政不作为”为由将杭州市余杭区环保局告上法庭,正是考虑分别以 11 家企业为被告而提起环境私益诉讼难以解决粉尘、噪声等环境污染损害问题。其在多次向余杭区环保局投诉,但污染难题仍未得到解决后,才索性依据《环境保护法》(1989 年)第 16 条的规定,请求法院判处杭州市余杭区环保局对辖区内的环境质量负责、采取改善环境质量的措施。这才促成了一起公民提起的环境行政公益诉讼案件。尽管该案未能胜诉,但仍取得了良好的效果。余杭区环保局和仁和镇政府在案后联合成立粉尘整治小组,加强管制石矿企业,减少了近 80% 的粉尘和噪声污染,改善了附近居民的生活空气质量。[2]

---

〔1〕 参见胡晓光、向永:《四川阆中:检察院提起环境公益诉讼胜诉》,载《检察日报》2003 年 12 月 19 日,第 8 版。

〔2〕 参见李小洁、张奇志:《一农民状告环保局,只为讨回宁静天空》,载新华社 2002 年 7 月 12 日,http://www.envir.gov.cn/info/2002/7/715254.htm。

其二，在以具体环境污染者为被告的环境民事公益诉讼案件中，环保行政机关怠于履职的环境行政违法行为不受该诉讼制约。如在2003年乐陵市人民检察院诉金鑫化工厂环境污染责任案中，乐陵市人民检察院接到群众举报后积极开展调查工作，经调查取样后证实，金鑫化工厂炼制石油的原料来源非法，非法生产经营的石油产品质量不合格，对周围环境产生严重影响。随后，乐陵市人民检察院立即向技术监督、公安、环保和工商等相关行政部门提出检察建议：依法制裁这类属于国务院明文规定要求予以重点打击、取缔的非法小型炼油项目，但各相关行政部门却一直未采取相应监管、处罚、制裁措施，这才促使乐陵市人民检察院直接作为原告提起民事公诉。然而，在整个案件审理前后，怠于履行安全监管、工商管理、环境监管职责的相关行政机关却未受到环境民事公益诉讼制约。

综上所述，在环境公益诉讼发展的萌芽期，司法试点仅在环境污染领域开展，呈现司法依据有限、同案不同判、国家推动试点、起诉主体受限以及诉讼标的单一等特征。

第二节　扩展到生态破坏领域的司法试点阶段(2007～2012年)

自2007年以来，我国太湖、滇池、巢湖的蓝藻事件接连爆发。与此同时，我国的矿山、森林、草原等生态环境要素遭到日益严重的破坏。为维护生态环境可持续发展，我国环境公益诉讼司法试点开始向生态破坏领域延伸。在这一阶段，环境公益诉讼司法试点开始从“小打小闹”的“谨慎试水”向大张旗鼓的“创新推动”迈进。这一阶段主要体现出以下几个方面的特征：

一、地方开展立法实践

自2005年以来，国家为推动环境公益诉讼的司法探索出台了一系列政策性文件。如在《国务院关于落实科学发展观加强环境保护的决定》(国发〔2005〕39号)中明确提出“推动环境公益诉讼”后，2011年《国家环境保护"十二五"规划》中进一步明确"支持环境公益诉讼"。在同一时间段，为响应国家号召，各地陆续创新性地探索环境公益诉讼的发展路径，先后出台有关推动环境公益诉讼的地方规范性文件，地方立法实践如火如荼地开展。

2007年9月25日，贵阳市中级人民法院出台了《关于设立环境保护法庭的实施方案》，该方案明确指出环境公益诉讼案件属于环境保护法庭的受案范围，并强调"环境保护法庭要不断探索环境保护新措施，不能就案办案，应当突出与环境保护管理部门的配合，最大限度地做到防患于未然"。2007年12月12日，《贵州省贵阳市中级人民法院指定管辖决定书》(〔2007〕筑环保指字第1号)明确指出，"各级检察机关、'两湖一库'管理局、各级环保局、林业局等相关职能部门，可作为环境公益诉讼的原告向人民法院提起环境公益诉讼。案件类型仅限于涉及'两湖一库'及环城林带的环境保护、管理、侵权、损害赔偿等案件"。2009年10月16日通过的《贵阳市促进生态文明建设条例》(已废止)第23条以及贵阳市中级人民法院和清镇市人民法院为落实该条例而出台的《关于大力推进环境公益诉讼、促进生态文明建设的实施意见》(2010年3月1日)第4条进一步赋予"公民、法人和其他组织"提起环境公益诉讼的起诉资格。

2008年5月，江苏省无锡市中级人民法院在《关于环境保护案件管辖的若干规定》(锡中法〔2008〕)中列举了环境公益诉讼案件的受案范围，并限定"各级检察机关、各级环保行政职能部门、环境保护社团组织、居民社区物业管理部门"才具有起诉资格。2008年9月，无锡市人民检察院和人民法院共同出台《关于办理环境民事公益诉讼案件的试行规定》(锡检会〔2008〕2号)进一步细化检察机关提起环境民事公益诉讼的实施细则，为检察机关支持起诉、督促起诉和直接提起环境公益诉讼提供规则指南。2012年5月，江苏省无锡市中级人民法院制定《环境公益民事诉讼的审理规则(试行)》(锡中法〔2012〕85号)，进一步规范环保行政职能部门、检察机关、环保社会团体、居民社区管理组织等提起环境民事公益诉讼的程序。2012年12月19日，无锡市中级人民法院出台《关于依法保障和服务我市生态文明建设工程的意见》(锡中法〔2012〕154号),为环境司法和环境执法的联动工作提供明确指导依据,如规定了“扎实建立符合本地区实际情况的环保行政执法与环境司法联动工作机制,积极探索由环保行政机关提起的环境公益民事案件的审理。我市两级法院应继续坚持能动司法理念,针对环保行政机关在环保行政管理和执法过程中遇到的行政执法强制力薄弱的问题,加大依法支持力度。建立环保行政部门、公安、检察院与法院之间的联动协作机制,着力强化对环保行政执法调查取证、案前分析、疑难问题研判的依法处置机制,快速制止、严厉打击各种环境违法行为”。

2008年11月,昆明市环保局出台《关于建立环境保护执法协调机制的实施意见》(昆环保〔2008〕520号),明确“环境保护行政执法机关、公安机关、人民检察院和人民法院每个季度定期举行联席会议,就环境违法犯罪案件有关情况进行交流、沟通和协调。联席会议由环境保护行政执法机关召集”。联席会议讨论事项包括“共同研究、探讨执法中遇到的新情况、新问题,协商解决疑难问题;研究制定预防和查处环境违法犯罪的工作目标和措施”。昆明市中级人民法院于2010年10月25日出台《关于办理环境民事公益诉讼案件若干问题的意见(试行)》,为人民检察院、环保机构、环保社团组织提起环境民事公益诉讼提供依据。随后,昆明市环保局于2011年6月3日出台《关于办理环境民事公益诉讼案件的指导意见(试行)》,单独另行就环境行政主管部门代表国家对侵害环境公共利益的行为提起环境民事公益诉讼作出规定。

其他省份也陆续制定了环境公益诉讼地方性规范。如海南省高级人民法院出台《关于开展环境资源民事公益诉讼试点的实施意见》,嘉兴市人民检察院联合市环保局出台《关于环境保护公益诉讼的若干意见》,青岛市城阳区人民法院、区人民检察院联合区环保分局出台《关于建立环保执法协调联动工作机制的实施意见》、玉溪市中级人民法院、玉溪市人民检察院出台《关于办理环境资源民事公益诉讼案件若干问题的意见(试行)》(玉中法发〔2011〕2号)等。

二、适用范围扩张

该阶段呈现的另一个显著的特征,则是开始涌现“生态破坏”领域的案件。这既是对我国过去“重污染、轻生态”的环境治理模式的矫正,也是环境公益诉讼受案范围不断扩大的积极探索。

2007 年之前,我国各地法院受理并审判的环境公益诉讼案件均出现在环境污染领域。随着生态破坏事件不断涌现,在国家和地方政策的推动下,我国法院审理环境公益诉讼案件的适用范围开始从环境污染领域向生态破坏领域延伸。2008 年,贵阳市清镇市环境保护法庭受理首例生态破坏环境公益诉讼案件,即贵阳市人民检察院诉熊某志、雷某、陈某雨等人排除妨碍、恢复原状案,检察院起诉要求被告拆除违法在阿哈水库乌龟山上修建的房屋并恢复因违法行为致损的生态植被。[1] 2009 年,无锡市锡山区人民法院受理无锡市锡山区人民检察院诉李某、刘某破坏交通案,判处被告以补种杨树的形式恢复其所破坏的生态植被,并判令疏忽履行行政监管职责的无锡市锡山区农林局履行恢复环境的管护责任。[2] 2012 年,无锡市滨湖区人民法院在全国范围内首次受理由社会组织提起的以恢复生态用途为诉讼请求的环境公益诉讼案件——中华环保联合会诉无锡市蠡湖惠山景区管理委员会等生态环境侵权案。[3] 2012 年,昆明市中级人民法院受理宜良县国土资源局诉赵某龙非法采矿案,宜良县国土资源局以被告赵某龙非法采矿导致林地大面积破坏为由,起诉其赔偿因违法开采行为造成的生态破坏损失。[4] 2012 年,贵阳市清镇市环境保护法庭受理清镇市人民检察院诉清镇市庄子二号矿山负责人毁林案,判处被告恢复因采矿而导致被破坏的林地。[5] 2012 年,福建省南靖县人民

---

〔1〕 参见王立主编:《环保法庭案例选编》,法律出版社 2012 年版,第 10 ~ 12 页。

〔2〕 江苏省无锡市锡山区人民法院民事判决书,(2009)锡法民初字第 1216 号。参见王立主编:《环保法庭案例选编》,法律出版社 2012 年版,第 71 ~ 74 页。

〔3〕 江苏省无锡市滨湖区人民法院民事判决书,(2012)锡滨环民初字第 0002 号。

〔4〕 云南省昆明市中级人民法院民事判决书,(2012)昆环保民初字第 6 号。

〔5〕 贵州省清镇市人民法院民事判决书,(2012)清环保民初字第 2 号。

法院受理漳州市南靖县人民检察院诉沈某洪、沈某喜非法开采国家实行保护性开采的特定矿种案，在该案中，原告请求法院判处被告采取措施消除危险并恢复因非法开采破坏的植被。[1]

三、起诉主体范围扩大

2007年以前，法院仅谨慎审理由检察机关提起的环境公益诉讼。2007～2012年，环境公益诉讼司法试点期间，法院审理的环境公益诉讼大多数由检察机关或环保行政机关等公权力主体提起。继2009年"朱某茂与中华环保联合会诉江苏江阴港集装箱有限公司案"以调解结案方式获得胜诉后，社会组织或公民开始活跃于环境公益诉讼领域，贵阳市、无锡市等环保法庭积极探索受理社会组织或公民提起的环境公益诉讼案件。该阶段环境公益诉讼司法实践中，起诉主体的范围得以扩大，社会主体提起的环境公益诉讼得到部分法院的支持。

为响应《国务院关于落实科学发展观加强环境保护的决定》(国发〔2005〕39号)的号召，贵州省清镇市基层人民法院率先作出创举，将社会组织纳入起诉主体范围，呼吁社会组织主动参与到环境公益诉讼中，为社会组织提起环境公益诉讼开了先河。2009年，清镇市环境保护法庭受理首例中华环保联合会提起的环境行政公益诉讼案件。该案中，在接到贵州省清镇市相关群众的举报后，中华环保联合会迅速组成调查组，开展实地调查，并经查证属实后，向清镇市国土资源局发出律师函，建议其在收到律师函后10日内收回该土地的使用权以及地上建筑物或其他附属物，并消除该建筑对百花湖风景区造成的潜在环境危害，但清镇市国土资源管理局逾期仍未履行法定职责。于是，中华环保联合会向贵州省清镇市人民法院起诉清镇市国土资源管理局，请求法院判决被告履行其拖延近15年的行政职责，收回其违法出让的土地使用权及地上建筑物或其他附属物。由于在该环境行政公益诉讼案件开庭

---

〔1〕 参见梅贤明：《福建首例环境公益诉讼一审宣判——非法采矿者赔矿还要"赔生态"》，载《人民法院报》2012年11月9日，第3版。

前,清镇市国土资源局已作出撤回土地使用权的决定,达到了诉讼目的,中华环保联合会当庭提出撤诉申请。[1] 虽然该案最终以中华环保联合会撤诉结束,但是该案成为设立环境公益诉讼试点以来,法院首次受理并进入审理阶段的、由社会组织提起的环境行政公益诉讼案件。相较于检察机关等公权力主体而言,我国社会组织在推动环境行政公益诉讼发展中成功地迈出了第一步。此外,2010年,清镇市环境保护法庭受理首例中华环保联合会、贵阳公众环境教育中心提起的环境民事公益诉讼案件,要求贵阳市乌当区定扒造纸厂停止向河道排放污水,法院认可原告的起诉资格并判决原告胜诉。[2] 2011年,曲靖市中级人民法院环保法庭受理自然之友、重庆市绿色志愿者联合会与曲靖市环保局作为共同原告提起的环境民事公益诉讼,原告请求法院判处云南省陆良化工实业有限公司停止侵害、赔偿因铬渣污染造成的环境损失等。2011年,清镇市环境保护法庭受理中华环保联合会诉贵州省修文县环保局信息公开案,以原告胜诉告终。[3] 2012年,社会组织或公民提起的多起环境公益诉讼得到法院的受理并获胜诉。如清镇市环境保护法庭受理的蔡某海(与贵阳公众环境教育中心签订《河流认证责任书》而获起诉资格)诉龙某光(清镇市屋面防水胶厂负责人)环境污染损害赔偿案[4],清镇市环境保护法庭受理的中华环保联合会、贵阳公众环境教育中心诉贵阳好一多乳业股份有限公司案[5],无锡市滨湖区人民法院受理的中华环保联合会诉无锡市蠡湖惠山景区管理委员会案[6],清镇市环境保护法庭受理的中

[1] 贵州省清镇市人民法院行政判决书,(2009)清环保行初字第1号。参见王立主编:《环保法庭案例选编》,法律出版社2012年版,第13~14页。

[2] 贵州省清镇市人民法院民事判决书,(2010)清环保民初字第4号。

[3] 贵州省清镇市人民法院行政判决书,(2012)清环保行初字第1号。

[4] 贵州省清镇市人民法院民事判决书,(2012)清环保民初字第3号。参见王立主编:《环保法庭案例选编》(二),法律出版社2014年版,第30~35页。

[5] 参见黄运:《第三方监督机制,方便了谁?》,载《中国环境报》2015年11月10日,第8版。

[6] 江苏省无锡市滨湖区人民法院民事判决书,(2012)锡滨环民初字第0002号。

华环保联合会诉修文县扎佐镇大丫口煤矿案[1]等。

可见,在该阶段,环境公益诉讼起诉主体的范围逐步从公权力主体向社会主体扩张,且社会主体(包括社会组织和公民)的积极性与日俱增。

四、诉讼请求转变

相较于第一阶段,该阶段环境公益诉讼案件的诉讼请求有所转变。2007年以前,环境公益诉讼案件主要以传统环境侵权案件中涉及的"停止侵害、排除危害、恢复原状"等为诉讼请求;2007年之后,以"支付用于修复环境的损害赔偿金"为诉讼请求的环境公益诉讼案件不断涌现。且在该阶段,环境公益诉讼案件的诉讼请求以"环境损害赔偿"为主,本书将该类型的环境公益诉讼简称为环境损害赔偿之诉。狭义的环境损害赔偿之诉是指以"赔偿环境损害费用"等为诉讼请求、旨在以经济性金钱赔偿为手段救济受损环境的环境公益诉讼。广义的环境损害赔偿之诉则包括因环境污染、生态破坏而导致的人身权、财产权等合法权益受损的传统环境侵权诉讼。

实然,因环境污染、生态破坏致人身权、财产权等合法权益受损的环境侵权诉讼本质上不属于严格意义上的环境公益诉讼范畴。如2008年湖南望城县(现为望城区)人民检察院诉长沙坪塘水泥有限公司案中,经法院调解,检察院与污染企业达成和解协议,约定由污染企业向受到污染企业生产过程中造成的灰尘、振动、噪声污染等环境问题影响的花扎街村49户村民每年支付62,538元补偿款。[2]

该阶段出现的本质上属于环境公益诉讼的环境损害赔偿之诉包括:(1)2008年,广州海事法院受理广州市海珠区人民检察院诉新中兴洗水

〔1〕 贵州省清镇市人民法院民事调解书,(2012)清环保民初字第5号。参见王立主编:《环保法庭案例选编》(二),法律出版社2014年版,第40~42页。

〔2〕 参见李俊杰:《湖南望城县检察院当原告试水公益诉讼》,载新浪网,http://news.sina.com.cn/c/2008-11-12/104216638645.shtml。

厂厂主陈某明环境污染责任案,原告以“赔偿环境污染损失和费用”为诉讼目的,请求法院判处无正当理由缺席的被告支付因无证排污行为给石榴岗河造成的直接环境经济损失费用合计117,289.2元,其中包括水资源费312元、环境影响经济损失费用109,171.20元以及监测费用7806元。[1] (2)2009年,广州海事法院受理广州市番禺区人民检察院诉东涌东泰皮革染整厂案,原告请求判处被告承担环境污染损失费用。(3)2009年,佛山市南海区丹灶镇政府在检察院支持下诉广东天乙集团有限公司、苏某华、郭某由、江某环境污染责任案,经广东省佛山市南海区人民法院和佛山市中级人民法院二审终结,判处被告承担环境损害赔偿费用。(4)2010年,在广州市番禺区人民检察院诉广州市番禺博朗五金厂案中,检察院依据《民法通则》(1987年,已废止)第117条、第124条、第134条的规定,请求法院判决被告立即停止违法排放废水等破坏水环境的行为,并承担因将未经处理的废水直接排入广州市番禺区大石街大维涌大石水道所造成的环境经济损失等各项费用79,500元,后经法院审理,支持了原告的全部诉讼请求。[2] (5)2010年,昆明市环保局在检察院支持下,对三农农牧有限公司提起环境损害赔偿之诉,要求被告赔偿因大龙潭水污染所造成的环境损失。(6)2010年7月,紫金矿业旗下的紫金山金铜矿湿法厂先后发生两次含铜酸性溶液渗漏,导致汀江水污染重大事故。广东省信宜市人民政府起诉信宜市宝源矿业有限公司和信宜市紫金矿业有限公司,要求被告赔偿因水污染事故造成的经济损失1950万元。[3] (7)2011年自然之友诉云南省陆良化工实业有限公司案中,诉讼请求为“赔偿因铬渣污染造成的环境损失”。[4] (8)2011年,安宁市国土资源局

---

〔1〕 广州海事法院民事判决书,(2008)广海法初字第382号。

〔2〕 广东省广州市番禺区人民法院民事判决书,(2010)番法民一初字第2956号。

〔3〕 参见马强:《信宜市政府起诉紫金矿业子公司——起因为信宜溃坝事件,索赔金额1950万元》,载《深圳商报》2010年10月18日,B3版。

〔4〕 参见王社坤:《民间环保组织在环境公益诉讼中的角色及作用》,载《中国环境法治》2013年第2期。

向云南省昆明市中级人民法院起诉戴某相等人,要求被告赔偿给国家矿产资源造成的损失,并将赔偿款支付到昆明市公益诉讼救济专项资金中。后该案经调解,由被告6人向昆明市环境公益诉讼救济专项资金支付赔偿款443,512万元,并另行赔偿修复林地、恢复植被的费用共计88,185.5元。[1] (9)2011年,浙江省平湖市人民检察院向法院提起浙江首例环境公益诉讼案,起诉嘉兴绿谊环保服务有限公司等5家公司违法向池塘倾倒5000余吨含铬污染的污泥,请求法院判处被告赔偿54.1万余元并承担案件诉讼费用。经法院组织调解达成协议,由嘉兴绿谊环保服务有限公司支付因环境污染造成的直接经济损失541,373元以及诉讼费4607元。[2] (10)2012年,蔡某海认为,清镇市屋面防水胶厂负责人龙某光被判处的10万元罚金不足以修复被破坏的水环境,而向贵州省清镇市环境保护法庭提起环境公益诉讼,要求被告承担环境污染治理费用107.3万元。支持起诉的清镇市人民检察院也认为,被告偷排有毒废液严重污染环境,应承担民事赔偿责任。最后,经法院审理,决定以"因环境违法所得的经济利益"为计算环境污染损害赔偿具体金额的方式,判处被告支付环境污染损害赔偿款30万元以及案件受理费14,457元。[3] (11)2012年,东营市环保局诉东营市垦利县(现为垦利区)双河村村民吴某及淄博市周村华益溶剂化工厂环境公益诉讼案中,一审法院判决被告支付用于污染场地修复的环境污染损失费用7,425,607元。[4] (12)2012年,宜良县国土资源局在检察院支持下诉赵某龙非法占用农用地案中,要求被告支付因非法采矿给地质环境造成的环境治理和恢复费用176,252元(其中已

---

〔1〕 参见陈正才:《云南首例破坏生态植被公益诉讼案判决》,载中国绿色时报网2011年8月2日,http://www.forestry.gov.cn/portal/main/s/72/content-494672.html。

〔2〕 参见田舍郎、游情天:《检察院当起公益诉讼案件原告,昨以和解告终:违规倒污泥的企业赔偿54万》,载《钱江晚报》2011年12月17日,A7版。

〔3〕 贵州省清镇市人民法院民事判决书,(2012)清环保民初字第3号。参见王立主编:《环保法庭案例选编》(二),法律出版社2014年版,第30~35页。

〔4〕 参见马斌:《我省环保公益诉讼案宣判倒废水赔环保局742万》,载鲁中网,http://news.lznews.cn/2012/1217/685180.html。

扣除被告已缴纳的10,000元土地整治费)以及原告所支付的鉴定费、律师费、诉讼费用等。法院经审理判决原告胜诉,支持其全部诉讼请求。[1]

(13)2012年,某上市公司贵州分公司外排废水中悬浮物含量严重超过国家污水综合排放标准,经督促仍未认真整改,后贵州省清镇市环境保护局与清镇市人民检察院共同提起环境公益诉讼,请求法院判处被告停止侵害并支付污水及小河入湖段治理工程费411.9万元。经清镇市人民法院多次调解,原告、被告就损害赔偿达成和解协议,案件以原告撤诉告终。[2]

然而,环境公益诉讼应为行为之诉,而非环境损害赔偿之诉。在美国,环境公民诉讼在于借助法院的判决,督促环保行政机关履行法定实体性义务。尽管环境公民诉讼的被告可为私人的污染者,但诉讼的目的在于促使法定污染标准的遵守而非环境污染事件的损害赔偿。[3]

五、诉讼类型增多

在该阶段,我国环境公益诉讼的发展以公权力主体提起的环境民事公益诉讼为主线。检察机关或环保行政机关等公权力主体经过商议后提起的环境民事公益诉讼均以胜诉告终。社会组织或公民提起且胜诉的环境公益诉讼案件离不开当地政府、公权力主体的支持。与此同时,法院逐步受理社会主体提起的数起环境民事公益诉讼和环境行政公益诉讼,诉讼类型在该阶段有所增多。但该阶段我国的环境公益诉讼仍以环境民事公益诉讼为主流。

司法实践表明,各地环境公益诉讼案件"破冰"之举均由公权力主体提起。例如,清镇市首例环境公益诉讼案件由贵阳市"两湖一库"管理局提起;无锡市首例环境公益诉讼案件由无锡市锡山区人民检察院提起;昆

[1] 云南省昆明市中级人民法院民事判决书,(2012)昆环保民初字第6号。

[2] 贵州省清镇市人民法院民事裁定书,(2012)清环保民初字第4号。参见王立主编:《环保法庭案例选编》(二),法律出版社2014年版,第36~39页。

[3] 参见叶俊荣:《环境政策与法律》,中国政法大学出版社2003年版,第248页。

明市首例环境公益诉讼案件由昆明市环保局提起。

公权力主体经过商议后提起的环境民事公益诉讼均以胜诉告终。最为典型的案件即为昆明市环保局在检察院支持下诉三农农牧有限公司案。[1] 2009年10月,为突破环境公益诉讼的零受案率,昆明环保法庭积极与市检察院、环保局等部门斟酌,苦寻"好操作、低门槛、有把握"的环境公益诉讼案源。2010年5月,重庆市绿色志愿者联合会试图以"连年进入废气国家重点监控企业名单、云南省污染严重企业、昆明二氧化硫第一排放大户"的阳宗海国电为被告,向昆明市中级人民法院提起昆明环境公益诉讼第一案,却迟迟未得到立案。[2] 时隔三月,环保局与市检察院、昆明环保法庭以两家还处于行政处罚阶段的养猪场为被告,成就昆明环境公益诉讼第一案。

此外,司法实践中,该阶段由社会组织或公民提起且胜诉的环境民事公益诉讼案件离不开公权力主体的支持。例如,2014年判处巨额生态环境损害赔偿金的江苏泰州1.6亿元天价案中,被告实为江苏省经济转型时期被政策拟淘汰的6家化工企业[3],在泰州市环保局为泰州环保联合会调查取证提供证据支持且泰州市检察机关支持起诉的情况下,具有官方背景的泰州环保联合会提起的环境公益诉讼险胜;而2015年1月,环保组织自然之友就同类案件事实、独立对泰州其他污染企业提起的环境公益诉讼案,却被泰州市中级人民法院拒绝受理。

---

〔1〕 云南省昆明市中级人民法院民事判决书,(2010)昆环保民初字第1号;云南省高级人民法院民事判决书,(2011)云高民一终字第41号。参见王立主编:《环保法庭案例选编》,法律出版社2012年版,第107~120页。

〔2〕 参见陶蕾:《我国环境公益诉讼制度进程及其展望》,载曾晓东、周珂主编:《中国环境法治》(2013年卷·上),法律出版社2013年版。

〔3〕 参见秦鹏、陈幸欢:《环境公益诉讼中的法院角色、逆向选择与社会结构——以泰州1.6亿赔偿案为样本的法社会学分析》,载《西南民族大学学报(人文社会科学版)》2015年第5期。

此外，综合有关文献和网络资源的详细统计[1]，2008～2012年，法院公开受理并审结33起环境公益诉讼案件，其中，公权力主体提起的环境民事公益诉讼案件占25起，社会主体提起的环境民事公益诉讼案件占5起[2]，社会主体提起的环境行政公益诉讼案件占3起[3]。可见，该阶段，环境公益诉讼司法实践的发展仍以公权力主体提起的环境民事公益诉讼为主线，同时法院逐步能动受理数起社会主体提起的环境民事公益诉讼案件以及社会主体提起的环境行政公益诉讼案件，诉讼类型有所增加，多元诉讼类型并存。

六、诉讼标的难涉环境行政违法行为

从司法实践来看，大多数环境公益诉讼案件都是公权力主体或官方环保组织针对中小型企业或公民个人提起的。该阶段环境公益诉讼的发展仍以环境民事公益诉讼为主，环境行政公益诉讼的案源稀缺。环境行政违法行为难以直接成为环境公益诉讼的诉讼标的。而在环境民事公益诉讼中，环保行政机关的环境监管失职行为几乎难以受到司法追责。

例如，2007年贵阳市“两湖一库”管理局诉贵州天峰化工公司案中，

---

〔1〕 笔者主要对1995年12月至2016年3月的环境公益诉讼案例进行统计，统计资料源于最高人民法院网、中国法院网、中国裁判文书网、北大法意网、北大法律信息网、其他新闻网站和期刊报纸公开发布的案例，以及中华环保联合会和自然资源保护协会：《民间环保组织在环境公益诉讼中的角色及作用——调研报告》，载自然资源保护协会网，http://www.nrdc.cn/Public/uptoads/2016－12－02/5841642fe31f3.pdf。

〔2〕 该阶段法院受理的社会主体提起的环境民事公益诉讼案件包括：2009年无锡市中级人民法院受理朱某茂和中华环保联合会诉江苏江阴港集装箱有限公司案、2010年清镇市环境保护法庭受理的中华环保联合会、贵阳公众环境教育中心诉贵阳市乌当区定扒造纸厂停止排污案、2012年清镇市环境保护法庭受理的蔡某海诉龙某光（系清镇市屋面防水胶厂负责人）环境污染损害赔偿案、2012年清镇市环境保护法庭受理的中华环保联合会和贵阳公众环境教育中心诉贵阳好一多乳业股份有限公司停止排污并支付环境损害赔偿金案以及2012年清镇市环境保护法庭受理的中华环保联合会诉修文县扎佐镇大丫口煤矿停止排污案等。

〔3〕 该阶段法院受理的社会主体提起的环境行政公益诉讼案件包括：2009年清镇市环境保护法庭受理的中华环保联合会诉清镇市国土资源局依法履行职责案、2012年清镇市环境保护法庭受理的中华环保联合会诉贵州省修文县环保局信息公开案以及2012年无锡市滨湖区人民法院受理的中华环保联合会诉无锡市蠡湖惠山景区管理委员会非法占用林地案等。

作为负责“两湖一库”(红枫湖、百花湖以及阿哈水库)水资源保护及监管的事业单位贵阳市“两湖一库”管理局以及贵州省环境保护监测中心站，在该案事发前未尽环境监管职责[1]，导致环境污染事件的累积并恶化，明显具有失职嫌疑，而在整个环境民事公益诉讼案件审理前后，环保行政机关监管失职的行为却未受到法院的司法审查。

又如，2010 年，广州市番禺区人民检察院诉博朗五金厂案中，被告于 2006 年 8 月接手博朗五金厂并办理了工商登记，但自始未向环保主管部门申请办理环境影响评价手续。被告自 2006 年 8 月起将其生产过程中产生的工业废水直接排放到河体中，对周围水环境产生严重影响。直至 2010 年 4 月 26 日，即广州政府高度重视亚运会环境整治工作期间，广州市番禺区环保局才对被告作出行政处罚决定书。为配合广州市环境整治工作、保障绿色亚运的顺利召开，广州市番禺区人民检察院直接起诉博朗五金厂，要求支付因违法排污行为给环境造成的经济损失。而在整个案件审理前后，怠于履行环保管制职责的广州市番禺区环保主管部门却未受到环境公益诉讼案件的制约。[2]

再如，2010 年，在昆明市环保局在检察院支持下诉三农农牧有限公司、羊甫联合牧业有限公司水污染责任案中[3]，昆明市环保局并未按照《环境影响评价法》(2002 年，已修订)第 2 条的规定，对实施后的建设项目可能产生的环境影响进行跟踪监测。导致本案中两被告在畜牧小区项目的环保治污设施还未通过竣工验收的情况下于 2008 年 6 月陆续将养殖用地转包，随意排放养殖废水。直至 2009 年 11 月大龙潭水质出现发黑发臭现象后，才引起卫生防疫和环境监测部门的关注。同时，昆明市环

[1] 被告的磷石膏尾矿库自 20 世纪 90 年代中期投产使用以来，每年向饮用水源保护区红枫湖上游的羊昌河排入磷石膏废渣 20 万～30 万吨，而贵州省环境保护监测中心于 2007 年 10 月 27 日才对被告的渣场渗滤液进行监测，此时，被告堆放的废渣累积有 200 万吨到 300 万吨。参见王立主编：《环保法庭案例选编》，法律出版社 2012 年版，第 3～9 页。

[2] 广东省广州市番禺区人民法院民事判决书，(2010)番法民一初字第 2956 号。

[3] 云南省昆明市中级人民法院民事判决书，(2010)昆环保民初字第 1 号；云南省高级人民法院民事判决书，(2011)云高民一终字第 41 号。参见王立主编：《环保法庭案例选编》，法律出版社 2012 年版，第 107～120 页。

保局并未按照《畜禽养殖污染防治管理办法》(2001 年,已废止)的相关规定[1],对三农农牧有限公司和羊甫联合牧业有限公司污染防治情况进行现场检查、监测分析、作出限期治理建议等。而对于被告采取临时防渗措施后继续养殖、泄漏废液导致大龙潭水质严重超标的行为,环保局并未根据《水污染防治法》(2008 年,已修订)第 81 条的规定,报有批准权的人民政府责令拆除或关闭。根据相关报道,三农生态畜牧园区作为官渡区生猪养殖基地,既是官渡区政府重点招商引资的项目,也是昆明市政府、市农业局在第三届、第四届昆明国际农业博览会上的签约项目。该项目得到云南省、昆明市各级领导和相关部门的大力支持。[2] 在此案中,官渡区环保局和昆明市环保局在地方保护主义和经济国内生产总值(GDP)理念影响下,显然存在监管失职的行为。然而,在发生严重污染事件后,失职的环保行政机关未成为被追责的对象。

另外,2011 年 6 月,在自然之友、重庆市绿色志愿者联合会诉云南省陆良化工实业有限公司案中,经调查发现,铬渣已在被告露天仓库堆放了近 20 年,昆明市环保局对如此庞大的污染源却视而不见。但在该环境公益诉讼案件中,环保局不但未因严重监管失职成为被告,反而成为案件的共同原告。[3]

---

[1] 《畜禽养殖污染防治管理办法》(2001 年,已废止)第 5 条规定:"县级以上人民政府环境保护行政主管部门在拟定本辖区的环境保护规划时,应根据本地实际,对畜禽养殖污染防治状况进行调查和评价,并将其污染防治纳入环境保护规划中。"第 8 条第 2 款规定:"环境保护行政主管部门在对畜禽养殖场污染防治设施进行竣工验收时,其验收内容中应包括畜禽废渣综合利用措施的落实情况。"第 12 条第 1 款规定:"县级以上人民政府环境保护行政主管部门有权对本辖区范围内的畜禽养殖场的环境保护工作进行现场检查,索取资料,采集样品、监测分析。被检查单位和个人必须如实反映情况,提供必要资料。"第 17 条第 1 款规定:"对超过规定排放标准或排放总量指标,排放污染物或造成周围环境严重污染的畜禽养殖场,县级以上人民政府环境行政主管部门可提出限期治理建议,报同级人民政府批准实施。"

[2] 参见陈义夫:《云南最大标准化生猪养殖基地三农生态畜牧园即将建成》,载《云南经济日报》2011 年 1 月 22 日,第 3 版。

[3] 参见青扬:《云南数十万吨毒铬渣临江堆放二十年》,载共识网 2011 年 8 月 16 日,http://www.21ccom.net/articles/zgyj/gqmq/article_2011081643374.html。

七、环境资源审判机构案源有限

随着环境污染、生态破坏事件在短期内集中性的爆发，理论界和实务界呼吁建立环境资源审判机构以应对日益增长的环境纠纷案件专门化审理的需要。各地先后设立称谓不一的环境资源审判机构。例如，2007年11月，为加大对“两湖一库”（红枫湖、百花湖和阿哈水库）的司法保护，贵州省清镇市成立环境保护法庭。2008年5月，太湖蓝藻事件引发的生态水危机催生了无锡市中级人民法院环保审判庭，此外，无锡市辖区内5个基层法院各自设立了环境保护合议庭，负责环境民事、行政和刑事案件的审理。随后，无锡、昆明等地的中级人民法院纷纷增设环境保护合议庭或审判庭，建立“三审合一”“四审合一”“五审合一”等审判模式。近年来，环境资源审判机构的增长速度明显加快，2013年全国共新增27个，2014年上半年已经新增22个。据不完全统计，截至2014年12月9日，全国共有20个省（市、自治区）设立了环境资源审判机构（包括环境资源法庭、合议庭以及巡回法庭）合计369个。[1] 从区域设置情况看，东南地区设置的环境资源审判机构较多、较全面，而华中、华东、华北、东北等地区设置的环境资源审判机构较为零散。且各省之间设立情况差距较大，有的省份在三级法院均设立环境资源审判机构，如贵州、福建、海南等地；有的省份在中级人民法院和基层法院各设立环境资源审判机构，如江苏、云南等地；有的省份仅在基层法院设立环境资源审判机构，如浙江、安徽、江西等地。此外，各地设立的环境资源审判机构模式不一、各有特色，有的地区设立环境民事、行政、刑事“三审合一”模式，如无锡法院；有的地区设立环境民事、行政、刑事以及非诉执行“四审合一”模式，如贵阳法院；有的地区在“四审合一”模式之外增加环境立案，形成“五审合一”的模式，如福建法院。[2]

---

〔1〕 参见李成思：《环境保护法治进入变革时代　环境资源审判走向专业化》，载中国新闻网，http://finance.chinanews.com/ny/2014/12-31/6928443_4.shtml。

〔2〕 参见韩德强：《环境资源审判工作的现状分析及建议》，载《人民司法》2014年第19期。

截至2012年11月,全国共设立环保法庭95个。[1] 但据不完全统计,截至2012年11月,各地法院公开受理并审结36起环境公益诉讼案件。昆明市中级人民法院环境保护审判庭自2008年12月设立起,直到2010年才审理首例由环保局与检察院、法院沟通协商积极拓展而来的环境公益诉讼案件,即昆明市环保局在检察院支持下诉三农农牧有限公司、羊甫联合牧业有限公司案。且昆明市中级人民法院环境保护审判庭自成立以来6年内仅受理了6起环境公益诉讼案件,存在"等米下锅"的艰难困境。[2] 万州区环保法庭自2012年成立后,一年半内未受理一起环境公益诉讼案件,最终该环保法庭不得不与重庆市环保志愿组织协商,共同行动以突破环境公益诉讼"零受案率"的尴尬困境。[3] 有的省份的环境资源审判机构自设立之日起环境公益诉讼结案量为零,如北京、天津、上海、河南、山西、广西、西藏等地。[4] 可见,该阶段,我国诸多环境资源审判机构仍存在环境公益诉讼"案荒"或案源极为有限的困境。这不得不让我们反思,设立环境资源审判机构的目的是追赶环境司法专门化的潮流,还是更公正、高效、权威地解决环境纠纷、处理环境私益诉讼案件甚至是环境公益诉讼案件?如果设立环境资源审判庭只是"新瓶装旧酒",则会导致有限的国家司法资源的浪费。

八、法院提前介入与联动

窘于我国诸多环境资源审判机构案源有限,法院开始提前介入与环保行政机关积极联动执法、拓展案源,为环境政策服务。

在该阶段,法院在环境公益诉讼中的角色逐步由中立、被动向能动甚

---

〔1〕 参见郄建荣:《全国已建立95个环保法庭 环境司法仍落后》,载中国法院网2012年11月19日,https://www.chinacourt.org/index.php/article/detail/2012/11/id/788851.shtml。

〔2〕 参见刘百军、徐向良:《破解环境公益诉讼难题亟待制度支持》,载《法制日报》2014年4月8日,第3版。

〔3〕 参见陈亮:《环境公益诉讼"零受案率"之反思》,载《法学》2013年第7期。

〔4〕 参见韩德强:《环境资源审判工作的现状分析及建议》,载《人民司法》2014年第19期。

至是提前介入、联动执法转变。2009年,时任最高人民法院院长的王胜俊引入"司法能动"的理念,环境保护法学者随即将司法能动的理念运用到环境司法领域,并提倡法院应坚持司法能动,积极配合环保行政机关寻找、分析案源,打击环境污染者或破坏者。各地纷纷制定地方规范性文件,赋予法院配合环保行政机关联动执法的权力。如《无锡市中级人民法院关于依法保障和服务我市生态文明建设工程的意见》(2012年)提出:"进一步推动环保行政部门、公安、检察院与法院之间的联动协作机制,着力强化对环保行政执法调查取证、案前分析、疑难问题研判的依法处置机制,快速制止、严厉打击各种环境违法行为。"有的地方为了突破环境公益诉讼"零受案率"的困境,鼓励法院提前介入参与联合执法、积极配合行政部门拓展案源。如浙江省慈溪市人民法院在该市设驻环保局的司法联络室,对可能影响社会稳定或造成重大环境污染的环境违法行为,法院提前介入敦促违法行为人停止违法行为。昆明市环保行政执法机关、公安机关、检察机关连同人民法院定期召开联席会议,协商解决环保行政部门执法中遇到的疑难问题。清镇环保法庭会同环保、林业部门进行调研,以便锁定污染损害治理的重点单位,积极拓展案源,不断加大环保行政执法力度。

贵州省环境公益诉讼规则制定和司法实践均走在全国各省前列。由于贵州省地方政策非常重视"两湖一库"(关乎贵阳中心城区数百万居民的主要饮用水源安全问题)及环城林带环境保护工作,因此,贵州省的环保法庭设置、环境公益诉讼案件审理以及地方规范性文件均围绕地方环境政策的关注点展开。如贵州省"两湖一库"管理局和环保法庭均为保护"两湖一库"水资源而设立;贵州省首例环境公益诉讼案件即为"两湖一库"管理局诉天峰化工公司案,且从立案到判决不到20天时间[1];《贵州省贵阳市中级人民法院指定管辖决定书》(〔2007〕筑环保指字第1号)将

〔1〕 参见陶蕾:《我国环境公益诉讼制度进程及其展望》,载曾晓东、周珂主编:《中国环境法治》(2013年卷·上),法律出版社2013年版。

环境公益诉讼的案件类型限于涉及“两湖一库”及环城林带的环境保护、管理、侵权、损害赔偿等案件。

为迎接广州2010年亚运会的顺利召开，保障绿色亚运、平安亚运的良好服务，广州市政府出台政策推进“青山绿水”“蓝天白云”等市政工程，广州市番禺区辖内的40个体育馆承担18个亚运会比赛和训练任务。[1] 为抓住该契机，广州市人民检察院积极开展环境公益诉讼司法试点工作，与法院和环保行政机关沟通协调，加大对环境违法行为的打击力度，由此开拓的环境公益诉讼案源均以胜诉告终。如2008年广州市海珠区人民检察院诉新中兴洗水厂厂主陈某明环境污染责任案、2009年广州市番禺区人民检察院诉东涌东泰皮革染整厂水污染责任案、2009年佛山市南海区丹灶镇政府在检察院支持下诉广东天乙集团有限公司及苏某华郭某由、江某环境污染责任案、2010年广州市白云区人民检察院诉白云区养猪场经营者杜某华、梁某强水污染责任案、2010年广州市番禺区人民检察院诉广州市番禺博朗五金厂水污染责任案等。

此外，法院还配合当地政府共同将不符合政策或可能产生不良政治影响的案件扼杀在起诉阶段。为何在环境公益诉讼司法实践中，公权力主体直接提起或得到公权力主体支持的官方环保组织提起的环境公益诉讼往往容易得到法院的受理？根本原因在于，在我国政治体制下，法院往往扮演着公权力辅助者的角色。如2014年江苏泰州天价案，泰州环保联合会即使存在不适格的质疑，但在当地政府和检察机关的支持下，仍获胜诉；而2015年1月，适格主体自然之友却在其诉泰州其他企业环境公益诉讼案中，未获得法院认可，泰州市中级人民法院拒绝受理。

该阶段，为有效贯彻环境政策，我国检察机关、法院与环保行政机关积极配合，拓展环境公益诉讼案源。此现象虽能高效打击环境违法者、保障环境政策的落实，但在环境公益诉讼领域，法院审理环境公益诉讼案件

---

〔1〕 参见罗艾桦：《广东首宗基层法院受理的环境公益诉讼案件一审胜诉》，载新民网，http://news.xinmin.cn/rollnews/2010/09/16/6877384.html#p=1。

取决于环境政策、为环境政策服务。

第三节　环境民事公益诉讼单一类型的立法确定和环境行政公益诉讼的司法试点阶段(2013～2015 年)

经过多年环境公益诉讼司法实践的探索,环境民事公益诉讼制度相对成熟,为立法提供了宝贵的实践经验。在学术界和实务界的持续推动下,我国 2012 年修正的《民事诉讼法》首次在立法层面确认法律规定的机关和有关组织有权提起环境民事公益诉讼。自 2013 年 1 月 1 日起,2012 年 8 月 31 日修正的《民事诉讼法》正式实施,该法第 55 条原则性地、笼统地规定了环境公益诉讼的原告资格。由此,我国环境民事公益诉讼在该阶段突破了无法可依的格局,开始由司法试点阶段迈入规则确定阶段,首次授权法律规定的机关和有关组织提起环境民事公益诉讼,突破了传统基于个人利益保护的诉讼模式,力图以民事公益诉讼的方式维护环境公益。法律规定的机关和有关组织在《民事诉讼法》、《环境保护法》及相关司法解释的指引下继续摸索前行。随后,《环境保护法》(2014 年修订)经四审审议,对“有关组织”予以进一步明确,在实体法层面原则性地确认了环境公益诉讼。《环境保护法》第 58 条授予符合条件的社会组织起诉资格,明确、详细地规定了有权提起环境公益诉讼的社会组织所需满足的基本条件。依据《民事诉讼法》和《环境保护法》的相关规定,2014 年 12 月 26 日,最高人民法院、民政部、原环境保护部下发了《关于贯彻实施环境民事公益诉讼制度的通知》(法〔2014〕352 号),该文件较具体地规定了人民法院、社会组织的登记管理机关以及环境保护主管部门在人民法院受理、审理环境民事公益诉讼案件以及判决执行过程中的职能分工与衔接配合等内容。随后,最高人民法院结合司法实践经验,于 2015 年 1 月出台了《最高人民法院关于审理环境民事公益诉讼案件适用法律若干问题的解释》(法释〔2015〕1 号,已修改),该解释详细地规定了审理环境民事公益诉讼的相关程序等内容，细化了环境民事公益诉讼的审判规则，为法院审理环境民事公益诉讼提供具有可操作性的、较为具体的程序规则。至此，标志着我国在立法层面承认并设立了环境民事公益诉讼制度，该制度的系统性规则逐步显现。在司法能动的大背景下，我国的环境民事公益诉讼制度得以在立法层面被确认，进而从根本上突破了我国环境民事公益诉讼缺乏立法依据的窘境。

但遗憾的是，我国2014年第一次修正的《行政诉讼法》并未采纳学者们所力荐的行政公益诉讼规则，而根据《立法法》(2015年，已修改)第8条的规定，诉讼和仲裁制度只能依据国家法律运行。由此，我国立法层面仅确立了环境公益诉讼单一类型——环境民事公益诉讼，且现阶段的环境民事公益诉讼主要依赖司法解释和政策性文件开展实施。2015年，在立法确立民事公益诉讼规则却未采纳学者们力荐的行政公益诉讼规则的情况下，国家开始开展由检察机关提起行政公益诉讼的司法试点。我国环境公益诉讼司法实践继续向新的领域迈进。截至2015年，环境公益诉讼制度的实施主要依据两部法律[《民事诉讼法》(2012年，已修改，下同)和《环境保护法》]、一个司法解释[《最高人民法院关于审理环境民事公益诉讼案件适用法律若干问题的解释》(2015年，已修改，下同)]、一个全国人民代表大会常务委员会决定[《全国人民代表大会常务委员会关于授权最高人民检察院在部分地区开展公益诉讼试点工作的决定》(2015年)]以及一个试点方案[《检察机关提起公益诉讼改革试点方案》(2015年)]展开。以上规范授权检察机关在生态环境和资源保护、国有土地使用权出让、国有资产保护、食品药品安全等领域开展民事公益诉讼和行政公益诉讼的试点。可见，此项授权拓展到了环境行政公益诉讼领域，这在很大程度上填补了该阶段立法未规定环境行政公益诉讼制度的缺憾，具有开拓性的意义。该阶段环境公益诉讼的发展呈现以下几个方面的特征。

一、社会组织起诉资格规则适用受阻

《民事诉讼法》(2012年)第55条规定“法律规定的机关和有关组织”

可以作为环境公益诉讼的原告提起环境民事公益诉讼,但对于“有关组织”的界定尚未明确。从私益救济的角度来看,原告的起诉资格与专业能力没有直接关系,因为私益诉讼的裁判结果仅由原告自行承担;而对于公益诉讼而言,裁判结果往往关乎不特定多数人的权益,有必要通过对公益诉讼的适格原告设置条件以确保其专业能力足以保障公共利益不会受到损害。事实上,包括美国、德国、日本在内的许多国家已通过立法或者司法判例对有权提起公益诉讼的环保社会组织设立了条件。我国《环境保护法》修订过程也围绕如何对有权提起环境公益诉讼的社会组织设立条件展开了博弈。2014 年《环境保护法修正案(草案)》二审稿中将“有关组织”仅限定为“中华环保联合会以及在省、自治区、直辖市设立的环保联合会”,试图将政治和社会风险控制到最低。这引起了学术界和其他环保组织的不满。诚如徐昕所言,将提起公益诉讼的“有关组织”仅限于中华环保联合会一家的“特权条款”,明显违背法律面前人人平等原则的法理。[1] 后来三审稿将“有关组织”规定为“依法在国务院民政部门登记,专门从事环境保护公益活动连续五年以上且信誉良好的全国性社会组织”。从形式上看,立法扩大了有关组织的范围,但增加“专门”“连续五年”“信誉良好”“全国性”等苛刻的限制条件,实为提高了社会组织的起诉门槛。最终经过四审审议通过的《环境保护法》第 58 条将有权提起环境公益诉讼的社会组织的主体资格范围予以进一步放宽,符合“依法在设区的市级以上人民政府民政部门登记;专门从事环境保护公益活动连续 5 年以上且无违法记录”的条件即可。此外,2014 年 12 月 8 日,最高人民法院审判委员会通过的《关于审理环境民事公益诉讼案件适用法律若干问题的解释》(2015 年,已修改)第 2 ~ 5 条分别对《环境保护法》第 58 条规定的社会组织的范围予以进一步明确,加强其在司法实践中的可操作性。在该阶段,社会组织在环境公益诉讼案件中的起诉资格首次在立法层面

---

〔1〕 参见徐昕:《关注环境保护法修订:限制诉权即鼓励侵权》,载《南方都市报》2013 年 6 月 27 日,AA31 版。

得到附条件的确认。紧接着,中共中央、国务院发布的《关于加快推进生态文明建设的意见》(2015 年)进一步提出"鼓励公众积极参与",对污染环境、破坏生态的行为,有关组织可提起公益诉讼,"发挥民间组织和志愿者的积极作用",这为社会组织积极参与环境公益诉讼提供了政策指引和支持。

2014 年修订的《环境保护法》为环保社会组织设置了较为严格的起诉资格要求,加之我国环保社会组织的发展掣肘颇多,远未成熟,使真正有资格、有能力提起公益诉讼的环保社会组织只是很小的一部分。[1] 据不完全统计,在各级民政部门已有登记的环保社会组织数量已突破 6000 个,其中,在国务院民政部门进行登记的环保社会组织有 36 个,此外,有 300 多个环保社会组织是在省级民政部门登记的,而在设区内市级民政部门完成登记的则超过 700 个。综合考量《环境保护法》第 58 条中有权提起环境公益诉讼的社会组织的起诉资格条件,我国符合起诉资格的社会组织已突破 1000 个。[2] 据不完全统计,2015 年之前的环境公益诉讼案件主要由具有官方背景的环保社会组织提起,民间环保组织提起的环境公益诉讼案件较少且受案率低;对于案件事实相似的同类环境公益诉讼案件,有的法院甚至只受理具有官方背景的环保社会组织提起的诉讼案件。在 2015 年以前,由环保社会组织提起的环境民事公益诉讼共 12 起,其中,有 9 起是由中华环保联合会单独或与其他环保组织联合提起的。而到了 2015 年,由民间环保组织提起的案件已占到近四成,其中有 7 起案件由贵阳公众环境教育中心提起、有 6 起由自然之友提起,与中华环保联合会提起的案件数量相当。此外,民间环保组织的参与有其特有的优势,能够较好地发挥地方民间环保组织更能反映地方民意、更熟悉地方事务的优势。总体来看,得益于《环境保护法》对社会组织的一视同仁及对

---

〔1〕 参见谢玉娟:《十三省份检察院试点公益诉讼　民间组织仍是看客》,载界面新闻网 2015 年 7 月 2 日,http://www.jiemian.com/article/317480.html。

〔2〕 参见郄建荣:《9 家环保组织一年提起 37 起环境公益诉讼》,载新浪网,http://finance.sina.com.cn/sf/news/2016-03-22/095224592.html。

其起诉资格的明确承认，2015 年环境公益诉讼案件原告的“草根化”和“地方性”特征明显。[1] 据公开资料不完全统计，在 2005～2014 年的 10 年间，全国法院受理环境民事公益诉讼案件总数为 47 起，年均受案不到 5 起，而 2015 年一年即受理了 38 起，受案量明显增加，进步显而易见。[2] 根据媒体报道的总体情况来看，法院受理环境民事公益诉讼的受案率较之以往也有所提高。

与立法、政策的积极推进以及环保社会组织的发展相比，司法实践却出现较大反差。虽《民事诉讼法》（2012 年）明文规定了环境民事公益诉讼，但 2013 年中华环保联合会独立提起的 7 起环境公益诉讼案件[3]，无一起被受理。2014 年，法院公开受理 5 起环境公益诉讼案件，其中 1 起由贵州省金沙县人民检察院作为原告直接提起，1 起由中华环保联合会提起，其余 3 起均是在检察机关支持下提起。[4]

法院为规避因受理造成较大社会影响的环境公益诉讼而带来不利风险，往往拒绝立案。如在首次规定环境民事公益诉讼规则的《民事诉讼法》（2012 年）正式实施的前一天，山西天脊煤化工集团有限公司因输送软管爆裂导致 319.87 吨有毒化学物质苯胺泄漏，造成山西境内约 80 公

---

〔1〕 参见巩固：《2015 年中国环境民事公益诉讼的实证分析》，载《法学》2016 年第 9 期。

〔2〕 参见王社坤：《我国环境公益诉讼司法实践与制度构建调查报告》，载曾晓东、周珂主编：《中国环境法治》（2011 年卷·上），法律出版社 2011 年版。作者统计了 2010 年之前的各类环境公益诉讼案件数据。参见陈亮：《环境公益诉讼研究》，法律出版社 2015 年版。作者统计了 2005～2013 年各类环境公益诉讼案件的数据。笔者结合中国裁判文书网相关数据，从中梳理出 2005～2014 年的环境民事公益诉讼数据。

〔3〕 中华环保联合会诉潍坊乐港食品股份有限公司水污染侵权案；中华环保联合会诉山西省原平市住房保障和城乡建设管理局环境侵权案；中华环保联合会诉重庆市双庆硫酸钡有限公司水污染侵权案；中华环保联合会诉河南省灵宝金源矿业有限公司水污染侵权案；中华环保联合会诉海南天工生物工程有限公司水污染侵权案；中华环保联合会诉海南罗牛山种猪育种有限公司水污染侵权案；中华环保联合会诉国家海洋局环境行政违法案。

〔4〕 江苏省泰州市环保联合会诉江苏常隆农化有限公司等 6 家企业案、常州市环境公益协会诉储卫清及常州博世尔物资再生利用有限公司案以及连云港赣榆区环境保护协会诉顾某成案。

里的河道受到严重影响，水污染还波及河北、河南两省，并导致河北省邯郸市约70%的地区大面积停水。2013年1月9日，民间组织邯郸冬泳协会诉山西天脊煤化工集团有限公司苯胺污染案，被当地政府相关部门要求撤诉。[1] 后北京市丰台区源头爱好者环境研究所向山西省长治市中级人民法院提起环境公益诉讼，因山西苯胺泄漏引起社会广泛关注，且最高人民检察院挂牌督办该事件，为避免承担审理失当的风险，长治市中级人民法院以“公益诉讼的实施细则还未出台，案件无法审理”为由拒绝立案。[2]

《民事诉讼法》(2012年)和《环境保护法》已经对环保社会组织的起诉条件作出明确规定，但环保社会组织在环境公益诉讼领域仍面临难以有效诉诸司法的困境。2015年上半年，法院受理6起由中华环保联合会提起或由民间环保组织在检察机关支持下提起的环境公益诉讼案件。[3] 民间环保组织提起环境公益诉讼的情况有所好转，但案件被受理仍离不开检察机关和当地政府的支持，且多以“支付环境损害赔偿”为诉讼请求。

例如，自然之友和福建绿家园提起的2015年首例环境公益诉讼案——福建南平生态破坏案之所以获得立案，离不开当地法院、检察院、国土资源局和林业局的支持。2015年1月1日，在《环境保护法》正式实施之日，自然之友和福建绿家园在当地检察院、国土资源局以及林业局等部门的支持下，向南平市中级人民法院提起环境民事公益诉讼，请求法院判处谢某锦、倪某香、郑某姜、李某槊4人恢复因其非法采石所毁坏的植

〔1〕 参见李杨：《山西苯胺污染事件：跨省追责，诉讼状被撤回》，载半岛网，http://news.bandao.cn/news_html/20130115/news_20130115_2060562.shtml。

〔2〕 参见武杰：《环境公益诉讼有门无路》，载法治周末网2013年6月21日，http://www.legalweekly.cn/index.php/Index/article/id/2157。

〔3〕 自然之友和福建绿家园诉谢某锦、倪某香、郑某姜、李某槊南平生态破坏案，中华环保联合会诉德州晶华集团振华有限公司案，中华环保联合会诉新安化工厂下属建德化工二厂案，中华环保联合会诉东营市津瑞联电子材料有限公司及李某强等人案，大连市环保志愿者协会诉大连日迁电机有限公司案，常州环境公益协会诉常州长江公司案。

被并赔偿生态环境功能损失134万元。[1] 经法院一审开庭审理,判处4被告恢复被破坏的28.33亩林地功能(如不能在指定期间内恢复林地植被,则共同赔偿生态环境修复费用110.19万元),并共同赔偿生态环境功能恢复费用127万元。[2] 2015年3月,中华环保联合会向德州市中级人民法院提起首例大气污染环境公益诉讼,请求法院判处被告德州晶华集团振华有限公司赔偿因超标排放污染物造成的环境损失2040元以及因拒不改正超标排污行为造成的损失780万元,并将赔偿款支付至地方政府账户用于德州市大气污染治理。[3] 2015年1月,在东营市环保局的支持下,中华环保联合会起诉新安化工厂下属建德化工二厂等4家企业及李某、李某福,请求法院判处被告支付危险废物处置费用1000万元;同年,中华环保联合会起诉东营市津瑞联电子材料有限公司及李某强,请求法院判处被告立即停止违法排放废气、废水的行为并支付环境污染损害修复费用967,219元。[4] 2015年,大连市环保志愿者协会在大连市人民检察院支持下,向大连市中级人民法院起诉大连日迁电机有限公司,请求赔偿用于修复环境的损失费用722万元。[5] 2015年6月,常州环境公益协会在常州市人民检察院支持下,起诉常州长江公司要求其立即采取措施消除环境污染损害,并赔偿各项环境污染治理费用647万元。[6]

---

[1] 参见何晓慧:《南平宣判一环境公益诉讼案:为新环保法实施后首例由社会组织提起的诉讼》,载《人民法院报》2015年10月30日,第3版。

[2] 参见刁凡超:《新环保法环境公益诉讼第一案宣判:赔127万元》,载搜狐新闻网,http://news.sohu.com/20151029/n424619116.shtml。

[3] 参见胡芳泰:《首例大气污染环境公益诉讼法院正式立案》,载大众日报网,http://paper.dzwww.com/sdfzb/data/20150326/html/1/content_4.html。

[4] 参见曹伟:《中华环保联合会提两起环境公益诉讼被东营市中院受理》,载北大法宝网2015年1月14日,http://www.pkulaw.cn/Case/pal_1259106089.html?match=Exact。

[5] 参见王旅东:《状告大连日迁电机有限公司违法排污 大连首例环境公益诉讼案立案》,载《中国环境报》2015年7月21日,第7版。

[6] 参见皇甫冰、郎建强:《常州检察出新招推进环境公益诉讼》,载江苏检察网2015年12月9日,http://www.js.jcy.gov.cn/yaowen/201512/t2561496.shtml。

二、诉讼标的规则适用受限

根据《民事诉讼法》(2012 年)第 55 条和《环境保护法》第 58 条的规定,法律规定的机关和有关组织有权对“损害社会公共利益的行为”提起公益诉讼。然而,相关立法或司法解释却未明确“损害社会公共利益”的判断标准,导致在认定是否构成“损害社会公共利益的行为”时,难以达成共识。由此,“环境公共利益是否受损以及如何救济”这一本应该由立法判断的问题,在司法实践中几乎依赖原告的直觉判断和法官的自由裁量,从而极易陷入各执一词、莫衷一是的争论。〔1〕 在这种情况下,如果对“社会公共利益”进行扩大解释,环境公益诉讼的诉讼标的和适用范围就可能扩大到更为广泛和模糊的领域。〔2〕《最高人民法院关于审理环境民事公益诉讼案件适用法律若干问题的解释》(法释〔2015〕1 号,已修改)第 1 条规定,法律规定的机关和有关组织可以对已经损害社会公共利益或者具有损害社会公共利益重大风险的污染环境、破坏生态的行为提起诉讼。根据该条文的内容可以看出,司法解释已将环境公益诉讼的适用范围扩展至涵盖了“重大风险”,使环境公益诉讼的功能从事后救济延伸到事前预防。此外,《环境保护法》第 58 条从实体法层面将环境公益诉讼的诉讼标的规定为“污染环境、破坏生态,损害社会公共利益的行为”,从解释学的角度分析,除污染环境、破坏生态的民事违法行为外,政府或环保行政机关污染环境、破坏生态致环境公益受损的行为也属于环境公益诉讼的诉讼标的范围。然而,我国现阶段立法只有《民事诉讼法》以及《最高人民法院关于审理环境民事公益诉讼案件适用法律若干问题的解释》为环境公益诉讼程序提供制度保障,即在立法层面,环境公益诉讼的诉讼标的只能是环境民事违法行为。近年来,很多学者已经意识到构建行政公益诉讼的必要性,并主张尽早在《行政诉讼法》中纳入行政公益诉讼条款,试图通过司法途径追究政府或环保行

---

〔1〕 参见巩固:《环境民事公益诉讼性质定位省思》,载《法学研究》2019 年第 3 期。

〔2〕 参见王明远:《论我国环境公益诉讼的发展方向:基于行政权与司法权关系理论的分析》,载《中国法学》2016 年第 1 期。

政机关损害公共利益行为的法律责任。决策者也意识到追究环保行政机关环境损害法律责任的必要性，党的十八届四中全会报告也明确提出探索建立行政公益诉讼制度。然而，在利益博弈下，2015年5月1日起施行的《行政诉讼法》并未承认行政公益诉讼，无法为追究政府或环保行政机关损害环境公益的法律责任提供程序法保障。

理论上，环保行政机关肩负环境监管职责，有责任依法管制环境民事违法者。然而，在现实中，地方政府或环保行政机关往往受经济政绩考核等因素影响，偏向追求经济利益而忽视环境利益。依据我国现阶段法律，环境公益诉讼只以环境民事违法行为为诉讼标的，无法制约行为竞合下环境致损的行政违法行为。

多数情况下，企业环境污染破坏行为都是在政府的明确许可或政府的不作为情况下产生的。[1] 即环境损害是环境民事违法行为与政府或环保行政机关不勤勉执行相竞合的结果。此时，如只以环境民事违法行为为诉讼标的，而对负有环境监管职责的政府或环保行政机关毫无诉前勤勉执行义务的训诫，就形成了当前损害环境公益的行政行为不受环境公益诉讼威慑的局面。不督促环保行政机关积极履行环保管制职责和环境保护义务而直接对具体环境污染者或破坏者进行外部监督，只能是治标不治本。

虽然《最高人民法院关于审理环境民事公益诉讼案件适用法律若干问题的解释》（法释〔2015〕1号，已修改）第12条规定了人民法院在受理环境民事公益诉讼后有义务告知有关的环境监管部门，但法律和司法解释均未规定相关环境监管部门被告知后在环境民事公益诉讼中的后续地位，如是否作为第三人被追加“勤勉执行”义务等。因此，在环境民事公益诉讼案件中，对于环境污染者或破坏者与政府或环保行政机关违法行政行为存在竞合的场合，政府或环保行政机关的违法行政行为并不涉环境公益诉讼程序。

---

〔1〕 参见徐祥民等：《环境公益诉讼研究——以制度建设为中心》，中国法制出版社2009年版，第298页。

例如,在2014年江苏泰州1.6亿元环境公益诉讼天价案中,被告自2011年始持续违法排放废酸却未受行政处罚,直至2013年才有环保监测机构介入监督管理。[1] 然而,在整个案件审理前后,共同导致环境损害的环保行政机关怠于履职的行为完全不涉该环境民事公益诉讼。又如,在2013年韩城市环保局诉韩城市白矾矿业有限公司水污染责任案中,被告白矾矿业有限公司自2009年起违法将生产中产生的尾矿废渣排放到白矾河道内,造成白矾河水质严重污染,2009~2011年,韩城市环保局虽下达责令整改通知,但并未采取行政强制措施,导致白矾矿业有限公司在放任的情况下一直实施违法排污行为。2012年2月,韩城市环保局在韩城市人民检察院的支持下,以原告身份对白矾矿业有限公司提起环境公益诉讼。法院经审理判决韩城市白矾矿业有限公司向韩城市环保局支付环境污染损害费用100.5万元。此案中,有怠于履行职责之嫌的韩城市环保局不仅未被追责,反而成为索赔原告。[2]

直接以政府或环保行政机关为被告提起的环境行政公益诉讼更是阻力重重。例如,2013年8月,中华环保联合会针对国家海洋局同意康菲石油公司复产的批复行为,向北京市第一中级人民法院提起环境行政公益诉讼,要求法院确认国家海洋局批准康菲石油公司复产的行政决定违法,并要求国家海洋局对康菲石油公司的复产行为依法重新审批。该案件被法院以原告并不具有环境行政公益诉讼起诉主体资格为由驳回。[3] 又

---

[1] 在2012年1月至2013年2月1年多的时间内,6家化工企业委托无危险废物处理资质的主体倾倒25,934.795吨废酸于古马干河、如泰运河中,导致严重水体污染,但直到2012年12月19日,江苏卫视公共频道播出"泰兴疯狂槽罐车工业废酸偷排长江连续多年"的新闻后,泰兴市环境监测站才于2013年1月14日对如泰运河水质进行采样监测。参见江苏省高级人民法院民事判决书,(2014)苏环公民终字第00001号;叶志军、蔡鹏:《最大环境公益诉讼案二审进行时》,载《中国审判》2014年第12期。

[2] 参见姚雯:《陕西韩城:黄河岸边"破冰之诉"》,载《检察日报》2012年10月23日,第4版;马黎:《韩城白矾矿业被判罚100.5万元》,载陕西日报网,http://www.sxdaily.com.cn/n/2013/0325/c266-5098447.html。

[3] 参见金煜:《"康菲溢油"重大事故环境公益诉讼首立案》,载新华网,http://news.xinhuanet.com/legal/2015-07/26/c_1116041445.htm。

如,2014 年 2 月,因长期遭受严重空气污染,石家庄市新华区居民李某欣先后向河北省高级人民法院、石家庄市中级人民法院起诉石家庄市环保局,要求被告依法履行治理大气污染的法定职责,并承担因大气污染给原告造成的损失 1 万元,但案件均未被受理。[1]

若环境民事违法行为与环境行政违法行为竞合导致环境损害,而行政内部监督机制又出于各种政治因素未能有效发挥作用,那么,损害环境公益的违法行政行为将游离于环境公益诉讼外,行政权力则易因不受司法制约而膨胀或嚣张。

三、诉讼请求单调

根据《环境保护法》第 64 条、《侵权责任法》(2009 年,已废止)[2]第 15 条和《最高人民法院关于审理环境民事公益诉讼案件适用法律若干问题的解释》(法释〔2015〕1 号,已修改)第 18 条的规定,对污染环境和破坏生态的违法行为,应依法承担停止侵害、排除妨碍、消除危险、恢复原状、赔偿损失、赔礼道歉等侵权责任。

然而,在该阶段的环境公益诉讼案件中,原告多以"支付环境损害赔偿金"为诉讼请求。在环境公益诉讼审判中,基于诉讼请求单调,法院多判处环境违法者支付环境损害赔偿金,而非责令环境违法者采取恢复性措施救济受损的环境功能。如 2013 年韩城市环保局在检察院支持下诉韩城市白矾矿业有限公司水污染责任案中,法院判处被告支付因污染白矾河造成的环境损害费用 100.5 万元。[3] 2014 年连云港市赣榆区环境保护协会诉王某杰环境污染案中,法院则依据《环境保护部关于开展环境污染损害鉴定评估工作的若干意见》中确定的环境污染损害数额计算推荐方法,

---

〔1〕 参见王昆婷:《石家庄市民因空气污染状告环保局》,载《中国环境报》2014 年 2 月 26 日,第 8 版。

〔2〕《侵权责任法》有效期截至 2020 年 12 月 31 日,2021 年 1 月 1 日,《民法典》开始生效。

〔3〕 参见马黎:《韩城白矾矿业被判罚 100.5 万元》,载《陕西日报》2013 年 3 月 25 日,第 3 版;姚雯:《陕西韩城:黄河岸边"破冰之诉"》,载《检察日报》2012 年 10 月 23 日,第 4 版。

判处被告支付废水虚拟治理成本约14,616.7元,在执行过程中因存在被告经济赔偿能力不足的问题,而将水污染修复费用按照全国职工工资标准折算为提供环境保护的劳务工作量。[1] 2014年的江苏泰州环境公益诉讼案件,法院更是开出了约1.6亿元的天价环境损害赔偿金。[2]

从司法实践的实施效果看,在环境损害发生后再判处企业支付环境损害赔偿金或进行事后环境修复的情况并不理想。在环境公益诉讼司法试点中,我国贵阳、无锡等部分城市虽设立了环境公益诉讼基金或资金,规定人民法院可判处被告向相关的环境公益诉讼基金或专项资金支付环境损害赔偿金,但由于我国现阶段立法对于环境修复措施种类、修复程度、评估标准以及评估程序等无具体规定,导致在司法实践中,即使法院在环境公益诉讼案件中判决原告胜诉,要求被告支付巨额的环境损害赔偿金,案件也会在执行方面存在很多技术上的困难和不确定性,而无法达到预期效果。

我国现行环境公益诉讼受功利性审判目标驱动,法院以裁判支付环境损害赔偿金的方式代替修复受损的环境功能,实质上是以经济罚款代替环境修复行为的实际履行。这种替代性手段虽能起到警示性和经济威慑性的作用,但要求被告支付并未实际发生的损害赔偿金并不符合损害赔偿的填补性原理。此外,因管理和使用环境损害赔偿资金仍存在很多技术上的困难和不确定性,故难以从根本上解决环境治理问题。借鉴美国、德国和我国台湾地区对环境公益诉讼类型的选择经验,环境公益诉讼应是行为之诉,而非环境损害赔偿之诉。[3]

---

〔1〕 江苏省连云港市中级人民法院民事判决书,(2014)连环公民初字2号。

〔2〕 2014年泰州环保联合会对常隆等6家持续排污企业提起环境民事公益诉讼,该案经二审审结,法院依据原环保部出台的《关于开展环境污染损害鉴定评估工作的若干意见》(环发〔2011〕60号)附件《环境污染损害数额计算推荐方法》中第4.5条规定的虚拟成本计算法,判决被告赔偿环境修复费用1.6479亿元,用于泰兴地区的环境修复。参见江苏省高级人民法院民事判决书,(2014)苏环公民终字00001号。

〔3〕 参见梁春艳:《社会组织提起环境公益诉讼基本问题研究》,载《青海社会科学》2015年第5期。

四、与环境行政管制手段互不衔接

环境公共治理理论认为，环境公益诉讼是公民参与国家环境治理的重要形式，其与环境行政共同组成环境公共治理的多元架构。在环境公共治理架构中，诉讼手段通常是行政管制手段的司法救济或弥补，因此呈现为行政管制为先、诉讼手段御后的公权力布局。[1]

不过，在我国现阶段的司法实践中，环境公益诉讼和环境行政管制独立并行、互不衔接。根据《环境保护法》第 58 条，《民事诉讼法》(2012 年，已修改)第 55 条、第 119 条及《最高人民法院关于审理环境民事公益诉讼案件适用法律若干问题的解释》(2015 年，已修改)第 1 条的规定，法律规定的机关或有关组织只需符合“有明确的被告；有具体的诉讼请求和事实、理由；属于人民法院受理民事诉讼的范围和受诉人民法院管辖”条件，即可提起环境民事公益诉讼，不受“穷尽行政救济”原则的制约。

该阶段在我国环境公益诉讼司法实践中，法院并未将“穷尽行政救济”作为审理原则。如在 2013 年韩城市环保局诉韩城市白矾矿业有限公司环境污染损害赔偿水污染责任案、2013 年江苏省江阴市环保局诉王某峰、马某勇等人环境污染责任案、2014 年贵州省清镇市人民检察院诉贵州西电龙腾铁合金有限公司清镇公司大气污染责任案等环境公益诉讼案件中，被告的环境违法行为本可以由环保行政机关依据《水污染防治法》(2008 年，已修正)中规定的行政命令或非诉强制执行措施进行制止，环境治理目标也可以通过环保行政机关依法代履行后向违法者追偿所需的环境治理费用而得以实现。然而，在司法实践中，环保行政机关倾向于借力司法以履行环境行政管制职责。

五、司法权力扩张

这一特征在相关司法解释及规范性文件中有所体现：其一，在案件受

---

〔1〕 参见杜群、梁春艳：《我国环境公益诉讼单一模式及比较视域下的反思》，载《法律适用》2016 年第 1 期。

理方面，法院可以“指导”环保社会组织提出“合适”的诉讼请求。如《最高人民法院关于审理环境民事公益诉讼案件适用法律若干问题的解释》（2015 年，已修改）第 9 条规定，“人民法院认为原告提出的诉讼请求不足以保护社会公共利益的，可以向其释明变更或者增加停止侵害、恢复原状等诉讼请求”。其二，在证据收集和认定方面，法院可以决定帮助原告调查收集证据并进行鉴定。如《最高人民法院关于审理环境民事公益诉讼案件适用法律若干问题的解释》（2015 年，已修正）第 14 条规定，“对于审理环境民事公益诉讼案件需要的证据，人民法院认为必要的，应当调查收集。对于应当由原告承担举证责任且为维护社会公共利益所必要的专门性问题，人民法院可以委托具备资格的鉴定人进行鉴定”。其三，环境公益诉讼制度对原告的自认进行了限制。如《最高人民法院关于审理环境民事公益诉讼案件适用法律若干问题的解释》（2015 年，已修正）第 16 条规定，“原告在诉讼过程中承认的对己方不利的事实和认可的证据，人民法院认为损害社会公共利益的，应当不予确认”。其四，在调解方面，环境公益诉讼制度对双方的合意施加了较大限制。如《最高人民法院关于审理环境民事公益诉讼案件适用法律若干问题的解释》（2015 年，已修正）第 25 条第 1 款、第 2 款规定，“环境民事公益诉讼当事人达成调解协议或者自行达成和解协议后，人民法院应当将协议内容公告，公告期间不少于三十日。公告期满后，人民法院审查认为调解协议或者和解协议的内容不损害社会公共利益的，应当出具调解书。当事人以达成和解协议为由申请撤诉的，不予准许”等。

具体而言，在该制度模式下，传统上遵循成熟原则的法院可能会借助环境公益诉讼提前介入环境公共事务管理。介入的时间节点既可能在环境公益损害发生后，也可能仅在“重大风险”的场合。这使司法机关可以将“环境公共利益应当在何种程度上得到保护以及如何进行保护”等传统上属于立法机关或环保行政机关权限范围内的环境公共政策问题转化为司法适用问题，进而使司法权提前介入行政权乃至立法权的权限范围。[1] 此外,司法权也可能借助环境公益诉讼制度绕过甚至代替行政权。如《最高人民法院关于审理环境民事公益诉讼案件适用法律若干问题的解释》(2015 年,已修正)第 26 条规定,“负有环境保护监督管理职责的部门依法履行监管职责而使原告诉讼请求全部实现,原告申请撤诉的,人民法院应予准许”。根据该条文内容,原告通过环境民事公益诉讼程序期待实现的诉讼请求,实质上是可以通过环保行政机关依法履行行政监管职责而得以实现的。此时就可能出现司法权和行政权之间的功能错位问题。纵观我国目前有关环境民事公益诉讼的规定,不难看出,现有规定尚未在环境民事公益诉讼制度中嵌入前置程序,并未限制原告必须穷尽行政救济手段方可提起环境民事公益诉讼。在我国环境行政监管制度远未完善、环境行政体系改革任重道远的背景下,根据上述规定,原告极有可能会逃避环境行政监管或绕过环保行政机关,而直接向法院提起环境民事公益诉讼,以提前借助司法机关处置环境污染者或破坏者。那么,从本质上来说,司法机关行使的司法权就超越了环保行政机关的行政权,出现司法权越位行政权的格局。

如此一来,我国环境民事公益诉讼就会依循以下运行逻辑:司法机关主导环境民事公益诉讼程序,享有实质性的决定权;环保行政机关是辅助者,负责提供科学技术等专业性支持;而环保社会组织则只负责发起程序,不享有任何实体上的“决定权”。[2] 这一制度模式能够在较大程度上追究环境污染者或破坏者的法律责任,本质上有助于辅助环保行政机关履行其国家保护环境义务。然而,这样的制度设计却过分强化和凸显了司法权在环境公共治理中的功能和定位,驱使本应处于中立地位的司法权转变成积极主动的行政权,进而赋予环境民事公益诉讼制度职权主义的特征,使司法机关过于能动地、超越职权边界地行使司法权,掩盖了行

---

〔1〕 参见王明远:《论我国环境公益诉讼的发展方向:基于行政权与司法权关系理论的分析》,载《中国法学》2016 年第 1 期。

〔2〕 参见王明远:《论我国环境公益诉讼的发展方向:基于行政权与司法权关系理论的分析》,载《中国法学》2016 年第 1 期。

政权的优先属性和优势。虽然我国的环境民事公益诉讼制度发展还处于起步阶段,但司法机关的司法权在环境公共治理领域的急速扩张趋势所引发的一系列隐患已然在司法实践中逐渐显现。例如,在2014年泰州市环保联合会与江苏常隆农化有限公司、泰兴锦汇化工有限公司等环境污染责任纠纷二审民事判决书[1]中,江苏省高级人民法院将原一审判决中的"常隆公司、锦汇公司等六家公司在判决生效后九个月内分别赔偿环境修复费用,合计160,666,745.11元,用于泰兴地区的环境修复"修改为"如常隆公司、锦汇公司、施美康公司、申龙公司、富安公司、臻庆公司能够通过技术改造对副产酸进行循环利用,明显降低环境风险,且一年内没有因环境违法行为受到处罚的,其已支付的技术改造费用可以凭环保行政主管部门出具的企业环境守法情况证明、项目竣工环保验收意见和具有法定资质的中介机构出具的技术改造投入资金审计报告,向泰州市中级人民法院申请在延期支付的40%额度内抵扣"。这一经二审法院改判的判决书中所规定的责任承担方式,实质上是对环境民事责任进行了创新性地改造,凸显了司法权的能动创新和权力扩张。在环境民事公益诉讼中,司法权在环境公共治理领域中的能动创新和权力扩张,客观上却会派生出两套功能重叠、目标相近的法律机制。从原则上来看,作为国家明确授权的环境行政公权力的代表,地方政府或环保行政机关拥有与其环境行政公权力相匹配的行政执法人员、专项资金以及科学技术手段,其依赖一系列环境行政管理制度和执法机制,借助行政处罚或行政强制手段来预防和救济可能遭受或已经遭受损害的环境公共利益,进而实现预防和救济环境公共利益的目标。然而,依我国现有的环境民事公益诉讼制度相关规范来看,尽管该制度在规则设计上原则性地沿用了传统民事诉讼程序,但实质的目标却是实现环境行政管制,即由环保社会组织根据其所收集的环境民事公益诉讼案件线索,将该环境违法案件转交给司法机关(包括检察机关和法院),司法机关能动性地推进整个诉讼程序,并依赖环

[1] 江苏省高级人民法院民事判决书,(2014)苏环公民终字第00001号。

保行政机关的参与和指导,落实环境损害赔偿及生态修复等相关工作,最终实现环境污染者或生态破坏者担责的目的。如此的环境民事公益诉讼制度设计,不仅会浪费极为有限的司法资源,还会致使不同主体在环境生态共治中的功能定位错乱。这种环境民事公益诉讼制度偏差的背后,实质上因循的是环境公共治理中普遍存在的"问题对策论"思路,使环境公共利益保护陷入"击鼓传花"的困局中,司法权超越行政权,权力行使顺位本末倒置,背离了环境生态法治建设的基本要求。[1]

六、环境行政公益诉讼的起诉主体单一

该阶段,我国环境行政公益诉讼制度尚无法律依据,环境行政公益诉讼制度仅处于全国人民代表大会常务委员会授权最高人民检察院开展谨慎探索的试点阶段。2015 年 7 月 2 日,在党的十八届四中全会报告中提出"探索建立检察机关提起公益诉讼制度"之后,全国人民代表大会常务委员会审议通过了《检察机关提起公益诉讼改革试点方案》,授权检察机关在北京、内蒙古、湖北等 13 个省、自治区、直辖市开展环境行政公益诉讼的改革试点工作。最高人民检察院结合检察院的实际工作情况,于 2015 年 12 月 16 日通过《人民检察院提起公益诉讼试点工作实施办法》(已废止),规定在试点的 13 个省、自治区和直辖市适用由检察院提起的环境民事公益诉讼和环境行政公益诉讼的具体规则。检察机关于 2015 年 12 月提起 3 起环境行政公益诉讼案件,分别为:山东省庆云县人民检察院诉庆云县环保部门不依法履职案、贵州省锦屏县人民检察院诉锦屏县环保局行政公益诉讼案以及福建省清流县人民检察院诉清流县环保局行政公益诉讼案。[2] 2016 年 2 月 25 日,最高人民法院为贯彻中央部署的司法改革任务、保障正确审理检察机关提起的公益诉讼案件,颁布《人民法院审理人民检察院

---

〔1〕 参见王明远:《论我国环境公益诉讼的发展方向:基于行政权与司法权关系理论的分析》,载《中国法学》2016 年第 1 期。

〔2〕 参见高鑫:《最高检发布 5 起公益诉讼试点工作典型案例 法院均已立案》,载最高人民检察院网,http://www.spp.gov.cn/ztk/2015/gyssgztj_2918/zyxw/201601/t20160106_110458.shtml。

提起公益诉讼案件试点工作实施办法》。

检察机关在试点期间,重点是针对生态环境和资源保护领域提起环境行政公益诉讼。[1] 与前一阶段诉讼类型多元并存的现象相比,该阶段环境行政公益诉讼的起诉主体单一,仅限于检察机关。社会组织有权提起的环境公益诉讼仅限于环境民事公益诉讼。中华环保联合会联合自然之友对2015年环保组织提起环境公益诉讼案件的情况进行统计,结果显示,2015年共9家环保组织提起37起环境公益诉讼案件,且均为环境民事公益诉讼案件。[2] 该阶段,社会主体(包括社会组织和公民)不具备提起环境行政公益诉讼的起诉资格。在司法实践中出现的公民以维护环境公益为目的向法院提起的环境行政公益诉讼案件未能被受理。尽管如此,"因雾霾状告环保局的第一案"引发社会的广泛关注。2014年2月20日,河北省石家庄市的市民李某欣针对当地反复出现的雾霾天气,以石家庄市环境保护局为被告向法院提起行政诉讼,诉请被告依法履行治理所辖区域内大气污染的环保职责,并承担给原告造成的经济损失和诉讼费用。[3] 但由于原告的诉讼请求缺乏明确的法律依据,法院不予受理。现阶段有权提起环境行政公益诉讼的主体仅为检察机关。

第四节　检察环境行政公益诉讼的司法试点阶段(2015～2017年)

最高人民法院工作报告(2018年)显示,2013～2017年,检察机关提起环境公益诉讼案件1383起、社会组织提起环境公益诉讼案件252起。

---

[1] 参见常纪文、孙宝民:《检察院如何盘活公益诉讼僵局》,载《经济参考报》2015年7月28日,第8版。

[2] 参见郄建荣:《新环保法实施公益诉讼门槛降低 9家环保组织一年提起37起环境公益诉讼》,载法制网,http://www.legaldaily.com.cn/index_article/content/2016-03/20/content_6531732.htm? node=5955。

[3] 参见李岗:《省会一市民因空气污染状告环保局》,载《燕赵都市报》2014年2月24日,第3版。

其中,自2015年1月至2016年12月,全国各级人民法院受理社会组织提起的一审环境公益诉讼案件112起,年均案件量与2015年之前相比有了较大幅度增长。据环保社会组织自然之友的不完全统计,2015年,全国提起环境公益诉讼的环保社会组织共有9家,包括自然之友、湘潭生态环境保护协会等。在这9家环保社会组织中,有3家在2015年之前提起过环境公益诉讼,分别为中华环保联合会、自然之友以及贵阳公众环境教育中心,其余6家均首次作为原告提起环境公益诉讼。全国性的环保社会组织,如中华环保联合会、自然之友、中国生物多样性保护与绿色发展基金会在提起环境公益诉讼方面热情高涨。[1] 以2015年为例,自然之友作为原告提起的环境公益诉讼案件有10起;福建省绿家园环境友好中心提起的环境公益诉讼案件有2起;贵阳公众环境教育中心提起的被法院受理的环境公益诉讼案件有7起;中国红树林保育联盟针对破坏红树林的行为所提起的环境公益诉讼案件有1起;中华环保联合会提起的被法院受理的环境公益诉讼案件共8起;大连市环保志愿者协会提起的环境公益诉讼案件有2起;湘潭生态环境保护协会提起的关于垃圾渗滤液泄露的环境公益诉讼案件有2起;中国基金会,即生物多样性保护与绿色发展基金会在全国各省区市提起的环境公益诉讼案件共28起,其中有13起经法院审查立案。[2] 然而,由于该时期我国《环境保护法》和《行政诉讼法》等相关法律并未认可社会组织提起环境行政公益诉讼的起诉资格,社会组织提起环境行政公益诉讼缺乏明确的法律依据,社会组织仅能在环境民事公益诉讼领域不断推进。

相比之下,检察机关探索环境公益诉讼的试点更易获得国家政策性文件的支持。早在2014年10月,我国召开党的十八届四中全会,会议中提出“探索建立检察机关提起公益诉讼制度”,由此,正式拉开了检

---

〔1〕 参见黄娜、杜家明:《社会组织参与环境公益诉讼的优化路径》,载《河北法学》2018年第9期。

〔2〕 参见李楯主编:《环境公益诉讼观察报告》(2015年卷),法律出版社2016年版,第242~262页。

察机关提起公益诉讼的序幕。根据党的十八届四中全会呼吁“探索建立检察机关提起公益诉讼制度”的设想,全国人大常委会发布了《关于授权最高人民检察院在部分地区开展公益诉讼试点工作的决定》(2015年),正式授权最高人民检察院在13个省、自治区、直辖市的生态环境和资源保护、国有土地使用权出让、国有资产保护、食品药品安全等领域开展为期两年的提起环境公益诉讼试点工作。依据全国人大常委会的授权,检察机关提起公益诉讼的举动从党内决策走向了国家行为,《全国人民代表大会常务委员会关于授权最高人民检察院在部分地区开展公益诉讼试点工作的决定》(2015年)和《检察机关提起公益诉讼改革试点方案》(2015年)初步勾勒出检察机关提起环境公益诉讼的基本框架。2015～2016年,最高人民检察院、最高人民法院先后出台了《检察机关提起公益诉讼改革试点方案》(2015年)、《人民检察院提起公益诉讼试点工作实施办法》(2015年,已废止)以及《人民法院审理人民检察院提起公益诉讼案件试点工作实施办法》(2016年),允许试点范围内的检察机关以公益诉讼人的身份提起环境民事公益诉讼以及环境行政公益诉讼,并对试点期间环境行政公益诉讼的诉前程序、审判程序等具体事项予以规范。此外,获得授权的试点省份也纷纷通过出台《试点工作实施方案》《公益诉讼案件办案指引》等地方规范性文件的形式[1],对当地基层检察院提起环境行政公益诉讼的程序性事项予以规定。经过为期两年授权试点的经验积累和实践反馈,2017年6月27日通过了《全国人民代表大会常务委员会关于修改〈中华人民共和国民事诉讼法〉和〈中华人民共和国行政诉讼法〉的决定》,根据该决定,在《行政诉讼法》(2017年)第25条中增加一款作为第4款。至此,检察机关被法律正式授权允许提起环境行政公益诉讼。立法的正式授权是对检察机关持续两年试点提起环境行政

〔1〕 如吉林省在试点期间出台的《关于加强行政违法线索发现和移送工作的指导意见》《公益诉讼办案指引》《公益诉讼出庭规范》明确了公益诉讼办案流程等。此外,吉林省委正式印发《关于支持全面开展检察机关提起公益诉讼工作推动法治吉林建设的意见》(吉发〔2017〕27号)。

公益诉讼工作的充分肯定。在检察机关被授权试点提起环境行政公益诉讼的阶段,我国环境公益诉讼的发展呈现以下特点。

一、呈现国家化趋势

我国《民事诉讼法》《环境保护法》中将满足限制性要求的环保社会组织确定为提起环境民事公益诉讼的适格原告,赋予其提起环境民事公益诉讼的起诉资格;《检察机关提起公益诉讼改革试点方案》(2015 年)将检察机关增补为有权提起环境民事公益诉讼的主体。然而,在环境行政公益诉讼领域,司法界对于环保社会组织是否具有提起环境行政公益诉讼的原告主体资格并没有达成共识。有的法官认同多元主体参与环境生态共治的观点,认可环保社会组织为了保护环境公益的现实需求,可以提起环境行政公益诉讼;然而,大多数法官仍持极为谨慎的态度,认为必须以法律明确规定为主要依据。因为法律并没有明确授予环保社会组织提起环境行政公益诉讼的起诉权利,有的法官从而直接否定环保社会组织有权提起环境行政公益诉讼,致使环保社会组织在提起环境行政公益诉讼过程中阻力重重。例如,2016 年 4 月,针对铜梁区土桥镇人民政府未清除江边垃圾事宜,重庆市公众河流环保中心向上级政府反映。但因为铜梁区土桥镇人民政府没有在法定期间内作出合理的答复,并且重庆市公众河流环保中心去现场复查时发现江边的垃圾仍然未被清理掉,铜梁区土桥镇人民政府没有将行政职责履行到位,所以重庆市公众河流环保中心向重庆市渝北区人民法院起诉,请求法院判决铜梁区土桥镇人民政府依法及时作出答复,并履行清除垃圾的法定职责。然而,重庆市渝北区人民法院认为,铜梁区土桥镇人民政府已经安排人员清理江边的垃圾,并在 2 个月的有效答复期内,将所形成的电子报告发送到重庆市公众河流环保中心的电子邮箱,视为及时作出了答复。再者,法院认为即使重庆市公众河流环保中心的诉求以保护环境公益为目的,但根据当前立法规定,尚未明确赋予其提起环境行政公益诉讼的起诉主体资格,因此缺乏明确的法律依据,最终驳回了重庆市公众河流环保中心的诉讼请求。除此典型案件外,仍有不少类似案件聚焦"社会组织是否具有提起环境行政公益诉讼的起诉资格”这一争议焦点。不可否认,我国环保社会组织的发展仍受限于诸如“双重管理”审批登记制度等体制安排,同时,不得不面临在人力、物力、财力等方面的各种现实困难,使其提起环境公益诉讼的诉讼能力处处受限。此外,我国《环境保护法》第58条对环保社会组织的起诉资格作出了较为严格的限缩,致使社会组织提起环境公益诉讼会出现“心有余而力不足”的局面。据民政部统计,有700多家社会组织有权提起环境民事公益诉讼,但2018年的统计数据显示,在2015～2017年,仅有25家社会组织提起过环境公益诉讼,而且多数是几个社会组织作为共同原告起诉。[1]

然而,从我国环境公益诉讼制度的发展规律来看,在该制度发展初期,国家强调社会主体(包括社会组织或公民)借助环境公益诉讼制度在社会治理中发挥重要作用。在此萌芽期间,社会组织提起并被受理的环境公益诉讼的案件数量也日益增多。但自2015年检察机关被正式授权开展环境公益诉讼试点工作以后,我国环境公益诉讼的发展日益呈现国家化的趋势。诚然,在该阶段社会组织发展不容乐观的大背景下,检察机关主导环境公益诉讼更易争取到国家强有力的支持和保障。相比之下,检察机关能够利用其公权力充分发挥内部的政治动员机制,通过层层审批、成立工作领导小组等方式集中动员系统内部的各种资源,规避社会主导模式下可能遭遇的各种阻力,进而能够高效地完成环境公益诉讼试点任务。在司法实践层面,从检察机关在授权试点时期所提起的环境公益诉讼案件数量来看,这种日趋国家化的环境公益诉讼制度在我国无疑具有压倒性的优势。由于检察机关在环境公益诉讼(尤其是环境行政公益诉讼)中具有绝对主导性的支配力,环保社会组织提起环境公益诉讼的空间日益压缩。此外,公权力主导的环境公益诉讼模式也大大影响了法官的自由裁量空间。

---

〔1〕 参见陈杭平:《公益诉讼“国家化”的反思》,载中国社会科学网,http://ex.cssn.cn/zx/bwyc/201808/t20180829_4550532.shtml。

与环境民事公益诉讼的创设路径有别,我国环境行政公益诉讼制度的探索以检察机关为主导。在环境行政公益诉讼领域,由检察机关(公权力主体)对行政机关(公权力主体)进行监督,使我国环境行政公益诉讼逐渐走向国家化的道路,这与当下国际社会所倡导的社会共治理念背道而驰。随着经济社会的发展和环境管制理念的变化,行政关系历经了从"行政管理"到"公共行政"再到"公共治理"的转化和演变,公众参与社会共治,重新塑造了政府、企业、公众多元主体的社会共治格局,推动了社会共治理念和制度的发展,环境行政公益诉讼则是公众借助司法权监督行政权以实现环境公共治理的手段之一。然而,我国在环境行政公益诉讼试点探索初期,只授予检察机关以提起环境行政公益诉讼的权利,将社会主体(包括社会组织和公民)排除在外,导致我国环境行政公益诉讼完全被公权力垄断,使环境行政公益诉讼这一社会共治理念下出现的产物从一开始就走向国家化的道路。环境行政公益诉讼的国家化虽然可以保证其在司法实践中充分发挥国家公权力的优势,但同时也限制、压缩了该类环境公益诉讼的发展空间,不利于扶持并激发社会主体的活力。诚如学者所言,检察机关开展的环境行政公益诉讼试点中将环保组织排除在了原告范围之外,不利于环境公益诉讼的长远发展。[1] 此外,将环境公共利益的维护完全交由公权力主体行使而将社会主体排除在外,也在一定程度上加重了公权力主体的负担。仅赋予检察机关试点提起环境行政公益诉讼的资格,这无疑排挤了环保社会组织发挥其社会共治作用的空间。相比之下,德国为贯彻《在环境问题上获得信息公众参与决策和诉诸法律的公约》,即1998年《奥胡斯公约》,在立法上创设了德国利他性环保团体诉讼制度。根据该制度规定,社会团体有权提起环境行政公益诉讼以监督环保行政机关的行政作为或不作为,这为我国环境行政公益诉讼制度的完善提供了有益的经验。

---

〔1〕 参见王曦、章楚加:《完善我国环境公益诉讼制度的思考》,载《中州学刊》2016年第3期。

二、受制于层级控制与政治约束

总体来说,我国检察机关开展公益诉讼试点呈现显著的层级控制的特点。《全国人民代表大会常务委员会关于授权最高人民检察院在部分地区开展公益诉讼试点工作的决定》(2015 年)授权检察机关在北京、内蒙古、山东、云南等 13 个省、自治区、直辖市的试点地区开展环境公益诉讼探索工作。根据该决定精神,在试点阶段,检察机关仅能在试点地区进行试点探索,不可擅自在非试点地区开展公益诉讼试点工作。此外,在这 13 个获得该决定授权的省、自治区、直辖市区域内,省一级别人民检察院又另行筛选出具有典型意义的地市开展选择性的试点工作,设置了严格的、经过筛选的逐级分层试点机制。如吉林省确定长春、白城、四平、通化等地作为试点地区,并规定"长春市检察院重点在土地资源和国有资产管理领域,吉林市、四平市检察院重点在水资源保护领域,白城市检察院重点在草原生态保护领域,通化市检察院重点在药品安全领域进行公益诉讼试点突破";江苏省人民检察院选定南京、常州、苏州等 7 个市作为试点地区。[1] 由此可见,我国从最高人民检察院到各省级、地市级人民检察院,在试点时期开展公益诉讼试点工作,均需获得明确授权、实施分层把控。检察机关仅经授权在 13 个试点地区筛选典型地市开展公益诉讼试点,未经授权、在非试点地区不得自行开展公益诉讼试点工作。此外,如果基层检察机关拟对具体案件提起环境公益诉讼,则需按规定程序层报、经过上级检察机关审查批准后方可提起。例如,《人民检察院提起公益诉讼试点工作实施办法》(2015 年,已废止)第 53 条规定:"地方各级人民检察院拟决定向人民法院提起公益诉讼的,应当层报最高人民检察院审查批准。人民检察院审查批准公益诉讼案件,应当自收到案件请示之日起一个月内办理终结。有特殊情况需要延长的,报经检察长批准。"根据该规定内容,即使检察机关在试点期间及试点地区

---

〔1〕 参见卢超:《从司法过程到组织激励:行政公益诉讼的中国试验》,载《法商研究》2018 年第 5 期。

被授权提起环境公益诉讼,其具体启动程序仍受到检察系统内部审批权限、审批流程等层级控制的政策约束。

此外,检察机关提起环境公益诉讼的试点,主要就是通过最高人民检察院和各地上级检察院,以下指标、考核、派工作组和调研组等多种举措推行的。[1] 也就是说,国家从上自下推动着检察机关提起环境公益诉讼的热潮,检察机关提起环境公益诉讼试点效果较好的地区,几乎都得到了当地党委、政府和其他机关的大力支持。但是,由于检察机关内部设置了严格的问责机制等政治约束机制,使检察机关出于完成任务指标的初衷开展环境公益诉讼试点,导致本应在试点过程中予以试错和发现的问题在不同程度上被掩盖。可见,以检察机关为主导的环境公益诉讼的政策试点,体现出严格的层级控制与政治约束特征。[2] 在对试点地区的环境公益诉讼个案进行严格筛选、把关的前提下,中央尤其是诸多试点省份通过约谈、问责等政治机制对试点工作进行督促,并设置了环境公益诉讼案件量化分配指标。[3] 例如,吉林省人民检察院专门制定了《公益诉讼试点工作推进不力问责办法》,对吉林省内部环境公益诉讼试点工作认识不清、推进不力、不能按时完成既定工作目标的检察长进行问责。[4] 又如,广东省人民检察院创建分片督导的办案模式,通过指定专人进行实地考察、案件指导等方式,定向对 6 个试点地区的案件线索收集、案件办理以及案件执行情况进行全程督导;广东省人民检察院还以专门成立环境公益诉讼领导小组的方式,约谈未能按时按量完成试点工作任务的市级人

---

〔1〕 参见胡卫列、田凯:《检察机关提起行政公益诉讼试点情况研究》,载《行政法学研究》2017 年第 2 期。

〔2〕 参见卢超:《从司法过程到组织激励:行政公益诉讼的中国试验》,载《法商研究》2018 年第 5 期。

〔3〕 参见卢超:《从司法过程到组织激励:行政公益诉讼的中国试验》,载《法商研究》2018 年第 5 期。

〔4〕 参见王晓易:《试点工作即将收官 检察机关提起公益诉讼有望迈入新阶段》,载武清长安网 2017 年 6 月 21 日,http://www.tjwqcaw.gov.cn/gcsy/tjwqcaw-ifyhmtek7637001.shtml。

民检察院检察长。[1] 试点期间，检察机关公益诉讼除体现层级严格筛选、政策控制的特征外，在案件数量上也反映出政绩驱动的功利性。在2015～2017年短短两年的试点期限内，直到2016年第四季度，检察机关提起环境公益诉讼的案件数量才开始显著上升[2]，而2017年上半年，检察机关提起环境公益诉讼案件数量的增幅更是尤为明显，不排除随着试点期限临近，检察机关以案件数量彰显业绩的可能。[3]

以层级控制和政治约束的模式推动检察机关提起环境公益诉讼试点，也会严重打击地方基层检察院的自主性和积极性。一方面，从本质上来看，检察机关提起环境公益诉讼本身就是一场"自上而下"的改革。具体体现在以下流程：最初由中共中央、国务院出台政策性文件，接着由全国人大通过试点方案给予授权，然后由最高人民检察院、最高人民法院以司法解释的形式出台更为详细的操作方案。从中央层面到地方层面层层控制、分级把关，导致环境公益诉讼的改革往往自上而下逐步推进，也导致地方检察机关（尤其是基层检察机关）积极性和参与度不够。另一方面，以上级要求和考核的形式要求下级检察机关按期按量完成环境公益诉讼试点任务与司法规律的特点不完全一致。环境公益诉讼的创立属于司法改革的范畴，需要依循司法的基本规律，按部就班地、循序渐进地推进。然而，在试点地区，有部分检察机关在惯性思维的主导下，用行政命令来推动司法改革，忽视了行政改革与司法改革的本质区别，进而导致"欲速则不达"甚至"南辕北辙"。

三、检察机关胜诉率较高

基于我国环境公益诉讼试点呈现层级控制、政治约束的特点，检察机

---

〔1〕 参见张立、韦磊：《广东人大聚焦公益诉讼试点"广东模板"》，载《检察日报》2016年12月19日，第7版。

〔2〕 参见张忠民：《检察机关试点环境公益诉讼的回溯与反思》，载《甘肃政法学院学报》2018年第6期。

〔3〕 参见中华人民共和国最高人民法院编：《中国环境资源审判（2016～2017）》，人民法院出版社2017年版。

关往往将经其严格筛选出的典型案件与法院协商并达成共识。[1] 长此以往，势必会影响环境公益诉讼的制度效能。有学者对试点期间的检察机关提起的286起环境公益诉讼案件样本作比对分析后，发现检察机关办理行政公益诉讼案件时，存在"避重就轻"的趋向。[2] 从检察机关提起的环境行政公益案件的审理结果来看，检察机关胜诉率较高。除部分因检察机关认可环保行政机关已采取措施履行法定环保监管职责而向法院申请撤诉结案的环境行政公益诉讼案件外，在2015～2017年检察机关开展公益诉讼试点期间，检察机关所提起的环境行政公益诉讼均无一例外地获得胜诉。[3] 但根据所收集的案例判决来看，被告几乎都是县环保局、县水务局或乡镇人民政府等基层地方政府或环保行政机关，而且案件类型主要聚焦在未依法履行在农林用地、超标排污、违规堆放垃圾未及时清理等领域的法定环保监管职责，其怠于履职的严重程度与传统认知上地方政府和环保行政机关怠于履职的情形有一定的反差，呈现"避重就轻"的弊端。除检察机关在提起环境行政公益诉讼时多选择基层地方政府或环保行政机关作为被告这种"避重就轻"的弊端外，检察机关提起环境民事公益诉讼，也常常选择自然人或小型企业作为被告，而强势的大企业却往往成为漏网之鱼。这些"被选择"的被告相对于检察机关而言处于弱势地位，且大多数已经、正在或即将因严重污染环境的行为受到刑事制裁。检察机关在提起环境公益诉讼方面拥有广泛自由选择的空间，其突出表现在检察机关对环境刑事犯罪案件等"公法旧案"的追捧以及案件类型分布的严重不均方面。"选择性"起诉的最大弊端在于无法对环境违法者形成常规的威慑，缺乏真

---

〔1〕《吉林省高级人民法院、吉林省人民检察院关于在公益诉讼试点中加强配合的指导意见》规定："省法院、省检察院对进入诉讼程序的案件，可以共同指导，对法律没有明确规定的事项，法检两院应共同研究制定工作实施方案。对重大、疑难、复杂的公益诉讼案件，省法院、省检察院可以召开诉前会议，统一认识，解决争议问题，必要时两院分管院领导要亲自参加会商。"

〔2〕参见覃慧：《检察机关提起行政公益诉讼的实证考察》，载《行政法学研究》2019年第3期。

〔3〕参见王治国、郑博超、王丽丽：《试点地区检察机关共办理公益诉讼案件7886件》，载最高人民检察院网，https://www.spp.gov.cn/zdgz/201706/t20170623_193764.shtml。

正的常规化制度意义。一方面,被选择性起诉的个别处于弱势地位的环境违法者需承担沉重的环境法律责任;另一方面,大量未被选择提起诉诸法院的环境违法者却逍遥法外。这导致难以通过环境公益诉讼制度实现社会正义,偏离了环境公益诉讼制度的正轨甚至背离其宗旨。

从诉讼理论来看,审判权本质上是判断权。任何诉讼未经审判都难以决定胜负。检察机关提起的环境公益诉讼亦然,不可避免会存在败诉的风险。首先,检察机关在环境公益诉讼中应当有相对完整的证据链,用以证明环境违法者(包括民事违法者和行政违法者)所实施的行为可能损害或已经损害了环境公共利益,否则,检察机关可能会因证据缺失而败诉。此外,《人民法院审理人民检察院提起公益诉讼案件试点工作实施办法》第 17 条规定,“人民法院审理人民检察院提起的行政公益诉讼案件,不适用调解”。根据此规定,检察机关提起环境行政公益诉讼不适用调解,因此,若检察机关未掌握确凿的证据证明地方政府或环保行政机关未依法履行环保监管职责时,则可能遭受败诉的风险。该阶段有关检察机关提起行政公益诉讼的政策性文件或相关司法解释,均未明确说明检察机关败诉的后果,从诉权的平等性和诉讼的完整性的角度来讲,是不合理的。[1] 从实践发展的进程来看,检察机关提起环境公益诉讼的较高胜诉率极有可能会驱使检察机关倾向于选择“胜券在握”的环境公益诉讼案件提起诉讼。同时,检察机关较高的胜诉率将会间接地增加法院在未来审理检察机关提起的环境公益诉讼案件时的考量要素,使法院在审理检察机关提起的环境公益诉讼案件时避免作出对检察机关不利的裁决,进而导致检察机关提起的环境公益诉讼胜诉率越高,法院反而越难以作出不利于检察机关的另类判决。此外,《检察机关提起公益诉讼改革试点方案》第四部分第 3 条提出的“建立与人民法院的协调配合机制”,容易嬗变为检察机关参与审判甚至主导审判,最终妨碍法院

---

〔1〕 参见秦前红:《检察机关参与行政公益诉讼理论与实践的若干问题探讨》,载《政治与法律》2016 年第 11 期。

的独立审判。[1]

综观检察公益诉讼试点期间所呈现的种种迹象，检察机关选择性地提起环境公益诉讼并呈现较高胜诉率的局面，值得反思。检察机关能否充分发挥其公权力所带来的优势，稳定地、持续地通过诉讼渠道维护和救济环境公共利益？检察机关以公益诉讼人的身份提起环境公益诉讼，其与诉讼标的之间并不存在传统诉讼中所要求的直接利害关系。从理论上来说，检察机关应当作为环境公共利益的代表提起环境公益诉讼。然而，在司法实践层面，检察机关所提出的诉请并非必然契合维护和救济环境公共利益的要求。因此，应当避免检察机关以“维护环境公益”之名行“干涉司法裁判”之实。防止检察机关受政绩考核的压力，在具体司法实践中，以胜诉为目标，利用公益诉讼人的身份，以行使法律监督机关的职责为由干涉司法裁判。

四、案件线索来源单一

依《检察机关提起公益诉讼改革试点方案》的相关规定来看，该方案并未具体规定检察机关提起公益诉讼的案件线索来源，仅规定检察机关试点提起公益诉讼的案件线索源自其履行职责中发现的危害公共利益的案件。而对于检察机关履行职责的权限范围、履行职责的具体部门、公共利益的边界、危害的程度等相关规定缺乏具体的阐释。这也许是考虑到在为期两年的试点阶段，检察机关循序渐进地开展试点探索而作出的原则性规定给予了检察机关更大的开拓案源的空间。但从另一角度来说，这却限制了检察机关试点提起环境公益诉讼的案件来源。虽然试点省份先行获得授权，但如何挖掘和发现环境公益诉讼案件线索却成了开展环境公益诉讼试点工作的首要难题。一个案件线索并不一定会启动一轮环境公益诉讼，但如果缺乏案件线索来源，环境公益诉讼的诉前程序或起诉程序就难以启动。从目前检察机关在试点省市所能收集到的公益诉讼案

〔1〕 参见秦前红：《检察机关参与行政公益诉讼理论与实践的若干问题探讨》，载《政治与法律》2016年第11期。

件线索数量来分析,案件线索来源短缺的现象普遍存在。根据最高人民检察院官网的相关数据发现,检察机关试点公益诉讼9个多月(2015年7月至2016年4月)以来,只有554条行政公益诉讼案件线索[1],平均每个省每个月只能发现约5条线索,其中能转化为诉讼的案件线索数量更是少之又少。长此以往,将使环境公益诉讼陷入“等米下锅”的窘境,无益于该制度的长久、稳定、健康发展。

第五节 环境行政公益诉讼立法确立阶段(2017年至今)

2017年6月27日,全国人大常委会正式通过《全国人民代表大会常务委员会关于修改〈中华人民共和国民事诉讼法〉和〈中华人民共和国行政诉讼法〉的决定》,我国《行政诉讼法》(2017年)第25条增加了第4款,在立法中首次规定检察机关有权提起行政公益诉讼。2018年3月1日,最高人民法院和最高人民检察院联合发布《关于检察公益诉讼案件适用法律若干问题的解释》(法释〔2018〕6号,已修改),为检察机关开展公益诉讼工作提供了相对具体的司法适用规则。随后,我国《人民检察院组织法》(2018年)以及《检察官法》(2019年)分别吸纳了公益诉讼检察职权的相关规定。2020年9月28日,最高人民检察院通过《人民检察院公益诉讼办案规则》(2021年7月1日施行),进一步细化了检察公益诉讼规则。截至目前,围绕“环境公益维护”已有五个司法解释,即《最高人民法院关于审理环境民事公益诉讼案件适用法律若干问题的解释》(法释〔2015〕1号,已修改,修改后的发文字号为法释〔2020〕20号)、《最高人民法院关于审理海洋自然资源与生态环境损害赔偿纠纷案件若干问题的规定》(法释〔2017〕23号)、《最高人民法院、最高人民检察院关于检察公益诉讼案件适用法律若干问题的解释》(法释〔2020〕20号)、《人民检察院公

---

〔1〕 参见刘子阳:《全国检察机关已提起公益诉讼15件》,载《法制日报》2016年4月14日,第2版。

益诉讼办案规则》(高检发释字〔2021〕2 号)以及《最高人民法院、最高人民检察院关于办理海洋自然资源与生态环境公益诉讼案件若干问题的规定》(法释〔2022〕15 号)。随着司法解释等相关规定的出台,基于《全国人民代表大会常务委员会关于授权最高人民检察院在部分地区开展公益诉讼试点工作的决定》(2015 年)授权所开展的检察机关行政公益诉讼试点探索工作告一段落。取而代之的是,检察机关有权依据法律规定在全国范围内全面开展行政公益诉讼工作,而该起诉资格只有检察机关享有。2017 年两大诉讼法修改的完成在一定程度上体现了立法者对检察机关开展的为期两年的行政公益诉讼试点探索成效的肯定。从现行立法来看,我国检察机关和符合法律规定资质的社会组织均有权依法提起环境民事公益诉讼;而唯独检察机关才实际上具备法律授权提起环境行政公益诉讼的原告资格。由此,我国立法确立的环境公益诉讼呈现三元模式,即社会主体提起的环境民事公益诉讼、公权力主体提起的环境民事公益诉讼以及公权力主体提起的环境行政公益诉讼。该阶段,我国环境公益诉讼的发展呈现以下特征。

一、检察机关是提起环境行政公益诉讼的唯一适格主体

经过为期两年的环境公益诉讼试点工作,检察机关在国家大力推动的背景下积累了相对成熟的经验。政策试点经验推动了环境行政公益诉讼相关立法的修改和完善。《行政诉讼法》(2017 年)第 25 条第 4 款规定:“人民检察院在履行职责中发现生态环境和资源保护、食品药品安全、国有财产保护、国有土地使用权出让等领域负有监督管理职责的环保行政机关违法行使职权或者不作为,致使国家利益或者社会公共利益受到侵害的,应当向环保行政机关提出检察建议,督促其依法履行职责。行政机关不依法履行职责的,人民检察院依法向人民法院提起诉讼。”该条文首次在立法层面授予检察机关提起行政公益诉讼的主体资格。然而,社会主体(包括社会组织和公民个人)却被排除在外,即在现阶段,检察机关是提起环境行政公益诉讼的唯一适格主体。针对《行政诉讼法》(2017 年)第 25 条第 4 款的规定,《最高人民法院、最高人民检察院关于检察公

益诉讼案件适用法律若干问题的解释》第21条进一步规定："人民检察院在履行职责中发现生态环境和资源保护、食品药品安全、国有财产保护、国有土地使用权出让等领域负有监督管理职责的行政机关违法行使职权或者不作为，致使国家利益或者社会公共利益受到侵害的，应当向行政机关提出检察建议，督促其依法履行职责。行政机关应当在收到检察建议书之日起两个月内依法履行职责，并书面回复人民检察院。出现国家利益或者社会公共利益损害继续扩大等紧急情形的，行政机关应当在十五日内书面回复。行政机关不依法履行职责的，人民检察院依法向人民法院提起诉讼。"此外，2019年全国检察长会议上，时任最高人民检察院检察长张军强调，"公益诉讼"的监督职能已作为检察机关第四大职能纳入检察机关现有的法律监督职能中。从目前我国的立法体系和政策导向来看，我国现行法律以及相关决策并未明确授权社会主体有权提起环境行政公益诉讼。

二、案件线索来源逐步多元化

根据《行政诉讼法》(2017年)第25条第4款[1]、《最高人民法院、最高人民检察院关于检察公益诉讼案件适用法律若干问题的解释》(法释〔2020〕20号)第21条第1款[2]的相关规定，我国检察机关只能依据其履行职责过程中所发现的案件线索提起环境行政公益诉讼。这一限制性的规定，实质上缩小了检察机关的案件线索来源。虽然该法律规定的初衷可能是防止检察机关滥用其享有的法律监督权，避免滥诉现象的出现，但

---

〔1〕《行政诉讼法》(2017年)第25条第4款规定，人民检察院在履行职责中发现生态环境和资源保护、食品药品安全、国有财产保护、国有土地使用权出让等领域负有监督管理职责的行政机关违法行使职权或者不作为，致使国家利益或者社会公共利益受到侵害的，应当向行政机关提出检察建议，督促其依法履行职责。行政机关不依法履行职责的，人民检察院依法向人民法院提起诉讼。

〔2〕《最高人民法院、最高人民检察院关于检察公益诉讼案件适用法律若干问题的解释》第21条第1款规定，人民检察院在履行职责中发现生态环境和资源保护、食品药品安全、国有财产保护、国有土地使用权出让等领域负有监督管理职责的行政机关违法行使职权或者不作为，致使国家利益或者社会公共利益受到侵害的，应当向行政机关提出检察建议，督促其依法履行职责。

从另一角度来看,这样的限制性规定却使检察机关提起行政公益诉讼的线索来源过于单一,忽略了公众参与在环境行政公益诉讼立案线索来源方面发挥的重要功能,导致检察机关在发现环境行政公益诉讼案件线索的过程中遭遇"瓶颈",同时引发一系列关联性的问题,如可能因检察机关人力、精力有限,难以在履行职责过程中客观、全面地发现地方政府或环保行政机关的环境行政违法行为,导致遗漏很多重要的可能危害环境公益的环境行政违法线索,难以实现借助检察公权力监督地方政府或环保行政机关依法履行环保监管职责的目标,终将影响环境行政公益诉讼制度健康、持续地运行和推进。

为破解环境行政公益诉讼案件线索来源单一所引致的局限性问题,《人民检察院公益诉讼办案规则》(高检发释字〔2021〕2 号)第 24 条[1]进一步扩大了公益诉讼案件线索的来源范围,为公众参与发现环境行政公益诉讼案件线索提供了司法依据。

三、检察机关充分发挥诉前程序的过滤功能

《最高人民检察院关于开展公益诉讼检察工作情况的报告》(2019 年)强调指出:"树立'诉前实现保护公益目的是最佳司法状态'理念……诉前程序具有统筹协调、督促多个职能部门综合治理的独特优势,保护公益效果十分明显,以最小司法投入获得最佳社会效果,彰显了中国特色社会主义司法制度的优越性。"此外,最高人民检察院指导案例第 31 号中指出,"检察机关提起行政公益诉讼,必须严格履行诉前程序。提起公益诉讼前,人民检察院应当依法督促环保行政机关纠正违法行政行为、履行法定职责。诉前程序主要目的在于增强行政机关纠正违法行政行为的主动性,也是为了最大限度地节约诉讼成本和司法资源。通过诉前程序推动侵害公益问题的解决,不仅是检察机关提起公益诉讼工作的重要内容,也

[1] 《人民检察院公益诉讼办案规则》第 24 条规定,公益诉讼案件线索的来源包括:(1)自然人、法人和非法人组织向人民检察院控告、举报的;(2)人民检察院在办案中发现的;(3)行政执法信息共享平台上发现的;(4)国家机关、社会团体和人大代表、政协委员等转交的;(5)新闻媒体、社会舆论等反映的;(6)其他在履行职责中发现的。

是公益诉讼制度价值的重要体现”。[1] 2017 年 7 月至 2019 年 9 月，全国各级检察机关共立案公益诉讼案件 214,740 件，办理诉前程序案件 187,565 件，提起诉讼案件 6353 件。[2] 其中，全国各级人民法院于 2018 年共受理检察机关提起的环境行政公益诉讼案件 376 件。[3] 相比之下，全国各级人民检察院于 2018 年启动环境行政公益诉讼的诉前程序 53,521 次，且经诉前检察建议的督促，环保行政机关的整改率达到了 97%。[4] 由此发现，在我国环境行政公益诉讼司法实践中，大多数的环境行政违法行为主要是借助检察建议这一诉前程序得以纠正的，因诉前程序失效而进入诉讼审判程序的案件数量较少。

我国法律和相关司法解释明确规定，检察建议是检察机关行使法律监督权监督环保行政机关依法履行职责的重要手段，是检察机关提起环境行政公益诉讼必经的前置程序。制发检察建议，有助于督促环保行政机关积极发挥行政权在保护环境公益方面的功能，减少司法权的提前介入，能够一定程度上节约宝贵的司法资源。在司法实践中，有违法嫌疑的环保行政机关接到检察机关发出的检察建议后，大多都会根据检察建议的内容，与检察机关沟通，及时改正环境违法行政行为，避免环境公共利益继续受损。检察机关借助检察建议，敦促地方政府或环保行政机关在法定期限内及时纠正违法行政行为，成效显著。

四、社会组织参与社会共治的空间被压缩

自立法授予检察机关提起环境民事公益诉讼的主体资格以来，社

---

〔1〕 福建省清流县人民检察院诉清流县环保局行政公益诉讼案，最高人民检察院指导案例第 31 号(2016 年)。

〔2〕 参见张军：《最高人民检察院关于开展公益诉讼检察工作情况的报告——2019 年 10 月 23 日在第十三届全国人民代表大会常务委员会第十四次会议上》，载最高人民检察院网，https://www.spp.gov.cn/spp/tt/201910/t20191024_435925.shtml。

〔3〕 参见霍婷：《〈中国环境司法发展报告〉(绿皮书)及典型案例新闻发布会》，载最高人民法院网 2019 年 3 月 2 日，http://www.court.gov.cn/zixun-xiangqing-145072.html。

〔4〕 参见于潇、郭璐璐：《公益诉讼诉前程序环保行政机关整改率达到 97%》，载最高人民检察院网，http://www.spp.gov.cn/spp/zdgz/201902/t20190214_408047.shtml。

会组织作为环境民事公益诉讼原告的地位日益边缘化。最高人民法院发布的数据显示,环保社会组织于2017年提起环境民事公益诉讼案件58件,2018年提起了65件,2019年提起了179件;而人民检察院于2017年提起环境民事公益诉讼案件791件,2018年提起了113件,2019年提起了312件。2019年,全国法院共受理社会组织提起的环境民事公益诉讼案件179件,审结58件;受理检察机关提起的环境公益诉讼案件2309件,审结1895件,其中环境民事公益诉讼案件312件,审结248件。[1] 相比之下,社会组织提起的环境民事公益诉讼案件数量不到检察机关提起的环境民事公益诉讼的案件数量的1/2。在环境民事公益诉讼领域,检察机关提起环境民事公益诉讼的案件数量显然已呈现压倒性的趋势。可见,检察机关无疑已成为环境民事公益诉讼主要的起诉主体,且目前尚未有败诉的典型案例。

根据相关立法和司法解释[2],检察机关在公益诉讼中的角色和身份是“公益诉讼起诉人”。而社会组织仅作为有权提起环境民事公益诉讼的原告。尽管《民事诉讼法》(2017年)第55条第2款规定检察机关仅能在没有符合条件的机关和组织或符合条件的社会组织不提起民事公益诉讼的情况下,可以向人民法院提起民事公益诉讼。换言之,检察机关提起环境民事公益诉讼是社会组织提起环境民事公益诉讼的补充。但实际上,社会组织提起环境民事公益诉讼的身份被日益边缘化的客观实践现象与《民事诉讼法》(2017年)第55条第2款将检察机关提起环境民事公益诉讼的功能定位为社会组织提起环境民事公益诉讼的补充的立法初衷相左。尤其在2018年以后,《最高人民法院、最高人民检察院关于检察公益诉讼案件适用法律若干问题的解释》(2018年,已修改)第20条第1款又授权准予检察机关就环境犯罪行为一并提起刑事附带民事公益诉讼。那

---

〔1〕 参见霍婷:《〈中国环境司法发展报告〉(绿皮书)及典型案例新闻发布会》,载最高人民法院网2019年3月2日,http://www.court.gov.cn/zixun-xiangqing-145072.html。

〔2〕 如《最高人民法院、最高人民检察院关于检察公益诉讼案件适用法律若干问题的解释》第4条的规定。

么,值得深思的是,检察机关在提起刑事附带民事公益诉讼之前是否仍需实施“30日诉前公告程序”? 由于没有明确规定,使其在司法实践中的使用难以保持一致。检察机关在刑事案件办理过程中未经诉前公告程序就直接附带提起民事公益诉讼的情况较为普遍,如王某双等人非法采矿罪刑事附带民事公益诉讼案。针对司法实践中遇到的难题,最高人民法院和最高人民检察院联合发布《关于人民检察院提起刑事附带民事公益诉讼应否履行诉前公告程序问题的批复》(2019年12月6日施行),该批复明确规定“人民检察院提起刑事附带民事公益诉讼,应履行诉前公告程序。对于未履行诉前公告程序的,人民法院应当进行释明,告知人民检察院公告后再行提起诉讼”。由于检察机关提起环境民事公益诉讼的大部分案件线索源自刑事公诉,附带提起环境民事公益诉讼比单独提起环境民事公益诉讼更简便,这在一定程度上排除了社会组织提起环境民事公益诉讼的情形。最高人民法院的相关数据显示,2018年,各级人民法院受理检察机关提起的环境民事公益诉讼113件,刑事附带环境民事公益诉讼1248件[1],可见,后者是前者的11倍左右,刑事附带环境民事公益诉讼已成为当下检察机关提起环境民事公益诉讼的主要形式。此外,连同刑事附带环境民事公益诉讼,检察机关于2018年提起的环境民事公益诉讼的案件数量是社会组织提起的环境民事公益诉讼案件数量的19倍。以上统计数据可见,社会组织边缘化的局面已十分显著。

诚然,检察机关是法律监督机关,享有法定调查权,具备专业的诉讼侦查人员,并拥有相对稳定的财政经费。相对而言,当下我国检察机关在开展环境民事公益诉讼领域所拥有的权力、人力、财力均远超过社会组织,社会组织目前在实力上相对处于弱势。此外,检察机关属于国家的法律监督机关,依据《人民检察院组织法》第20条和第21条的相关规定,检察机关有权通过提出抗诉、发出检察建议等方式,对诉讼活动以及判决、

---

〔1〕 参见霍婷:《〈中国环境司法发展报告〉(绿皮书)及典型案例新闻发布会》,载最高人民法院网2019年3月2日,http://www.court.gov.cn/zixun-xiangqing-145072.html。

裁定等生效法律文书进行法律监督。由于现阶段我国社会组织的发展较为缓慢,且立法规定了较为严格的起诉条件,在此约束下,适格且有能力、有意愿提起环境民事公益诉讼的社会组织数量甚少,这无益于我国环境民事公益诉讼制度的长远发展。而且,立法者和决策者在发现当下我国的社会组织提起环境民事公益诉讼会遭遇各种现实阻力的情况后,并未及时采取有力措施从人力、财力、物力方面培育和发展社会组织,反倒转向借力检察机关,发挥检察公权力的国家优势,尝试运用司法公权力充分发挥环境民事公益诉讼所应当具有的监督环境污染企业的功能。这一转向,确实是基于我国现阶段现实国情的考量。就现阶段而言,检察机关以公益诉讼人的身份提起环境民事公益诉讼俨然具有明显的优势。而且,在司法实践中,检察机关能在短期内使检察环境民事公益诉讼工作获得显而易见的实效,但不可避免会在一定程度上影响环境民事公益诉讼整体制度的永续发展。2017 年中国生物多样性保护与绿色发展基金会将青海省自然资源厅作为第三人提起环境民事公益诉讼,诉请青海省自然资源厅不履行环保监管职责,但法院认为,中国生物多样性保护与绿色发展基金会不具有起诉环保行政违法行为的原告主体资格,遂驳回其诉请。也有些法院在类似案件中仅支持社会组织的部分民事诉讼请求,并未回应要求行政机关依法履行环保职责的诉讼请求。由此可见,社会组织在未被依法赋予提起环境行政公益诉讼的原告资格的情况下,将行政机关作为第三人而提起环境民事公益诉讼的起诉空间亦被压缩。由于社会组织提起环境民事公益诉讼的空间被逐渐挤占,社会组织借助司法路径参与社会共治的空间亦被日益压缩。随着社会组织提起环境民事公益诉讼的空间被压缩,环境民事公益诉讼的立法初衷能否持续、有效地实现,值得反思。

此外,在环境行政公益诉讼领域,社会组织借助司法参与社会治理、监督环境行政权的空间被压缩的现象更为明显。从我国相关立法的修改进程不难发现,我国环境公益诉讼的法律依据源于 2012 年修正的《民事诉讼法》以及 2014 年修订的《环境保护法》,这两部法律为环境民事公益诉讼规则构建提供了立法支持。然而,我国于 2014 年修正的《行政诉讼法》却未规定有关行政公益诉讼的条款。关于环境行政公益诉讼的探索,始于 2015 年全国人大常委会授权检察机关试点开展环境公益诉讼工作。随着国家政策的竭力推动,检察机关在为期两年的试点期限内积累了丰富的诉讼经验,检察机关提起行政公益诉讼的模式初具雏形。在"政策先行、立法滞后"的环境立法思维的影响下,试点结束后,立法者终于于 2017 年将检察行政公益诉讼制度纳入再次修正的《行政诉讼法》中。《行政诉讼法》(2017 年)第 25 条第 4 款将检察机关定位为有权提起环境行政公益诉讼的唯一适格主体,却将包括社会组织在内的社会主体明确排除在原告范围之外。从立法的曲折进程来看,截至目前,立法者并无意赋予社会组织提起环境行政公益诉讼的起诉资格,这直接堵截了社会主体借助司法公器以监督环境行政权、实现生态环境共治目标的渠道。《行政诉讼法》(2017 年)规定的公权力主导的环境行政公益诉讼模式,表现出立法者对社会主体担任环境行政公益诉讼起诉主体角色的否定。虽然相比于环境民事公益诉讼,环境行政公益诉讼本身在环境保护领域更合理、更为接近借助环境司法监督环境行政的目标,但公权力主导的环境行政公益诉讼模式使社会共治的本意荡然无存。自检察机关被正式赋予环境公益诉讼起诉主体资格以来,我国环境公益诉讼(包括环境民事公益诉讼和环境行政公益诉讼)的发展日益呈现出国家化趋势。这一趋势与德国利他性环保团体诉讼制度中仅允许社会团体针对环保行政机关有损环境公益的违法行为提起环境行政公益诉讼的做法截然不同。[1] 诚如支持检察机关提起环境行政公益诉讼的学者所言,从目前我国社会组织的发展现状来看,即使立法授权社会组织提起环境行政公益诉讼,其诉讼能力也远不及检察机关。但是,从诉讼法理的角度来看,仅授权检察机关提起环境行政公益诉讼的起诉资格,未给社会组织参与环境行政公益诉讼留

---

〔1〕 参见[德]艾卡·雷宾德:《欧盟和德国的环境保护集体诉讼》,王曦译,载《交大法学》2015 年第 4 期。

出空间,恐怕并不符合社会共治格局发展的需要。随着检察机构的改革,检察机关逐步将环境行政公益诉讼业务作为检察机关重要的工作内容,且司法实践亦日益活跃,在此背景下,另行修法以赋予社会主体提起环境行政公益诉讼的起诉资格显然缺乏动力。可喜的是,部分地区的法院已运用其司法能动性,在社会组织提起环境民事公益诉讼过程中认可追究违法环保行政机关的必要性,并开展相关的探索。如2020年,广东省高级人民法院审理的中国生物多样性保护与绿色发展基金会与广东省深圳交通运输局、广东省深圳航道事务中心、中交水运规划设计有限公司及中国科学院南海海洋研究所、第三人深圳市生态环境局环境污染责任纠纷公益诉讼案。[1]

我国的环境公益诉讼已突破传统个人权利为本位的诉讼基础,走向了对环保客观法律秩序的维护。这一转变,最初被作为社会参与环境治理的制度创新。然而,检察机关作为环境公益诉讼的原告的制度设计,能否持续稳定地维护环境公共利益,还有待分析与考察。[2]

本章小结:我国环境公益诉讼司法实践万象丛生、诉讼类型多元并存

环境公益诉讼是能动性司法对环境公益损害问题的有效回应。以政策性文件和立法规则确立为时间节点,我国环境公益诉讼司法实践主要经历了五个阶段:针对环境污染的司法试点阶段(2007年以前)、扩展到生态破坏领域的司法试点阶段(2007~2012年)、环境民事公益诉讼单一类型的立法确定和环境行政公益诉讼的司法试点阶段(2013~2015年)、检察环境行政公益诉讼的司法试点阶段(2015~2017年)以及环境行政

〔1〕 广东省高级人民法院民事裁定书,(2020)粤民终1980号。

〔2〕 参见高琪:《检察机关提起环境公益诉讼:历程与评价》,载《南京工业大学学报(社会科学版)》2020年第1期。

公益诉讼立法确立阶段(2017 年至今)。具体而言,我国环境公益诉讼司法实践在各个阶段均呈现不同的特征:

2007 年以前,法院审理环境公益诉讼案件的司法依据有限,大量环境保护法律、法规未能被援引;环境公益诉讼司法试点依赖国家政策推动;该阶段环境公益诉讼的起诉主体限于检察机关,诉讼标的限于环境民事违法行为。

2007 ~2012 年,贵阳、无锡等地开展环境公益诉讼地方立法实践;环境公益诉讼适用范围扩展到生态破坏领域;起诉主体范围扩大到社会主体;诉讼请求向环境损害赔偿转变;诉讼类型增加,公权力主体提起的环境民事公益诉讼、社会主体提起的环境民事公益诉讼和社会主体提起的环境行政公益诉讼多元并存;但该阶段环境公益诉讼的发展仍以公权力主体提起的环境民事公益诉讼为主,诉讼标的难涉环境行政违法行为;诸多环境资源审判机构的案源有限;法院提前介入与环保行政机关联动执法、积极拓展案源。

2013 年起,随着《民事诉讼法》(2012 年)的修正,立法确定了环境民事公益诉讼规则;社会组织具备了提起环境民事公益诉讼的起诉资格;诉讼标的为环境民事违法行为;但诉讼请求单调,以“支付环境损害赔偿金”为主;环境公益诉讼与环境行政管制手段互不衔接;司法权力呈现扩张趋势。

2015 年起,国家推进检察机关提起环境行政公益诉讼的司法改革试点。在这一阶段,仅有检察机关被授权开展试点工作,探索提起环境行政公益诉讼。环境行政公益诉讼呈现国家化趋势,逐步形成了压力控制、政策驱使的制度模式。在检察机关提起环境行政公益诉讼具有较高胜诉率的同时,也带来了一定程度的消极效应,其受制于层级控制和政治约束,且案件线索来源单一。

2017 年,检察机关结束了为期两年的公益诉讼试点工作,相对成熟的试点经验推动了《行政诉讼法》(2017 年)的修正,修正后的《行政诉讼法》将检察机关作为提起环境行政公益诉讼的唯一适格主体。《行政诉讼法》(2017 年)第 25 条第 4 款以及《最高人民法院、最高人民检察院关于检察公益诉讼案件适用法律若干问题的解释》(法释〔2020〕20 号)第 21 条等相关规定,将环境行政公益诉讼案件线索来源限定于检察机关在履职过程中发现。为破解案件线索来源单一导致的司法困境,《人民检察院公益诉讼办案规则》(高检发释字〔2021〕2 号)第 24 条扩大了公益诉讼案件线索来源范围。但遗憾的是,社会主体参与社会共治的空间仍被压缩。

总体来说,我国环境公益诉讼司法实践万象丛生,诉讼类型多元并存。

第二章　我国环境公益诉讼的类型分析和最适当类型的提出

本书第一章以历史发展为脉络，分析我国环境公益诉讼司法实践各阶段所呈现的特征，发现我国环境公益诉讼司法实践万象丛生，诉讼类型多元并存。本章拟在此基础上，研析我国司法实践中新兴的环境公益诉讼制度，提出环境公益诉讼最适当的类型应为社会主体提起的环境行政公益诉讼，进而辩证地借鉴美国环境公民诉讼、德国利他性环保团体诉讼以及日本民众诉讼的发展经验和制度规范，界定社会主体提起的环境行政公益诉讼的概念和特征，并对其最适当性进行论证和阐释。

第一节　我国环境公益诉讼的类型分析

根据诉讼程序的不同，可将我国政策立法和司法实践中隐含的环境公益诉讼划分为环境民事公益诉讼和环境行政公益诉讼。

环境民事公益诉讼主要指检察机关、环保行政机关、法律规定的社会组织或公民，针对环境污染者、破坏者实施的损害或可能损害环境公益的民事违法行为,向法院提起的请求环境污染者或破坏者停止侵害、排除妨碍、消除危险、恢复原状、赔偿环境损失的民事诉讼。根据起诉主体的不同,环境民事公益诉讼可进一步划分为公权力主体提起的环境民事公益诉讼和社会主体提起的环境民事公益诉讼。前者以检察机关或环保行政机关为起诉主体,后者以社会组织或公民为起诉主体。

环境行政公益诉讼主要指检察机关、社会组织或公民,针对地方政府或环保行政机关损害或有损环境公益之虞的行政不作为或作为不当,向法院提起的请求地方政府或环保行政机关依法履行环保监管职责的诉讼。以起诉主体为划分标准,环境行政公益诉讼进一步界分为公权力主体提起的环境行政公益诉讼和社会主体提起的环境行政公益诉讼。前者以检察机关为起诉主体,后者以社会组织或公民为起诉主体。

基于"起诉主体"和"诉讼程序"双重标准,我国司法实践中出现的环境公益诉讼相应地界分为公权力主体提起的环境民事公益诉讼、社会主体提起的环境民事公益诉讼、公权力主体提起的环境行政公益诉讼和社会主体提起的环境行政公益诉讼。

一、公权力主体提起的环境民事公益诉讼

在我国司法实践中,公权力主体提起的环境民事公益诉讼,是指检察机关或环保行政机关为维护或救济环境公益而针对环境污染者或破坏者提起的制止违法行为之诉、恢复之诉或环境损害赔偿之诉。该类型诉讼的特征主要表现为:

其一,起诉主体为检察机关或环保行政机关等公权力主体。在环境公益诉讼司法实践中,提起环境民事公益诉讼的公权力主体包括检察机关和环保行政机关。如 2009 年,无锡市锡山区人民检察院针对李某、刘某盗伐杨树、损害生态环境的行为提起环境民事公益诉讼;2010 年,昆明市环保局针对三农农牧有限公司未经环评违法超标向大龙潭排放污水、损害环境公益的行为提起环境民事公益诉讼。

其二,诉讼被告为具体的、个别的环境污染者或破坏者。公权力主体

提起的环境民事公益诉讼以实施环境违法行为、损害环境公益的环境污染者或生态破坏者为诉讼被告。如2010年广州市白云区人民检察院诉白云区养猪场经营者杜某华、梁某强案,诉讼被告为无工商执照和排污许可证、违法向河体排放未经净化的污水的公民梁某强;2011年云南省安宁市国土资源局诉戴某相等人生态破坏案中,诉讼被告为因非法采矿破坏国家矿产资源、损害环境公益的公民戴某相等人。

其三,诉讼类型涵盖制止环境违法行为之诉、恢复之诉或环境损害赔偿之诉。

以诉讼请求为界分依据,公权力主体提起的环境民事公益诉讼可进一步界分为制止环境违法行为之诉、恢复之诉以及环境损害赔偿之诉。

公权力主体提起的环境民事公益诉讼中的制止环境违法行为之诉是指检察机关或环保行政机关以"停止侵害、排除妨碍、消除危险"等为诉讼请求,旨在制止环境损害违法行为继续的环境民事公益诉讼。如2003年,乐陵市人民检察院针对金鑫化工厂违法生产污染环境的行为提起制止环境违法行为之诉,诉请人民法院判处被告停止侵害社会公众利益、排除妨碍并消除对社会存在的环境危险;2007年,贵阳市"两湖一库"管理局针对贵州天峰化工公司违法排污损害行为提起制止环境违法行为之诉,请求法院判处被告停止排污损害。

公权力主体提起的环境民事公益诉讼中的恢复之诉是指检察机关或环保行政机关以"恢复植被、恢复原状"等为诉讼请求,旨在将被破坏的生态或被污染的环境恢复至受损前状态的环境民事公益诉讼。如2008年,贵阳市人民检察院提起环境民事公益诉讼,请求法院判处被告熊某志、雷某、陈某雨等"恢复阿哈水库乌龟山上被毁坏的植被";2010年,重庆市璧山县(现为璧山区)人民检察院提起环境民事公益诉讼,请求法院判处被告重庆欧某畜禽养殖专业合作社"恢复受污染的璧南河流域水域环境"。

公权力主体提起的环境民事公益诉讼中的环境损害赔偿之诉是指检察机关或环保行政机关以"赔偿环境损害费用"等为诉讼请求,旨在以经济性金钱赔偿为手段救济受损环境的环境民事公益诉讼。如2009年，广东省佛山市南海区丹灶镇政府提起环境民事公益诉讼，请求法院判处被告广东天乙集团有限公司“承担环境污染损害赔偿费用”；2009年，广州市番禺区人民检察院提起环境民事公益诉讼，请求法院判处被告东涌东泰皮革染整厂“承担环境污染损失费用”；2011年，云南省安宁市国土资源局提起环境民事公益诉讼，请求法院判处被告戴某相等人“支付国家矿产资源损失赔偿款”。

二、社会主体提起的环境民事公益诉讼

在我国司法实践中，社会主体提起的环境民事公益诉讼，是指社会组织或公民为维护或救济环境公益而针对环境污染者或破坏者提起的制止环境违法行为之诉、恢复之诉或环境损害赔偿之诉。该类型诉讼的特征主要表现为以下三种：

其一，起诉主体为社会组织或公民，主要为中华环保联合会等具有官方背景的环保社会组织，且多数情况下获得政府、环保行政机关或检察机关等公权力主体的支持。如2009年中华环保联合会和朱某茂诉江苏江阴集装箱有限公司停止环境污染案，起诉主体为具有官方背景的中华环保联合会和受到环境污染行为影响的居民代表朱某茂；2014年，泰州环保联合会诉江苏6家公司环境污染损害赔偿案，起诉主体为得到当地检察机关支持的具有官方背景的环保社会组织。

其二，诉讼被告为具体的、个别的环境污染者或生态破坏者。社会主体提起的环境民事公益诉讼以实施环境违法行为、损害环境公益的环境污染者或生态破坏者为诉讼被告。如2014年，中华环保联合会诉宜兴市江山生物制剂有限公司环境污染损害案，诉讼被告为违法通过雨水管道排放生产污水的公司；2015年，在自然之友和福建绿家园诉谢某锦等4人生态破坏案中，诉讼被告为因违法采矿行为对南平市延平区葫芦山矿山林地植被造成生态破坏的公民。

其三，诉讼类型包括制止环境违法行为之诉、恢复之诉以及环境损害赔偿之诉。

以诉讼请求为划分标准，社会主体提起的环境民事公益诉讼可进一步划分为制止环境违法行为之诉、恢复之诉以及环境损害赔偿之诉。

社会主体提起的制止环境违法行为之诉是指社会组织或公民以“停止侵害、排除妨碍、消除危险”等为诉讼请求，旨在制止环境损害违法行为的环境民事公益诉讼。如2009年，中华环保联合会和朱某茂对江苏江阴港集装箱有限公司违法污染水资源的行为提起制止环境违法行为之诉，请求法院判处被告立即停止对公共环境利益的侵害，消除对饮用水源和取水口的威胁。

社会主体提起的恢复之诉是指社会组织或公民以“恢复原状或恢复植被”等为诉讼请求，旨在将被污染的环境或被破坏的生态恢复至受损前状态的环境民事公益诉讼。如2015年，自然之友和福建绿家园对谢某锦等4人违法破坏矿山生态环境的行为提起恢复之诉，请求法院判处被告清除违法设备和弃石并恢复被破坏的林地植被。

社会主体提起的环境损害赔偿之诉是指社会组织或公民以“赔偿环境损害费用”等为诉讼请求，旨在以经济性金钱赔偿为手段救济受损环境的环境民事公益诉讼。典型案件如2014年，江苏省泰州市环保联合会在检察院支持下，对江苏6家实施环境污染行为的企业提起环境损害赔偿之诉，请求法院判处被告赔偿1.6亿元环境污染损害赔偿金。

三、公权力主体提起的环境行政公益诉讼

在我国司法实践中，公权力主体提起的环境行政公益诉讼是指检察机关针对损害环境公益的行政行为，向法院提起的要求负有环境监管职责但怠于或未依法履职的环保行政机关依法履行法定环保职责的环境公益诉讼。该类型诉讼呈现的特征主要表现在以下三个方面：

其一，起诉主体为检察机关。我国立法和司法实践暂未承认机关诉讼，因此，司法实践中出现的公权力主体提起的环境行政公益诉讼的起诉主体均为检察机关。如2014年贵州省金沙县人民检察院诉贵州省金沙县环保局不依法履行行政处罚职责案；2015年山东省庆云县人民检察院诉庆云县环保部门不依法履职案；2015年贵州省锦屏县人民检察院诉锦

屏县环保局行政公益诉讼案;2015 年福建省清流县人民检察院诉清流县环保局行政公益诉讼案。

其二,诉讼被告为怠于或未依法履行环境监管职责的环保行政机关。如上述案件中怠于履行环境监管、行政处罚或环境治理职责的环保局。

其三,诉讼类型仅为作为之诉,即请求法院判决环保行政机关依法作出一定行政行为以履行法定职责的环境行政公益诉讼。如 2014 年,贵州省金沙县人民检察院诉贵州省金沙县环保局不依法履行行政职责案,检察院请求法院依法处罚逾期不缴纳排污费的违法企业。2015 年,山东省庆云县人民检察院诉庆云县环保部门不依法履职案,检察院请求法院依法监管和处罚长期在环保设施未通过竣工验收的情况下违法生产的企业。

四、社会主体提起的环境行政公益诉讼

从学理上来说,社会主体提起的环境行政公益诉讼是指社会组织或公民针对损害环境公益的行政行为,向法院提起的要求政府或环保行政机关作出一定行为或禁止作出一定行为的环境公益诉讼。该类型诉讼呈现的特征主要表现在以下三个方面:

其一,起诉主体为社会组织或公民。虽我国立法未确立社会主体提起的环境行政公益诉讼,但在早期的诉讼类型多元并存的阶段,法院曾受理过社会主体提起的环境行政公益诉讼案件。这类案件的起诉主体多为具有官方背景的环保社会组织,如 2009 年中华环保联合会诉清镇市国土资源管理局不依法履行法定职责案以及 2012 年中华环保联合会诉无锡市蠡湖惠山景区管理委员会生态环境损害赔偿纠纷案。公民个人单独提起的环境行政公益诉讼难以得到法院的受理和支持,如 2002 年陈某庆诉杭州市余杭区环保局不依法履行法定职责案,未得到法院受理;2014 年,李某欣诉石家庄市环保局不依法履行大气污染治理法定职责案,河北省高级人民法院、石家庄市中级人民法院均未受理。

其二,诉讼被告为违法实施具体环境行政行为的政府或环保行政机关。如 2009 年中华环保联合会诉清镇市国土资源管理局不依法履行法定职责案,以负有行政管制义务的国土资源管理局为被告;2013 年贵阳公众环境教育中心诉贵州省龙里县人民政府不履行环境保护法定职责案，以负有环境监管职责的县政府为诉讼被告。

其三，诉讼类型包括作为之诉和不作为之诉，即请求法院判决政府或环保行政机关依法作出一定行政行为或不得作出违法行政行为。

以诉讼请求为划分标准，社会主体提起的环境行政公益诉讼可进一步划分为作为之诉和不作为之诉。

社会主体提起的环境行政公益作为之诉是指请求法院判处政府或环保行政机关作出一定行政行为的环境行政公益诉讼。主要针对政府或环保行政机关未积极履行管制环境污染者、破坏者的法定职责或未依法履行信息公开等法定职责的情形。如2009年中华环保联合会诉清镇市国土资源管理局不依法履行法定职责案，中华环保联合会请求法院判处被告履行拖延近15年的行政职责；2011年，中华环保联合会诉贵州省修文县环保局信息公开案，中华环保联合会请求法院判处被告公开政府环境信息。

社会主体提起的环境行政公益不作为之诉是请求法院判处政府或环保行政机关不得作出违法行政行为的环境行政公益诉讼。目的在于要求政府和环保行政机关在某些法定情况下充当消极"守夜人"的角色，不得从事无法定授权的损害环境公益的行为。如2013年贵阳市公众环境教育中心诉贵州修文县扎佐镇大丫口煤矿环境污染案，贵阳公众环境教育中心请求法院判处被告立即停止向林场林区内倾倒垃圾；2013年中华环保联合会诉国家海洋局违法批准蓬莱油田恢复生产案，中华环保联合会请求法院判处被告撤销已作出的违法行政许可。

第二节　最适当类型的提出——社会主体提起的环境行政公益诉讼的概念

我国司法实践中出现的环境公益诉讼包括四种类型：公权力主体提起的环境民事公益诉讼、社会主体提起的环境民事公益诉讼、公权力主体提起的环境行政公益诉讼以及社会主体提起的环境行政公益诉讼。这四种诉讼类型并行共存、并行互补,在一定条件下能够缓解当下的环境危机和维护受损的环境公益。但就长远而言,笔者认为,我国环境公益诉讼最适当的诉讼类型应是社会主体提起的环境行政公益诉讼。在对此观点进行理论论证之前,有必要先明确界定"社会主体提起的环境行政公益诉讼"的概念和特征。而"社会主体提起的环境行政公益诉讼"分别属于"环境公益诉讼"和"环境行政公益诉讼"的范畴,在界定"社会主体提起的环境行政公益诉讼"的概念前,应先理解何为"环境公益诉讼"和"环境行政公益诉讼"。

一、环境公益诉讼

"环境公益诉讼"是19世纪七八十年代首先在西方发达国家的法学学理层面兴起的概念,其本质和内涵有异于早在罗马时期出现的"公益诉讼"的概念。在罗马时期,社会结构和公众需求相对简单,当时的公益诉讼本质上是指公民个人为维护公共利益而提起的诉讼。随着国家向近代福利国家转型,国家需要承担更多的社会保护职责,环境公共利益的维护首先依赖环保行政机关直接通过行政程序以实现。可见,在当时,诉讼机制并非维护和救济环境公共利益的唯一渠道。而根据西方学者的相关文献阐释,"公益诉讼"是特指非政府组织或公民个人代表公共利益而提起的诉讼。在环境公民诉讼制度的起源地——美国,环境公民诉讼本质上是私人检察长诉讼,是由公民或非政府组织针对违法行政机关或民事主体所提起的诉讼,因而提出了"私检察总长"理论,该"私检察总长"区别于大陆法系国家传统上的"公检察长"。[1] 我国学者开展"环境公益诉讼"的研究始于20世纪末,此后,环境公益诉讼的研究热潮一直未冷却。但对于何为"环境公益诉讼",至今尚未形成一致的观点。学者们对环境公益诉讼的概念和实质内涵表述不一,典型的观点主要包括以下几种:

有学者认为:"环境公益诉讼是指公民或者法人(特别是环保公益团

---

〔1〕 See Willim B. Rubenstein, *On what a "Private Attorney General" is and why it Matters*, Vanderbilt Law Review, Vol. 57:11, p. 2129(2004).

体）,出于保护公益的目的,针对损害公共环境利益的行为,向法院提起的环境公益之诉。表现为'私人为公益'的特征。"〔1〕该观点认为,环境公益诉讼不同于环境公诉,环境公益诉讼的起诉主体限于社会主体,诉讼目的在于保护环境公益,诉讼标的为损害公共环境利益的行为,体现了事后救济的特征。

有学者提出:"环境公益诉讼是为了保护环境和自然资源免受污染和破坏,与案件诉讼请求没有法定利害关系的单位和个人,依法对污染、破坏环境与自然资源者,违法或者不履行环境与资源保护法定职责的环保行政机关提起的诉讼。"〔2〕该观点认为,环境公益诉讼的起诉主体为无法定利害关系的社会主体,诉讼被告为污染者或破坏者以及环保行政机关,诉讼目的在于保护环境资源免受损害,体现了事前预防和事后救济的特征。

有学者认为:"环境公益诉讼是指公民、企事业单位、社会团体以及有关国家机关依据法律的特别规定,在环境受到或可能受到污染和破坏的情形下,为维护环境公益不受损害,针对有关民事主体或环保行政机关而向法院提起诉讼,由法院依法追究行为人法律责任的诉讼。"〔3〕该观点认为,环境公益诉讼的起诉主体包括社会主体和公权力主体,诉讼被告为民事主体或环保行政机关,诉讼目的在于维护环境公益,体现了事后救济和事前预防的特征。

总体来说,学者们对环境公益诉讼概念的界定主要是围绕起诉主体、诉讼目的、诉讼标的、诉讼被告等几个要素展开。从起诉主体来说,有学者认为仅社会组织或公民等社会主体具有起诉资格;有学者认为政府、环保行政机关以及检察机关等公权力主体亦具有起诉资格。从诉讼目的来说,有学者认为环境公益诉讼是为了救济受到污染或损害的环境公益或环境权,仅体现事后救济的功能;有学者认为,环境公益诉讼不仅具有事

〔1〕 别涛:《环境公益诉讼的立法构想》,载《环境保护》2005 年第 12 期。

〔2〕 王灿发:《中国环境公益诉讼的主体及其争议》,载《国家检察官学院学报》2010 年第 3 期。

〔3〕 李爱年:《中国环境公益诉讼的立法选择》,载《法学杂志》2010 年第 8 期。

后救济的功能,还具有事前预防的作用。就诉讼标的而言,学者们大都认为损害或有损环境公益之虞的行为均可以被诉,部分学者以“法律特别规定”为前提。从诉讼被告来看,学者们大都认为民事主体或环保行政机关均可能成为环境公益诉讼的被告。

综合和借鉴以上学者的观点,笔者认为,就学理层面而言,环境公益诉讼是指法律规定的公民、社会组织或检察机关,为维护和促进环境公益,就损害或有损环境公益之虞的行为,依据法定程序提起的诉讼。其特征主要表现是:(1)起诉主体包括社会主体和公权力主体;(2)诉讼目的在于救济、维护和促进不特定多数人共享的环境公益,具有事前预防和事后救济的功能;(3)诉讼标的包括损害或可能损害环境公益的民事行为、行政行为(包括具体环境行政行为和抽象环境行政行为)以及政府或环保行政机关实施的事实行为;(4)诉讼被告包括民事主体、政府或环保行政机关;(5)环境公益诉讼具有法定性。

二、环境行政公益诉讼

根据诉讼程序的不同,环境公益诉讼可划分为环境民事公益诉讼和环境行政公益诉讼。社会主体提起的环境行政公益诉讼属于环境行政公益诉讼的范畴。理解环境行政公益诉讼的概念有助于进一步界定何为“社会主体提起的环境行政公益诉讼”。学者们对环境行政公益诉讼的概念的理解亦各有不同,其中,典型的观点主要包括以下几种:

有学者认为:“环境行政公益诉讼是指公民或者法人(特别是环保公益团体),认为环保行政机关(主要是环保部门,但也包括政府)的具体环境行政行为危害公共环境利益,向法院提起的司法审查之诉。体现‘私人对公权’的特点。”[1]该观点认为,环境行政公益诉讼的起诉主体为社会主体;诉讼被告为政府或环保行政机关;诉讼标的限于危害公共环境利益的具体环境行政行为。

有学者认为:“环境公益行政诉讼是指检察机关、公民、法人和其他组

---

〔1〕 别涛:《环境公益诉讼的立法构想》,载《环境保护》2005年第12期。

织依法对损害或可能损害环境与生态资源等公共利益的行政行为提起的诉讼,由法院依照法定程序审查行政行为的合法性,并作出裁判的一种活动。"[1]该观点认为,环境行政公益诉讼的起诉主体不仅限于社会主体,检察机关亦具有同等的起诉权。此外,诉讼标的除具体环境行政行为外,还包括政府或环保行政机关损害或可能损害环境公益的抽象环境行政行为。

有学者认为:"环境行政公益诉讼是指当行政主体实施的与职权相关的行为或其不作为损害了或有损害环境利益的危险时,法律允许无直接利害关系的主体为维护环境利益向人民法院提起的行政诉讼。"[2]该观点在以上观点的基础上,扩大了诉讼标的的范围,建议将与职权相关的损害或有损环境公益之虞的行为(既包括行政行为也包括事实行为)纳入环境行政公益诉讼的可诉范畴。

对以上几种代表性观点进行分析后发现,学者们对环境行政公益诉讼的界定主要围绕起诉主体、诉讼被告、诉讼标的、受诉主体、起诉依据等要素展开。其中,"受诉主体为法院"以及"起诉依据以法律规定为前提"在大多数学者间已达成共识,分歧点主要集中在对起诉主体、诉讼被告、诉讼标的的认定方面。认定起诉主体的分歧点主要集中在诉讼主体是否包括检察机关这一公权力主体;认定诉讼被告的分歧点主要集中在是否能将政府纳入被诉行政主体范畴;认定诉讼标的的分歧点主要在于可诉性行为的范畴是否包括行政主体作出的损害或有损环境公益之虞的抽象环境行政行为以及事实行为等。

综合并借鉴学者们的观点,笔者认为,就学理层面而言,环境行政公益诉讼是指检察机关、公民、法人或其他组织,以维护和促进环境公益、监

---

〔1〕 黄锡生、林玉成:《构建环境公益行政诉讼制度的设想》,载《行政法学研究》2005年第3期。

〔2〕 关倩:《构建我国环境行政公益诉讼的若干建议——由无锡市蠡湖惠山景区管委会占用林地一案切入》,载谢玉红、曹明德主编:《中国环境法治》(2014年卷·上),法律出版社2014年版。

督环境行政权力依法行使为目的，针对政府或环保行政机关损害或有损环境公益之虞的行为（包括行政行为和事实行为），依法向法院提起的客观行政诉讼。其特征主要表现为：以起诉主体为界分标准，环境行政公益诉讼包括社会主体提起的环境行政公益诉讼和公权力主体提起的环境行政公益诉讼；诉讼被告为实施损害或有损环境公益行为的政府（因政府负有对环境质量负责等国家环境保护义务）或环保行政机关；诉讼标的包括违法抽象环境行政行为（如制定不符合环保目标的环境决策、规划）、违法具体环境行政行为（如违法审批未经环评的建设项目）以及违法事实行为（如破坏风景名胜区或毁林造田）；诉讼性质为客观行政诉讼，区别于主观行政诉讼——以“保障合法权益”为直接目的的传统环境行政诉讼；诉讼功能包括事前预防和事后救济。

三、社会主体提起的环境行政公益诉讼

以起诉主体为划分标准，环境行政公益诉讼可以划分为公权力主体提起的环境行政公益诉讼和社会主体提起的环境行政公益诉讼。前者以检察机关为起诉主体，后者以社会组织或公民等社会主体为起诉主体。现阶段，我国公权力主体提起的环境行政公益诉讼司法试点已在政策和司法解释极力推动下得以如火如荼地展开，然而，我国社会主体提起的环境行政公益诉讼尚处于初创阶段，缺乏立法保障，司法实践阻力重重。立法和司法实践的滞后正侧面反映了社会主体提起的环境行政公益诉讼的学理研究尚显薄弱。

就学理层面而言，社会主体提起的环境行政公益诉讼是指法律规定的社会组织或公民，为维护和促进环境公益、实现环境共治，针对政府或环保行政机关实施的损害或有损环境公益之虞的行为（包括行政行为和事实行为），向法院提起的要求政府或环保行政机关依法履行具有可诉性的国家环境保护义务的客观行政诉讼。

简言之，社会主体提起的环境行政公益诉讼在诉讼性质上属于行政诉讼中的客观诉讼；诉讼目的在于维护和促进环境公益、督促政府或环保行政机关依法履行国家环境保护义务；起诉主体具有社会性，为法律规定

的社会组织或公民;诉讼被告为负有国家环境保护职责和义务的政府或环保行政机关;诉讼标的为政府或环保行政机关损害或有损环境公益之虞的不作为或作为不当,包括具体环境行政行为、抽象环境行政行为以及事实行为。

第三节　社会主体提起的环境行政公益诉讼的特征

发展较为成熟的德国利他性环保团体诉讼和日本民众诉讼与我国应建立的社会主体提起的环境行政公益诉讼在诉讼性质、诉讼目的、诉讼原告、诉讼被告以及诉讼标的等方面具有相似性。本节拟结合我国现行诉讼制度,辩证地借鉴德国和日本相关制度,从诉讼性质、诉讼目的、诉讼原告、诉讼被告以及诉讼标的五个方面解读社会主体提起的环境行政公益诉讼的特征。

一、诉讼性质:客观诉讼

环境行政公益诉讼的发展,从一开始就超越了传统的个人权利基础,注重维护客观的环境法律秩序。依诉讼性质不同,大陆法系将行政诉讼划分为主观诉讼和客观诉讼。[1] 主观诉讼以维护主观的个人合法权益为直接目的,客观诉讼则以维护公益或客观的法秩序为直接目的。主观诉讼与客观诉讼最根本的区别在于,前者注重对"人"的保护,后者注重对"事"的监督。大陆法系的行政公益诉讼主要存在于行政诉讼领域,归属于与主观诉讼并行的客观诉讼类型。[2] 环境行政公益诉讼宗旨应包括两个方面:维护和监督环保行政机关依法行使环境行政职权以及保护公民、法人和其他组织的合法权益,两者不可偏废。[3] 社会主体提起的环境行政公益诉讼对于维护环境公益和环境公共秩序具有重要意义,充分

---

〔1〕 参见王名扬:《法国行政法》,中国政法大学出版社 1989 年版,第 641 页。

〔2〕 参见于安:《行政诉讼的公益诉讼和客观诉讼问题》,载《法学》2001 年第 5 期。

〔3〕 参见朴光洙主编:《环境保护法与环境执法》(第 3 版),中国环境出版社 2015 年版,第 425 页。

体现了现代国家向福利行政、给付行政国家迈进的客观需求,其性质属于环境行政公益诉讼中的客观诉讼。

追根溯源,性质属于客观诉讼的公益诉讼产生于罗马法时期。作为市民社会法典的罗马法最初以私益救济为核心,公益诉讼的产生与罗马社会的文化传统、民主政治体制以及法律价值取向密切相关。为克服违法行为损害公共利益的消极后果,罗马法才逐渐引入以救济公共利益为诉讼目的的公益诉讼制度。法国波尔多大学莱昂·狄骥(Duguit)于1911年首创客观诉讼(contentieux obectif)和主观诉讼(contentieux subjectif)的类型划分。[1] 客观诉讼与主观诉讼的分类方式后被德国、日本学者借鉴而广泛应用于诉讼法学研究。[2] 德国、日本的环境行政公益诉讼的发展均源自行政诉讼中的客观诉讼类型。法国的客观行政诉讼是行政诉讼的起源与主流,是为了捍卫法律及"公意"(general desire)。而与法国不同,德国的行政诉讼最初源于保护个人权利。在魏玛共和国时期,德国出现"北德方案"和"南德方案"两种对行政诉讼性质和设置目的的不同理解。"北德方案"认为,行政诉讼应是一种客观的合法性监督制度,有必要设置公益诉讼;而"南德方案"认为,行政诉讼应是用于保护个人权利的制度,不是实现公共利益的工具。后来,"南德方案"引领了德国行政诉讼制度的发展。受"南德方案"的影响,在2002年以前,德国的行政诉讼以主观诉讼为主流,目的在于保护个人权利,而非对行政行为实行合法性监督。[3] 早初德国并没有行政公益诉讼。德国的《基本法》第19条第4款和《行政法院法》第42条第2款规定,适格原告只能向法院提起利己团体行政诉讼。随着德国对自然保护的不断重视,2002年,德国12个邦颁布

---

〔1〕 参见[法]让·里韦罗、让·瓦利纳:《法国行政法》,鲁仁译,商务印书馆2008年版,第782~783页。

〔2〕 参见蔡志方:《欧陆各国行政诉讼制度发展之沿革与现状》,载蔡志方:《行政救济与行政法学》(一),台北,三民书局1993年版。

〔3〕 参见薛刚凌主编:《外国及港澳台行政诉讼制度》,北京大学出版社2006年版,第39页。

的《自然保护法》以及联邦修订后通过的《联邦自然保护法》在主观诉讼基础上规定,经主管机关认可的符合法定条件的环保团体可为维护公共利益提起利他团体诉讼。环保团体提起环境行政公益诉讼只需依据法律明确授权,既不需以主观权益受损为要件,也无须经社员授权。[1] 德国的利他性环保团体诉讼实质是社会主体提起的环境行政公益诉讼,属于以维护环境公益为诉讼目的的客观诉讼。[2]

日本学界通常以诉讼目的来区分主观诉讼和客观诉讼,前者以"权利利益保护"为诉讼目的,后者以"法律维持"为诉讼首要目的。[3] 日本的行政诉讼类型包括抗告诉讼、当事人诉讼、民众诉讼和机关诉讼。其中,民众诉讼和机关诉讼属于客观诉讼。[4] 与自己无法律上利害关系的国民有资格提起民众诉讼,但其目的不在于直接保护国民的权利或利益,而在于确保行政法规得以客观、正当地适用。[5] 环境公害救济和环境行政公益诉讼救济是两种不同的救济方式,分别属于主观诉讼和客观诉讼领域。环境公害救济旨在救济因环境问题导致的人身、财产损害等私益损害。"法律保护利益说"和"值得保护的利益说"是司法审判用于确定主观诉讼中原告起诉资格的两种不同学说。"值得保护的利益说"在"法律保护救济说"的基础上,进一步放宽了原告的起诉资格范围。该说认为,诉的利益不仅是特定法律所保护的直接利益或间接利益,还包括因环境违法行为给原告实际生活造成的值得通过审判予以保护的客观不利。无

---

〔1〕 参见彭凤至:《论行政诉讼中之团体诉讼》,载翁岳生教授祝寿论文编辑委员会编:《当代公法新论——翁岳生七秩诞辰祝寿论文集》(下),台北,元照出版有限公司2002年版。

〔2〕 参见高家伟:《欧洲环境法》,工商出版社2000年版,第220页。

〔3〕 参见林素凤:《日本民众诉讼与我国公益诉讼》,载曾华松大法官古稀祝寿文集编辑委员会编:《论权利保护之理论与实践——曾华松大法官古稀祝寿论文集》,台北,元照出版有限公司2006年版。

〔4〕 参见[日]盐野宏:《行政法》,杨建顺译,姜明安校,法律出版社1999年版,第430页。

〔5〕 参见董璠舆主编:《外国行政诉讼教程》,中国政法大学出版社1988年版,第112页。

论是“法律保护利益说”还是“值得保护的利益说”,都旨在保护受害人的权益,并不当然地适用于旨在监督依法行政、维护客观法律秩序的客观诉讼。以客观诉讼形式存在的民众诉讼中原告起诉资格的认定不以原告与被诉行为之间存在的利害关系为前提。

我国的行政诉讼制度在性质和目的设置上与德国、日本的行政诉讼制度接近。《行政诉讼法》第1条明确规定,保护合法权益和监督依法行政是我国行政诉讼法的两大立法宗旨。正如有学者提出,《行政诉讼法》的两大宗旨表明行政诉讼既要有私益诉讼,也要有公益诉讼。[1] 行政诉讼理论上是主观诉讼和客观诉讼的统一体,客观诉讼对事不对人,建立以保护公共利益为宗旨的客观诉讼是我国行政诉讼制度发展和完善的一个基本方向。[2] 社会主体提起的环境行政公益诉讼并不是一种单独的诉讼,而是与以“保障公民合法权益”为诉讼目的的主观诉讼并行的一种诉讼类型,本质上属于行政诉讼中的以维护和救济环境公益为目的的客观诉讼。社会主体提起的环境行政公益诉讼是一种对事不对人的诉讼类型,重在补救和修复受损的环境公益和环境公共秩序,而非对具体主体进行惩罚。

二、诉讼目的:维护和促进环境公益

“诉讼目的,是诉讼活动所追求的客观效果与主观愿望或目标。”[3] 在环境公共治理的架构下发展社会主体提起的环境行政公益诉讼,已经成为独特的诉讼形态,其目的应当是社会公众直接介入对政府或环保行政机关的环境行为进行合法性以及合目的性审查,维护环境公益和环境公共治理的秩序。大陆法系的环境行政公益诉讼归属于客观行政诉讼的范畴。在各国行政诉讼实践中,随着诉的利益“个人化”倾向逐步淡化,对

---

〔1〕 参见谢红星:《行政公益诉讼初探》,载《湘潭工学院学报(社会科学版)》2001年第4期。

〔2〕 参见于安:《行政诉讼的公益诉讼和客观诉讼问题》,载《法学》2001年第5期。

〔3〕 颜运秋:《公益诉讼法律制度研究》,法律出版社2008年版,第211页。

公共利益的关注正在成为行政诉讼发展的趋势和方向。[1]

社会主体提起的环境行政公益诉讼的直接目的在于督促政府或环保行政机关依法行政、维护和促进环境公益。环境公益是承载于环境资源上的环境生态功能,是具有不可独占性、非消费性、非排他性的环境公共物品,区别于可以通过明晰使用权、通过市场机制进行调节的环境经济功能,环境生态功能难以通过环境私益救济的途径予以保护。理性经济人在通过环境私益救济方式保护个人因环境损害而致损的人身权、财权权等合法私权益的同时,不可避免地会反射性地保护环境公益,但这种保护方式是间接的、偶发性的、事后性的。而环境民事公益诉讼只是以具体环境污染者或破坏者为直接起诉对象,制止其环境违法行为、请求环境损害赔偿或督促其采取措施修复因个别环境违法行为致损的局部环境,从微观上达到维护环境公益的目的。在给付行政、服务行政、福利行政国家,基本的环境公共物品仍应由政府提供、保障和增进。社会主体提起的环境行政公益诉讼以政府或环保行政机关为直接起诉对象,督促政府或环保行政机关履行国家环境保护义务、提供最基本的环境公共物品,能够从宏观上保障国家制定的各种政策、规划以环境优位原则为指导,充分考虑环境影响因素,严格控制经济活动不得超过环境承载能力极限,并及时采取措施治理环境、对区域环境质量负责,同时从微观上管制具体的污染者或破坏者,对污染者或破坏者的行为予以有利于环境保护与经济发展相协调的类型化管理。在政府或环保行政机关未依法履行国家环境保护义务且内部行政机制失灵的情况下,社会主体提起的环境行政公益诉讼可以为社会公众监督行政、维护环境公益提供有力的司法保障。总体来说,社会主体提起的环境行政公益诉讼的直接目的是监督政府和环保行政机关依法履行国家环境保护义务,维护最低限度的环境公益。

---

〔1〕 参见蒋岚:《论行政诉讼的诉讼利益》,载罗豪才主编:《行政法论丛》第8卷,法律出版社2005年版。

三、诉讼原告:社会组织或公民

传统的行政诉讼中,“诉的利益”理论要求起诉人必须是实体利害关系人,即合法权益受到违法行政行为损害或与违法行为具有利害关系的当事人。如将传统主观行政诉讼中的“诉的利益”理论直接运用到社会主体提起的环境行政公益诉讼中,那么在环境公益受到政府或环保行政机关违法行为损害而没有特定利害关系人起诉的情况下,受到损害或可能受到损害的环境公益则难以得到司法救济。

突破主观诉讼中“诉的利益”理论,将原告的起诉资格依据特别法律规定放宽至“与被诉行为之间无利害关系的任何人”,这已成为客观诉讼的发展趋势。正如Diplock勋爵在Inland Revenue Commissioners案判决意见中所说的那样:“更为重要的是防止政府出现违法行为,至于谁是适格的申请并不重要。”[1]莫诺·卡佩莱蒂曾指出:“私人为了维护公共利益而提起诉讼将是诉讼法今后最主要的发展方向。”[2]黄金荣也认为:“公益诉讼的主体应该是不具有维护公共利益法定职责的公民和社会组织,这也是世界各国对于公益诉讼主体的普遍要求。”[3]美国、德国以及印度的环境公益诉讼起诉主体资格均突破了传统诉的利益理论。

美国的环境公益诉讼是以公民诉讼的形式开展的,与大陆法系民、行分离的体制不同,美国采用民行合一的司法体制。20世纪30年代,美国环境并未受到严重影响,因循普通法传统,起诉资格受“法律权利损害说”限制,只有能够证明法律权利已经或正在受到侵害,才具备起诉资格。在该时期,环境行政机构的急剧增长带来了一系列难题,其中最突出的一个

---

〔1〕［英］彼得·莱兰、戈登·安东尼:《英国行政法教科书》(第5版),杨伟东译,北京大学出版社2007年版,第522~523页。

〔2〕［意］莫诺·卡佩莱蒂编:《福利国家与接近正义》,徐俊祥等译,法律出版社2000年版,第65~69页。

〔3〕黄金荣:《走在法律的边缘——公益诉讼的理念、困境与前景》,载《法制与社会发展》2011年第4期。

问题是,谁能提起诉讼以督促环境行政机构实施法律义务。[1] 20 世纪 40 年代,美国司法判例对起诉资格的限制逐渐放宽,1946 年《联邦行政程序法》第 702 条[2]确立了“双重损害标准”,即只有证明其法律权利受到行政行为侵害或因法定意义上的行政行为导致不利影响或损害,才具备起诉资格。随着司法实践的发展,“双重损害标准说”被“事实损害标准说”所取代,只要原告证明其要求审查的行政行为在事实上造成了经济或其他利益(包括美学利益、环境利益等)的损害,就具备起诉资格。典型的案例包括 20 世纪 70 年代的塞拉俱乐部诉莫顿案[3]、哈德逊环境协会诉联邦电力委员会案(Scenic Hudson Preservation Conference *v.* Federal Power)[4]以及田纳西流域管理局诉希尔案(Tennessee Valley Authority *v.* Hill)[5]等。在美国,环境公民诉讼以成文法形式得以系统建立之前,美国的起诉资格标准经历了“法定损害标准”到“双重损害标准”再到“事实不利影响标准”的演变。[6] 自 1972 年修订的《清洁空气法》首次采纳环境公民诉讼条款后,美国国会陆续颁布《清洁水法》《濒危物种法》等单行联邦法律,连同《联邦行政程序法》以及各州相继颁布的有关环境公民诉讼的法律,形成美国环境公民诉讼的成文法体系。迄今为止,美国国会

---

〔1〕 See William A. Fletcher, *The Structure of Standing*, 98 Yale Law Journal, p. 221 – 291 (1988).

〔2〕 The APA codifies standing law and provides that “a person suffering legal wrong because of agency action, or adversely affected or aggrieved by agency action within the meaning of a relevant statute, is entitled to judicial review thereof”. 1946 年《联邦行政程序法》第 702 条规定,“因环保行政机关的违法行为致使其法律权利受到侵害的人,或受到法定意义上的违法行政行为不利影响或损害的人,有权提起司法审查”。

〔3〕 See *Sierra Club v. Morton*, 405 *U. S.* 727 (1972), JUSTIA US Supreme Court (April 19, 1972), https://supreme.justia.com/cases/federal/us/405/727/case.html.

〔4〕 See *Scenic Hudson Preservation Conference v. Federal Power*, 407 *U. S.* 926 (1972), JUSTIA US Supreme Court (June 19, 1972), https://supreme.justia.com/cases/federal/us/407/926/case.html.

〔5〕 See *Tennessee Valley Auth. v. Hill*, 437 *U. S.* 153 (1978), JUSTIA US Supreme Court (June 15, 1978), https://supreme.justia.com/cases/federal/us/437/153/case.html.

〔6〕 参见王名扬主编:《外国行政诉讼制度》,人民法院出版社 1991 年版,第 199 页。

共颁布 21 部包含环境公民诉讼条款的联邦环境保护法律[1]，此外，美国已有 16 个州制定了包含环境公民诉讼条款的成文法。[2] 而且，成文法层面的环境公民诉讼的起诉资格有了更大的突破，并不受利益关系的制约，任何人均可以提起。例如，《清洁空气法》规定任何人均可以对法律规定的污染空气的行为提起环境公民诉讼，对起诉资格并未作利益关联的规定。被称为最早、最完整的州环境公民诉讼法规的《密歇根环境保护法》(MEPA)中的环境公民诉讼条款亦规定[3]，任何人即使没有证据证明自己因环境污染受到了某种程度的利益损害，也可对环境违法行为提起公民诉讼。

德国于 2002 年修正的《联邦自然保护法》引入利他性环保团体诉讼，规定符合法定要件且经主管部门认可的环保团体，可直接提起行政诉讼。此外，无论是德国联邦的环境立法还是州环境立法，均只将环境行政公益诉讼的起诉主体限制为符合法定条件的非官方环保团体。这些条件包括：环保团体必须以保护和改善环境为活动宗旨；在申请认可之时已经持续存在 3 年以上；必须确保能适当地开展环保公益活动。[4] 更重要的是，为了保证环保团体对诉讼的熟悉程度并确保诉讼顺利进行，法律规定提起利他团体诉讼的环保团体需参与起诉前的行政程序。[5] 由于法律特别条款赋予环保团体诉讼权能和原告地位，因此，受理环保团体提起行政诉讼的行政法院不审查该环保团体的主观权益受到侵害的可能性，只

[1] 参见陈冬：《美国环境公民诉讼研究》，中国人民大学出版社 2014 年版，第 21 页。

[2] 参见张式军：《环境公益诉讼原告资格研究》，山东文艺出版社 2012 年版，第 153 页。

[3] 《密歇根环境保护法》第 2 条规定，"为保护空气、水体和其他自然资源以及公共托管客体不受污染、损害和毁灭，任何个人、合伙、公司、社团、组织或其他法律实体皆可在据称违法行为的发生地或可能发生地的具有管辖权的巡回上诉法院对州、州的分支机构、任何个人、合伙、公司、社团、组织或其他法律实体提起谋求宣告令或衡平法救济的诉讼"。参见张式军：《环境公益诉讼原告资格研究》，山东文艺出版社 2012 年版，第 154 页。

[4] [德]艾卡·雷宾德：《欧盟和德国的环境保护集体诉讼》，王曦译，载《交大法学》2015 年第 4 期。

[5] 黄学贤、王太高：《行政公益诉讼研究》，中国政法大学出版社 2008 年版，第 190 页。

直接客观审查环保行政机关的作为或不作为是否违反法律规定。

印度最高法院的判例甚至认为公益诉讼根本无须考虑起诉资格,只要以社会需求为基础即可,正如莫诺·卡佩莱蒂指出的那样,近年来很多国家为纠正公共性不当行为,倾向于直接赋予私人诉权,不强调当事人适格理论。[1] 印度最高法院大法官 Bhagwati 指出,传统起诉资格要求是对公益诉讼的阻碍,应当放宽对公益诉讼起诉资格的限制。在公益诉讼案件中,任何人只要是出于善意,均应具有起诉资格。[2]

社会组织,在西方多指非政府组织(Non-governmental Organization),一般是指由社会公众依照共同的意愿,自发组织并成立的、不以营利为目的的公益性团体。社会组织作为政府与市场之外的第三部门,具有相对独立性的优势,可以为社会公众有效参与到社会公共治理事务中提供新的渠道。相对国外发展经验而言,我国不同类型的社会组织的发展亦呈现良好态势,总体数量逐年在日益增多,组织规模亦在不断扩大。然而,不能只追求社会组织数量上的增多,更重要的是追求专业能力强、真正能为社会和人民作出贡献的、被社会所认可和接受的社会组织团体。[3] 从法规、规章和政策性文件层面来看,我国曾出现过"社会团体""民间组织"等类似社会组织的不同名称。但至今,我国立法并未对"社会组织"的内涵进行具体规定。然而,依据有关法律法规及相关政策性文件,能够间接地归纳出我国关于各类社会组织的内涵。本书中所提及的有权提起环境行政公益诉讼的"社会组织",是指代表着不特定多数公众的环境权益,不以营利为目的,以保护和救济环境公共利益为主旨和目标,具有环保公益性、专业性的环保社会组织团体。党的十六届六中全会于 2006 年首次提出"社会组织"的称谓,呼吁"健全社会组织"。随后,党的十七大、

---

〔1〕 [意]莫诺·卡佩莱蒂编:《福利国家与接近正义》,刘俊祥等译,法律出版社 2000 年版,第 83 页。

〔2〕 Susan D. Susman, *Distant Voices in the Courts of India Transformation of Standing in Public Interest Litigation*, 13 Wis. Intl L. J, p. 69 – 70 (1994).

〔3〕 参见徐顽强编著:《非营利组织管理》,科学出版社 2013 年版,第 26 ~ 33 页。

十八大、十八届三中全会及十八届四中全会等相关报告中都分别出现了“社会组织”一词。中共中央办公厅印发的《关于加强社会组织党的建设工作的意见(试行)》(2015 年),指出“社会组织主要包括社会团体、民办非企业单位、基金会、社会中介组织以及城乡社区社会组织等”。中共中央办公厅、国务院办公厅印发的《关于改革社会组织管理制度促进社会组织健康有序发展的意见》(2016 年)中,进一步提出“以社会团体、基金会和社会服务机构为主体组成的社会组织,是我国社会主义现代化建设的重要力量”。根据以上政策性文件的表述,“社会组织”的内涵可以解释为:以社会公众为群众基础,以保障公共利益为宗旨,以从事公益活动或提供公共服务为运行模式的社会团体、基金会或社会服务机构。此后,《社会团体登记管理条例》(2016 年)中指出,“社会团体”是指“中国公民自愿组成,为实现会员共同意愿,按照其章程开展活动的非营利性社会组织”。《慈善法》(2016 年)在法律条款表述中,将“民办非企业单位”转变成“社会服务机构”。党的十九大报告将“社会组织”的主体地位提上了一个更高的位阶,社会组织在社会治理中的作用和优势日益显现出来,培育和发展社会组织已经成为我国构建社会主义生态文明社会的实际需求。作为我国新时代背景下助推国家治理体系和治理能力现代化进程中不可或缺的主体,社会组织的培育和发展将得到越来越多的重视和支持。

随着我国社会经济的持续高速发展,环境污染和生态破坏事件不断涌现。美丽健康的生态环境日益演变为社会公众的现实需求。环境具有社会公共物品属性,环境公益属于社会利益,为不特定多数社会公众所非排他性地享有。社会组织或公民是环境公益的最佳代表,能够反映和维护公众的现实诉求。现代意义上的环境行政公益诉讼的起诉主体应当具有社会性。任何无利害关系的社会组织或公民均有权利通过司法渠道对政府或环保行政机关实施的有损环境公益的违法行为进行监督。社会主体(包括社会组织和公民)提起环境行政公益诉讼是社会主体督促地方政府和环保行政机关依法履职、保护环境公益的重要司法救济途径。总体来说,每个人都是环境公益的直接享有者,依据法律明确规定赋予没有直接利害关系的社会组织或公民,借助环境行政公益诉讼真正参与环境公共治理,是构建环境保护法治国家的必然趋势。

四、诉讼被告:政府或环保行政机关

随着水污染、空气污染、土壤污染等区域性环境问题日益严峻,单纯依靠司法公器打击具体的污染源以求治理和改善环境收效甚微。环境问题包括因贫困引起的环境问题和因发展引起的环境问题。解决环境问题不应仅关注具体的、个别的环境问题本身,更多的应是关注环境问题背后的经济、社会发展问题。我国企业长期处于政府管控之下,企业从依法成立、申请许可证到生产、排污、关停等全过程都离不开政府和环保行政机关的监管。我国并不存在真实意义上的市场,市场失灵不是我国环境问题的主因,且市场失灵可通过政府的干预予以解决,我国环境问题的主因在于政府失灵。[1] 正如时任环保部副部长的潘岳所指出的,"政府在环境保护方面的不作为、干预执法及决策失误是造成环境顽疾久治不愈的主要根源"[2]。王曦提出,环境的公共物品属性决定了环境保护只能通过政府履职来实现。[3] 环境公共利益主要应由政府和环保行政机关来维护、增进和分配,由政府和环保行政机关积极干预,从宏观上制定符合可持续发展、环境影响评价、环境标准的环境规划、政策,从微观上有针对性地引导落后产能企业的改造升级、严惩恶性污染大户,切实履行国家环境保护义务,为社会主体提供最基本的环境公共产品和公共服务。

《奥胡斯公约》开启了在环境事务中诉诸司法之门,但仅限于针对行

---

〔1〕 参见张建伟:《政府环境责任论》,中国环境科学出版社2008年版,第16~20页。

〔2〕 郄建荣:《环保部:政府不作为是环境顽疾主要根源》,载中国新闻网,http://www.chinanews.com/gn/2011/11-15/3459966.shtml。

〔3〕 参见王曦、唐瑭:《对"环境权研究热"的"冷"思考》,载《上海交通大学学报(哲学社会科学版)》2013年第2期。

政作为和不作为的集团诉讼。[1] 美国环境公民诉讼的经验告诉我们，把有限的精力、时间和经费用在迫使政府完善或执行环境保护法规和规章上比用在取缔个别污染源上更有意义。[2] 美国、德国、日本等国家的环境保护法在20世纪六七十年代的一个重要转变是规定并完善国家环境保护义务和责任，并通过诉讼机制予以保障。

我国"十三五"规划纲要第四十四章第五节提出"切实落实地方政府环境责任""畅通公众参与渠道""完善环境公益诉讼制度"。我国《环境保护法》《水污染防治法》《大气污染防治法》《海洋环境保护法》等环境综合性法律以及单行性法律均对政府或环保行政机关的统一监督管理职责作出了具体规定。这些规定表明，我国政府和环保行政机关扮演着双重角色，既是环境公共物品的提供者，又是环境违法行为的管制者。因环境公共物品不符合环境质量标准、环境监管不力导致环境污染或破坏时，政府或环保行政机关应当仁不让地承担相应法律责任，而不应只追究环境污染者或破坏者的法律责任。

赋予社会主体针对政府或环保行政机关违法不作为或作为不当提起环境行政公益诉讼以监督政府或环保行政机关依法行政的权利，促使政府或环保行政机关从微观的环境管制到宏观的环境、经济、社会整体规划都依法履行国家环境保护义务，才能使环境问题标本兼治。

五、诉讼标的：政府或环保行政机关不作为或作为不当

"无诉则无判"，而诉讼（尤其是客观之诉）最终能否获得审理判决取决于诉的内容，即原告的诉求是否具有借助司法解决的实际价值或必要性。[3] 诉讼标的是区别主观行政诉讼与客观行政诉讼的重要指标。通

---

〔1〕 参见［德］艾卡·雷宾德：《欧盟和德国的环境保护集体诉讼》，王曦译，载《交大法学》2015年第4期。

〔2〕 参见李艳芳：《美国的公民诉讼制度及其启示——关于建立我国公益诉讼制度的借鉴性思考》，载《中国人民大学学报》2003年第2期。

〔3〕 参见［日］原田尚彦：《诉的利益》，石龙潭译，中国政法大学出版社2014年版，第1页。

常情况下，主观行政诉讼以某项权利为诉讼标的，而客观行政诉讼则以某种行为为诉讼标的。[1]

虽然我国《行政诉讼法》(2017 年)将诉讼标的从“具体行政行为”扩张到“行政行为”，但从体系论的角度并结合该法第 12 条的规定来看，该法并没有显著扩大行政诉讼的诉讼标的范围。原因在于《行政诉讼法》主要以解决立案难为急务，此外，呼声颇高的行政公益诉讼因受案标准不清晰，相关理论研究尚未成熟。[2]

然而，环境公益诉讼的直接目的就在于维护和促进环境公益。以维护和增进(环境)公益为目标的(环境)行政公益诉讼与现代行政的公益性特征具有高度契合性：一切背离公共利益目标的行政行为都欠缺正当性和合法性，理应受到司法追诉。[3] 虽然美国环境公民诉讼既可以诉民也可以诉官，但在美国司法判例实践中，非政府环保组织多是对环保行政机关的不作为或作为不当提起诉讼。[4] 当联邦行政机构未能依法颁布条例、回应请愿、批准方案、审查标准或采取法律规定的任何行动时，联邦行政程序法以及联邦环境保护法则会授权公民起诉联邦行政机构，以督促相关机构积极履行法定义务。[5] 例如，在哈德逊环境协会诉联邦电力委员会案[6]中，环境协会以“在位于哈德逊河上建水力发电站会影响哈

---

〔1〕 参见薛刚凌、杨欣：《论我国行政诉讼构造：“主观诉讼”抑或“客观诉讼”?》，载《行政法学研究》2013 年第 4 期。

〔2〕 参见应松年主编：《〈中华人民共和国行政诉讼法〉修改条文释义与点评》，人民法院出版社 2015 年版，第 22 页。

〔3〕 参见黄学贤、王太高：《行政公益诉讼研究》，中国政法大学出版社 2008 年版，第 14 页。

〔4〕 参见曹明德、王凤远：《美国和印度 ENGO 环境公益诉讼制度及其借鉴意义》，载《河北法学》2009 年第 9 期。

〔5〕 See Stephen M. Johnson, *Sue and Settle: Demonizing the Environmental Citizen Suit*, Seattle University Law Review, Vol. 37, p. 891 (2014).

〔6〕 See *Scenic Hudson Preservation Conference v. Federal Power*, 407 *U. S.* 926 (1972), Justia US Supreme Court (June 19, 1972), https://supreme.justia.com/cases/federal/us/407/926/case.html.

德逊高地的重大历史、文化、自然价值等”为诉由，要求联邦最高法院责令联邦电力委员会履行保护公众利益的职责。又如，在马萨诸塞州诉联邦环保局案[1]中，美国马萨诸塞州联合地方环保组织要求联邦最高法院责令联邦环保局为减缓全球气候变化出台更为严格的汽车尾气排放标准。法国环境团体行政诉讼针对的诉讼标的是国家在行政上的过失、不法行为、不作为或在环境污染监测、监管方面的严重疏忽以及违背法律法规的行政行为等。日本环境行政公益诉讼被称为民众之诉，针对的是国家或公共团体机关的违法不作为或作为不当。[2] 德国利他性环保团体诉讼的诉讼标的实际上包括国家管理的事实行为、行政行为和规范。前者主要包括以下几类行为：信息警告、公共设施引起的污染物排放（如消防车警笛噪声）、未经审批而建立或运营的公共设施以及其他事实行为。后者主要包括有威胁的行政行为（如对威胁森林生态效益的开垦行为进行许可）和有威胁的行政规范（包括建设规划和规章）。[3] 值得一提的是，德国的环境保护法律大多数由联邦政府颁布，当环保团体发现各州政府制定的环境保护政策有违反欧盟或联邦颁布的环境基本政策的嫌疑时，有权针对各州政府制定的不利于环境保护的法律向人民法院提起司法审查之诉。

从应然层面来看，环境损害具有不可逆转性和紧迫性特征，政府或环保行政机关一旦实施了损害或可能损害环境公益的行为，如为了发展经济牺牲环境而纵容超标排污行为或违法颁发许可证、制定不考虑环境因素的经济规划、下令毁林造田等，其后果远远严重于具体污染者或破坏者的环境违法行为所造成的环境损害。因此，政府或环保行政机关应避免实施法律上或事实上对环境公益造成污染或破坏的行为，以保障人类赖

---

〔1〕 See *Massachusetts v. EPA*, 549 *U. S.* 497 (2007), JUSTIA US Supreme Court (April 2, 2007), https://supreme.justia.com/cases/federal/us/549/497/.

〔2〕 参见颜运秋：《公益诉讼法律制度研究》，法律出版社2008年版，第44～45页。

〔3〕 参见［德］弗里德赫尔穆·胡芬：《行政诉讼法》（第5版），莫光华译，法律出版社2003年版，第295～300页。

以生存的最低环境品质。[1] 从维护环境公益和客观环境公共秩序、实现环境公共治理的角度而言,政府或环保行政机关违反国家环境保护义务、损害环境公益的不作为或作为不当(包括行政行为及事实行为)都应属于社会主体提起的环境行政公益诉讼的诉讼标的范围。

本章小结:社会主体提起的环境行政公益诉讼的概念和特征

我国环境公益诉讼类型多元并存。根据“起诉主体”和“诉讼程序”的双重标准,我国环境公益诉讼可划分为四种类型:公权力主体提起的环境民事公益诉讼、社会主体提起的环境民事公益诉讼、公权力主体提起的环境行政公益诉讼以及社会主体提起的环境行政公益诉讼。但从长远来看,我国环境公益诉讼最适当的诉讼类型应是社会主体提起的环境行政公益诉讼。在论证该观点的正当性和合理性之前,本章先对社会主体提起的环境行政公益诉讼的概念和特征予以界定。

本章在辩证地借鉴德国利他性环保团体诉讼及日本民众诉讼的环境行政公益诉讼的发展经验和制度规范的基础上,立足于我国现有的诉讼体系,界定我国应建立的社会主体提起的环境行政公益诉讼的概念和特征,为之后的理论论证和制度构建提供研究基点。

我国应建立的“社会主体提起的环境行政公益诉讼”是指法律规定的社会组织或公民,为维护和促进环境公益、实现环境共治,针对政府或环保行政机关实施的损害或有损环境公益之虞的行为(包括行政行为和事实行为),向法院提起的要求政府或环保行政机关依法履行具有可诉性的国家环境保护义务的客观行政诉讼。

社会主体提起的环境行政公益诉讼的诉讼性质属于环境行政诉讼中

---

[1] 参见陈慈阳:《环境法总论》(第 3 版),台北,元照出版有限公司 2012 年版,第 345 页。

的客观诉讼;诉讼目的为维护和促进环境公益;诉讼原告为社会组织或公民;诉讼被告为负有国家环境保护义务的政府或环保行政机关;诉讼标的为政府或环保行政机关违反国家环境保护义务的不作为或作为不当。

第三章　社会主体提起的环境行政公益诉讼最适当性论证

现阶段，我国环境公益诉讼类型多元并存。但从我国环境保护法治的长远发展来看，环境公益诉讼最适当的类型应为社会主体提起的环境行政公益诉讼。其应是我国环境公益诉讼发展的应然主流和方向，而其他类型的环境公益诉讼都只能在特定适用条件下发挥补充性功能。

第一节　何为最适当性

我国环境公益诉讼类型多元并存，公权力主体提起的环境民事公益诉讼、社会主体提起的环境民事公益诉讼、公权力主体提起的环境行政公益诉讼和社会主体提起的环境行政公益诉讼并行共存、并行互补。在我国环境问题短期爆发的现阶段，为应急性地缓解我国环境污染和生态破坏的环境危机，各类环境公益诉讼均在特定适用条件下发挥救济和维护环境公益的作用。但环境公益诉讼作为新兴的诉讼形态，迫于对现实需求的应急性回应，难免会存在理论论证不充分以及司法理性验证不足的弊端。在经历长期的司法实践后,应当理性地回归到环境保护法理和司法理性层面进行"冷思考",重新审视我国环境公益诉讼的类型,并选择最适当的诉讼类型作为我国环境公益诉讼发展的主流和方向。

环境公益诉讼本质上属于环境司法的范畴,在环境公益诉讼的发展和类型选择的过程中,应该以环境保护法理为基础,同时以司法理性标准作为衡量尺度和坐标,辨识环境公益诉讼类型的价值理性和司法理性。此外,司法制度是国家政治制度的重要组成部分,因"国"而异。中国的法治之路必须注重利用中国本土的资源。[1] 环境公益诉讼是实现环境保护法治的司法保障,我国环境公益诉讼的路径选择必须倚重我国的本土资源和实际情况。对国外行之有效的环境公益诉讼制度发展经验以及类型选择也只能辩证性地借鉴而不能直接移植。因此,在以环境保护法理和司法理性标准为坐标辨识环境公益诉讼类型的价值理性和司法理性的基础上,应当结合我国环境保护法治条件和本土化需求,选择对我国现有诉讼制度冲击最小、最能够体现和反映环境公益诉讼本质属性的环境公益诉讼类型。

任何既定的制度必然影响新的制度选择,限定它的方向。[2] 环境公益诉讼也不例外。我国环境公益诉讼司法实践的发展以公权力主体提起的环境民事公益诉讼为主线,其他诉讼类型互补并存,且现阶段国家力主的检察机关提起的环境行政公益诉讼也将在相当长一段时间内影响着我国环境公益诉讼的发展方向。但只有同时满足价值理性和司法理性的两个维度——环境保护法理基础和司法理性标准,并符合我国环境保护法治和本土化需求,才是最适当的环境公益诉讼类型。该类型才应成为我国环境公益诉讼发展的应然主流和方向,而其他类型的环境公益诉讼都只能在特定适用条件下发挥补充性功能。

---

〔1〕 参见苏力:《变法,法治建设及其本土资源》,载《中外法学》1995年第5期。

〔2〕 参见刘圣中:《历史制度主义:制度变迁的比较历史研究》,上海人民出版社2010年版,第8页。

第二节 最适当性选择维度之一:环境保护法理基础

环境公益诉讼作为新兴的环境诉讼形态,属于环境司法的基本范畴。环境公益诉讼的发展和类型选择首先需要满足环境保护法理维度。国家环境保护义务论源于政治学领域的国家义务论在环境保护领域的延伸,是构建环境保护法治国所应遵循的环境保护法理基础。环境公共治理理论源于政治学、管理学领域的公共治理理论在环境保护领域的拓展,是形成环境行政、公众参与和法院司法共治的生态法治合力的环境保护法理基石。将国家环境保护义务论和环境公共治理理论运用到环境司法领域,则可以为环境公益诉讼类型的选择提供正当性和合理性的环境保护法理基础。

一、国家环境保护义务论

国家环境保护义务论是国家义务论在环境保护领域的拓展和延伸,亦是构建环境保护法治国家所应遵循的环境保护法理基础。

(一)国家义务论

国家义务随着国家的产生而产生。国家在不同发展阶段肩负着不同的国家义务,国家义务的内涵、目的和基本类型也相应发生阶段性的变化。

1. 国家义务的起源和目的

追根溯源,国家义务源于古罗马、古希腊时的城邦国家,兴起于罗马法复兴时期,形成于《英国大宪章》时期,确立于17世纪英国资产阶级革命时期,并在近当代进一步发展。[1] 古希腊和古罗马城邦制社会是欧洲历史的起源,恩格斯早在《家庭、私有制和国家的起源》一书中描述了国家起源及国家的最初义务。他认为,国家是社会分裂为不可调和的对立面而需要的一种从社会中产生但又表面上能够凌驾于社会之上的力量,这

[1] 参见蒋银华:《国家义务论——以人权保障为视角》,中国政法大学出版社2012年版,第4页。

种力量就是国家,能够把冲突缓和在秩序范围之内。[1] 在国家萌芽之初,国家致力于缓和社会不可调和的冲突以及维持特殊的秩序。亚里士多德认为,人的本性决定了人类不能离开城邦而过独立的生活。然而,随着古希腊城邦制在公元前 4 世纪下半叶瓦解,个人与国家的关系开始变得疏远,人们所关注的是个人利益以及如何达到幸福的问题。在这个阶段,没有个人就没有国家、个人利益优先的“个人主义观”取代了“整体国家观”。伊壁鸠鲁(Epicurus)以“人生目的在于追究快乐”为起点,把国家建立在个人利益之上。这个阶段,国家义务的目的在于防止人们之间彼此侵害,保障个人安全和快乐生活。在罗马法复兴时期,随着自然法和古典自然权利意识的兴起,法治思想的萌生使国家义务发生了演变。马库斯·图留斯·西塞罗(Maruls Tullius Cicero)认为:“共和国属于人民大众所有。人民共同体是一个不仅基于共同的利益需要,而且首先基于共同的法律认识而联合形成的人的共同体。”[2] 西塞罗主张用国家法律来重新构建已经瓦解的罗马共和国,依据永恒的自然法来调整各阶层的关系。罗马学者们强调人的基本权利源于自然法、源于法律的正义。在该时期,国家义务的目的在于保障个人的自由权、生命权和财产权等体现正义的自然权利。古罗马帝国覆亡后,欧洲国家进入封建社会,教会权力在 13 世纪达到鼎盛时期。在国家起源问题上,托马斯·阿奎那(Thomas Aquinas)在亚里士多德主张的基础上,提出“人天然是社会或政治的动物”。[3] 他认为,人为了维护共同的幸福,需要公共控制机构,即国家来进行治理。法律和权力则是国家治理的基础。在该阶段,国家义务的目的在于为社会谋求共同的幸福、增进人民的福祉。17 世纪资产阶级革命

---

〔1〕 参见中共中央马克思恩格斯列宁斯大林著作编译局编:《马克思恩格斯选集》(第 4 卷),人民出版社 1972 年版,第 166 页。

〔2〕 [古罗马]西塞罗:《论共和国 论法律》,王焕生译,中国政法大学出版社 1997 年版,第 5 页。

〔3〕 参见[意]托马斯·阿奎那:《阿奎那政治著作选》,马清槐译,商务印书馆 1963 年版,第 44 页。

时期,启蒙思想运动强调天赋人权理论,人民主权原则、自由民主原则以及权力分立原则在该时期具有深厚的思想基础。每个人根据社会契约把其所追求自由的权利交给国家,使国家形成强大的权力,以保证和促进社会的公共福利。

近代以来,国家的义务发生了实质性变化,主要经历了四个阶段:(1)第一阶段为17世纪末的警察国家时期。17世纪末,欧洲大陆各国纷纷进行封建等级制度改革,为了强化国家权力,君主拥有全部、至上的权力,国家有权全面干预人民生活。霍布斯指出,国家是一个全能的“利维坦”。该时期国家义务的目的在于对社会进行全面的统治和干预,维护社会治安。(2)第二阶段为18世纪末、19世纪初的自由法治国时期。该时期,受到法国大革命的影响,理性自由主义思想兴起,极大冲击了君主专制制度,全能的警察国家被大大削弱。“管得最少的政府是最好的政府”是当时国家和人民信奉的信条。政府扮演消极“守夜人”的角色,最大限度尊重公民自由和基本权利,避免个人权利受到侵害。(3)第三阶段为20世纪的社会法治国家时期。自由放任的政策导致一系列社会问题的出现,人们开始不再满足于政府的消极不作为,而是要求政府积极采取措施解决社会问题,积极提供社会、经济、文化等方面的公共服务。随着社会发展的不断进步、人的需求不断提高、公共服务意识不断增强,该时期,国家义务逐步从以人权保障为中心向积极提供公共服务和社会福利转变。(4)第四阶段为21世纪以来的环境保护法治国家时期。长期以来,以牺牲环境为代价追求经济发展的经济增长方式致使环境问题集中爆发,生态环境承载能力不断接近极限。20世纪30年代,一系列环境公害事件爆发,公民的健康权和环境权受到严重侵害。区域环境问题开始向全球蔓延。20世纪末21世纪初,环境污染和生态破坏问题不断涌现,森林资源减少、水资源短缺、能源枯竭等全球性环境问题严重侵害着人类的生存权和发展权。可持续发展和环境保护的重要性在全球范围内得到普遍认可。人类开始关注环境公益问题,人类日益增长的对美好生活向往的诉求呼吁给付型政府承担积极提供环境公共服务以维护和促进环境公益的环境保护义务。

公民基本权利是指公民作为社会的一个成员所享有的与其基本生存和发展密切相关的权利。公民基本权利的充分保障和实现在一定程度上需要国家积极提供帮助,同时,为保障和实现公民基本权利而提供帮助正是国家的职责和义务所在。[1] 国家义务源于对公民基本权利的保障,并逐渐发展到保障社会公益领域。善政要求政府转变职能,成为一个"服务型政府"。与此相应,国家要积极提供更多的社会公共品,特别是在环境保护、生态平衡等领域,要通过提供更多的社会服务、承担更多的义务,来增进公共利益。[2]

2. 国家义务的概念和类型

国家义务源于对人权的保障,并逐渐发展到提供公共物品、保障社会公共利益领域。从国家履行国家义务的目的角度分析,国家义务是指国家为保障公民基本权利的实现、维护和促进客观法秩序以及公共利益所需要承担的基本职责。

在一个强调人民主权和人性尊严的现代法治民主国家,保障公民基本权利和维护公共利益已经不能仅满足于要求国家消极地不作为、不侵犯、不干预,而是转而要求国家积极作为以保障公民基本权利的实现并维护和促进公共利益。[3] 国家义务源于对人权的保障,进而发展到积极提供公共服务和维护公共利益。最初,国家义务的基本类型是根据人权保障的需求而划分的。人权法理论将人权公约下的国家义务划分为三个基本类型:(1)尊重的义务,此义务被视为"否定性"的义务,它要求国家不去妨碍个人行使权利或不为侵犯特定权利的行为。(2)保护的义务,此义

---

〔1〕 参见杨春福等:《自由·权利与法治:法治化进程中公民权利保障机制研究》,法律出版社2007年版,第279页。

〔2〕 参见俞可平:《善政:走向善治的关键》,载俞可平:《增量民主与善治》,社会科学文献出版社2005年版,第147~149页。

〔3〕 参见陈慈阳:《环境法总论》(第3版),台北,元照出版有限公司2012年版,第349~351页。

务是指保护个人的权利不受其他私人的侵害。(3)履行的义务,这种义务由两部分组成,一是国家有义务促进特定权利的实现,通过积极的行为增强人们获取资源和享有这种权利的能力;二是国家有义务提供某种东西。[1] 其中,国家在促进权利实现方面的义务可称为促进义务,国家在提供某种东西以满足权利的需求方面的义务可称为满足义务。由此,国家义务在保障人权实现方面存在四种基本类型,即尊重义务、保护义务、促进义务和满足义务。

国家不仅有义务保障公民基本权利的实现,还有义务维护和促进最基本的公共利益。在维护和促进公共利益领域,国家亦存在消极不作为的义务和积极作为的义务。对国家在维护公共利益领域方面的义务进行细分,同样包括尊重义务、保护义务、促进义务和满足义务。尊重义务旨在要求国家不得实施妨碍公共利益实现的行为,或不得为损害公共利益的行为。保护义务旨在要求国家采取措施和手段保障公共利益不受他人的侵害。满足义务旨在要求国家积极提供基本的公共产品或公共服务,以满足社会公众的基本需求。随着经济发展和生活水平的提高,社会公众对基本公共产品和公共服务的需求日益增加,此时,促进义务则旨在要求国家积极作为以促进公众对公共产品和服务日益增长的需求的实现。

(二)国家义务论在环境保护法中的运用——国家环境保护义务论

在环境保护法治国家,环境公共利益与经济、社会、文化、政治等方面的公共利益一样,具有同等重要的地位。国家在维护和促进基本环境公共利益方面负有不可推卸的义务,该义务即为国家环境保护义务。从法律文本来看,很多国家的宪法文本中普遍存在体现"国家环境保护义务"的环境基本国策条款。据不完全统计,已有超过105个国家在宪法中纳

---

[1] 参见国际人权法教程项目组编写:《国际人权法教程》(第1卷),中国政法大学出版社2002年版,第5~6页。转引自吴卫星:《环境权可司法性的法理与实证》,载《法律科学(西北政法学院学报)》2007年第6期。

入环境基本国策条款，明确国家在环境保护上的责任。[1]

1. 国家环境保护义务的概念和类型

国家环境保护义务是国家义务在环境保护领域的延伸，是指国家为保障公民环境权的实现、维护和促进环境公共利益所需要承担的职责。依照我国宪法和环境保护法律的相关规定，地方政府和负有环保监管职责的环保行政机关是国家维护环境公益的代表机关，有义务对环境质量负责。政府或环保行政机关是国家环境保护义务的主体，对应的权利主体为真正非排他性享有环境公益的不特定多数的社会公众。国家环境保护义务履行的目的在于维护环境公益和提供最基本的环境公共产品，最终保障公民环境权的实现。

相应地，国家环境保护义务可划分为尊重义务、保护义务、满足义务和促进义务。尊重义务属于消极的国家环境保护义务，旨在禁止政府或环保行政机关实施损害环境公益的违法行为。保护义务、满足义务以及促进义务属于积极给付义务，要求政府或环保行政机关积极履行职责，管制环境违法行为或提供环境公共产品和公共服务。为避免地方政府或环保行政机关因地方保护主义而过度纵容大型高污染高耗能企业甚至出现“政企合谋”现象、造成环境污染或生态破坏却无人治理的后果，应从立法层面规定强制性国家环境保护义务和满足义务。保护义务是指政府或环保行政机关必须积极采取环境管制或行政处罚措施，避免第三人的违法行为对环境公益造成侵害。满足义务是指在区域环境质量不达标或法定环境保护目标未达成时，地方政府有及时积极采取措施治理和修复受损的生态功能、确保法定环保目标实现的义务，由此产生的费用可依据“损害者担责”原则向具体的污染者或破坏者追偿，确保受损的环境能够得到及时有效地治理和修复。环境公益具有公共物品属性，且与每位公民的生存和发展密切相关。由于公民环境权所指向的环境品质是为不特定多

[1] 参见蔡守秋：《从环境权到国家环境保护义务和环境公益诉讼》，载《现代法学》2013 年第 6 期。

数公民(社会公众)所共同享有的最低限度的环境公益,而随着经济、社会、文化等领域不同程度的发展,社会公众在不同阶段对环境品质的需求亦产生相应的变化。当社会整体的基本环境品质需求同步提高时,国家有义务通过促进和制定更高层次的环境标准体系或环境质量指标来保障基本环境品质和满足社会日益增长的环境质量需求。在公共选择理念指导下,政府或环保行政机关只有通过履行国家环境保护促进义务才能不断满足人类日益增长的基本环境品质的需求,促进环境公益,从而推动公民环境权向第三代人权发展。

2. 履行国家环境保护义务的正当性和必要性

美国心理学家亚伯拉罕·马斯洛(Abraham H. Maslow)提出人类动机理论,认为人类基本需求的层次从低到高分为生理需求、安全需求、爱和归属需求、自尊需求和自我实现的需求五个层次。[1] 当更高层次的需求得不到满足时,人类会返回下一层次的需求。随着环境问题日益严峻,环境危机已开始威胁人类基本的生存安全和发展,保障基本生存安全和发展的最低限度的环境品质逐渐成为人类共同的需求,环境权被作为第三代人权得到国际认可。

人权是人作为人所应享有的权利。公民环境权具有人权属性,是对“人的存在”和“人的发展”的最基本的保障,以人的主体身份的获得为取得条件。[2] 诺贝尔奖获得者、著名法学家雷诺·卡辛曾于20世纪70年代向海牙研究院提交报告,呼吁将人权扩展至环境权,以保证人类有免受污染和在清洁的空气和水中生存和发展的权利。[3] 吕忠梅提出,“公民环境权具有作为人权的本质属性”[4]。我国人权研究专家徐显明也将环

---

〔1〕 参见[美]亚伯拉罕·马斯洛:《动机与人格》(第3版),许金声等译,中国人民大学出版社2007年版,第18~29页。

〔2〕 参见王蓉:《环境法总论:社会法与公法共治》,法律出版社2010年版,第253页。

〔3〕 参见曹凤中、刘伟生、徐云:《环保风暴的理性回归》,中国环境科学出版社2011年版,第93页。

〔4〕 吕忠梅:《论公民环境权》,载《法学研究》1995年第6期。

境权视为我国现阶段宪法应固定化的十种基本人权之一。〔1〕此外，公民环境权作为一项基本的人权已经得到了大量国际文件和国家法律的认可。如《斯德哥尔摩人类环境宣言》原则一指出："人类有权在一种能够过尊严的和福利的生活环境中，享有自由、平等和充足的生活条件的基本权利，并且富有保证和改善这一代和世世代代的环境的庄严责任。"美国《国家环境政策法》(1969年)规定："每个人都可以享受健康的环境，同时每个人也有责任参与对环境的改善与保护。"《法国环境保护法典》(1998年)规定："每位公民均有权拥有一个有益于健康的良好环境，并且由他们确保城市和乡村地区间的平衡与协调发展。"〔2〕《土耳其宪法》规定："每个人都有在健康和谐的环境中生活的权利。"〔3〕《韩国宪法》(1980年)规定："所有公民都有在健康而舒适的环境中生活的权利。"

环境品质是环境满足人们不断增长的生存和发展需求的程度。公民环境权具有最低限度、均质性、共享性的特征，即社会每个公民均能够真实享有的、为满足其生存和发展所需的最低限度、无差别的环境品质的权利，而非充分满足每个公民不同层级的环境利益的需求的权利。

有权利就要有救济。权利救济包括根据权利进行救济和对权利进行救济两个方面。〔4〕前者是以权利为逻辑起点进行的救济，后者则为了实现权利而实施的救济。然而，现阶段，公民环境权具有抽象性、应然性特征，如果以抽象的公民环境权为逻辑起点进行权能属性的设置，则容易因公民环境权的抽象性而将救济制度架空。公民环境权救济的实质应是"义务的监督履行"而并非"利益的直接救济"。〔5〕履行环境义务比主张

---

〔1〕参见徐显明：《应以宪法固定化的十种权利》，载《领导决策信息》2002年第11期。

〔2〕赵国青主编，中新环境管理咨询有限公司编译：《外国环境法选编》(第1辑·上册)，中国政法大学出版社2000年版，第6页。

〔3〕蔡守秋主编：《环境资源法学教程》，武汉大学出版社2000年版，第234~235页。

〔4〕参见王蓉：《环境法总论：社会法与公法共治》，法律出版社2010年版，第119页。

〔5〕参见王蓉：《环境法总论：社会法与公法共治》，法律出版社2010年版，第416页。

环境权利更有利于实现环境保护的目标。[1] 环境义务首先或主要应指国家环境保护义务。公民环境权是国家环境保护义务的正当性来源,而履行具体明确的国家环境保护义务更有利于实现公民环境权。任何一项基本人权的充分实现都有赖于国家多重义务的履行。[2] 作为一项基本人权的公民环境权,其实现和保障依赖国家在环境保护领域消极义务和积极义务的履行。国家环境保护义务是为保障公民环境权的实现而由国家承担的、提供最低限度环境公共产品和满足公民日益增长的环境品质需求的义务。国家作为提供环境公共产品的最佳和最有效的主体,其国家环境保护义务的履行程度直接关系公民环境权能否客观、有效地实现。

在环境保护领域,国家除负有保障公民环境权实现的义务外,还负有维护和促进环境公益的义务。环境作为基本公共产品,主要依靠政府和环保行政机关来保障和提供。"公共利益是行政权的逻辑起点和价值归宿"[3],政府或环保行政机关一切行政行为应以维护和增加公共利益为核心。政府和环保行政机关的职责是依法行政,目的在于保护环境公共利益或提供环境公共服务和公共产品。在与环境保护事业相关的各类主体中,政府和环保行政机关是唯一的、法定的环境公益的第一保护者、环境管制者、管理者和责任者。防止环境污染和生态破坏、改善所辖区域内的环境质量是地方政府及其环保行政机关的职责所在。只有环保行政机关才具有通过科学的综合规划和专项规划等技术手段预防环境问题的产生的权威、职责和专业能力。[4]

早期环境污染、破坏行为对环境造成的损害仍处在环境承载能力和自净能力范围内,政府或环保行政机关对环境污染者或破坏者进行积极

---

〔1〕 参见徐祥民:《告别传统,厚筑环境义务之堤》,载《郑州大学学报(哲学社会科学版)》2002 年第 2 期。

〔2〕 See Henry Shue, *Basic Rights: Subsistence, Affluence and U. S. Foreign Policy*, Princeton University Press, 1980, p. 52 – 53.

〔3〕 杨建顺:《公共利益辨析与行政法政策学》,载《浙江学刊》2005 年第 1 期。

〔4〕 参见王曦:《论环境公益诉讼制度的立法顺序》,载《清华法学》2016 年第 6 期。

管制，仍可在一定程度上使环境品质控制在环境质量标准范围内，政府或环保行政机关的国家环境保护义务主要停留在不得从事违法环境损害行为的尊重义务和积极管制环境违法者的保护义务层面，以避免损害环境公益。随着环境危机的日益凸显，消极的尊重义务和低层次的积极保护义务已不能满足人类对环境品质最低限度的需求，政府或环保行政机关需要通过积极履行满足义务和促进义务来提供基本的环境公共产品和公共服务。环境公共产品和公共服务具有的供给普遍性的特征决定了提供者主要是政府和环保行政机关，且政府和环保行政机关天然具有维护和促进公共利益的职能和优势。因此，充分发挥政府和环保行政机关在维护和促进环境公益方面的职能和优势，通过履行国家环境保护义务来持续地、主动地维护和促进环境品质的提升，具有正当性和必要性。

正如2011年12月20日时任国务院副总理李克强在第七次全国环境保护大会上指出的，“基本的环境质量是一种公共产品，是政府必须确保的公共服务”[1]。在环境保护法治国家，国家环境保护义务不仅要求国家消极地不侵犯环境公益，而且必须积极地提供公共服务以保护、满足社会公众最低限度的环境品质需求，主动促进环境品质的提升，为社会公众谋求环境福利。

地方政府和环保行政机关应当成为社会主体提起环境行政公益诉讼的重要监督对象。其一，政府是法定的环境公益监管者，承担着法定的保护和救济环境公益的法定职责和义务，并被法律赋予保护和救济环境公益的权威。如《环境保护法》明确规定县级以上地方人民政府应当对所辖区域内的环境质量负责。其二，地方政府或环保行政机关也可能并往往由于决策失误或不当行政而导致环境问题的产生。而由此引发的环境问题往往影响范围更大、影响时间更长，带来的后果更为严重且难以逆转。其三，地方政府和环保行政机关拥有其他主体所难以具备的处理环境问

---

〔1〕 马原：《以环境保护优化经济增长 促进转型发展 提升生活质量》，载《人民日报》2011年12月21日，第1版。

题所需的专业知识、技术资源和财政能力。其四,地方政府和环保行政机关的保护和管理更具有全面性、规范性、统一性和稳定性的特点。其五,监督地方政府和环保行政机关的成本往往比监督单个企业的成本要低。因此,根据经济学等相关原理,在环境公益诉讼领域,社会主体监督的首要对象应当是地方政府和环保行政机关。从长远来看,立法应授权社会主体借助司法提起环境行政公益诉讼以监督地方政府及其环保行政机关积极履行国家环境保护义务,进而通过环境行政管制的方式督促企业遵守环境保护法,实现生态环境共治的目标。由此可见,相比授权法律规定的社会组织提起环境民事公益诉讼而言,授权社会主体提起环境行政公益诉讼以有效地监督政府和环保行政机关依法履行环保监管职责,更为亟须且必要。

二、环境公共治理理论

环境公共治理理论是构建环境保护法治国家的客观需求,是促使社会权力和环境行政权力形成协同合作的生态环境合力的环境保护法理基础。

(一)环境公共治理理论的形成和演变

环境公共治理理论是公共治理理论在环境保护领域的拓展和延伸,公共治理理论的源起和发展为环境公共治理理论的发展奠定基础。

1. 公共治理理论的形成和发展

在市场经济体制下,经营者偏向追求私利,在提供公共产品方面存在内在缺陷,难以实现资源的有效配置,单纯地依赖市场机制容易出现市场失灵。同样,在计划经济体制下,完全依赖政府通过计划和管控等手段配置资源,易因信息不对称等方面的内在缺陷而出现政府失灵,难以实现资源最优化配置。于是越来越多的学者热衷于用“公共治理理论”应对和矫正市场失灵和政府失灵问题,强调引入社会力量参与多元治理和制衡。世界银行报告《撒哈拉以南非洲:从危机到可持续发展》于 1989 年首次使用“治理危机”一词来描述当时非洲的情形。“治理”一词在西方国家已被作为日常用语使用了数百年,指在特定范围内行使权威。[1] 随后,"治理"被广泛应用于政治学领域研究。

善治是公共治理发展的理想状态。善治实质上是国家将部分权力回归社会,实现国家与公民之间积极而有成效的合作。就理论上而言,权力并非专属于国家和其他公共机构,权力同样可以由俱乐部、协会、集团等社会组织甚至公民个人所拥有和行使。[2] 国家权力和社会权力并非决然对立。社会权力是约束与制衡国家权力的一种独立的社会力量,在一定条件下甚至是决定性的基本力量。同时,社会权力也是与国家权力协同合作以维护公共利益实现的重要力量。人民社会是实现善治的现实基础,法治是实现善治的基本要素。

公共治理理论和善治理论自20世纪90年代以来便在西方国家政治学、社会管理等领域得以发展,其中很大的现实原因在于公民社会在西方国家的兴起和日益壮大。现代法治国家从统治阶段迈向治理阶段,不仅源于对政府和市场双重失灵的矫正,更是源于公民社会主体化、多元化、民主化发展的需求。而在我国,改革开放以前,虽然存在名义上的人民团体或社会组织,如工会、共青团等,但这些人民团体和社会组织在严格意义上属于各级党政机关的附属机构,且其经费基本上源于国家财政拨款,并无独立性可言。党的十一届三中全会后,我国在经济体制和政治体制领域开始实行改革政策,推行社会主义市场经济,出现多种所有制并存的合法模式,相对独立的民间组织在数量和种类上开始增长,它们的经费也逐步自筹解决。20世纪90年代后,我国学术界掀起"市民社会"或"人民社会"的研讨热潮,使人民社会的观念在学术界取得了合法性。1998年6月,民政部正式将原来主管社会团体的"社团管理司"更名成"民间组织管理局",表明民间组织

---

〔1〕 参见[法]辛西娅·休伊特·德·阿尔坎塔拉:《"治理"概念的运用与滥用》,载《国际社会科学杂志(中文版)》1999年第1期。转引自俞可平主编:《治理与善治》,社会科学文献出版社2000年版,第16页。

〔2〕 参见[美]史蒂文·卢克斯:《权力:一种激进的观点》,彭斌译,江苏人民出版社2008年版,第64页。

自此取得了官方的认可。[1] 根据《社会团体登记管理条例》(2016 年)的相关规定,社会团体的成立、变更、注销均需接受登记管理机关或业务主管单位的监督管理。在现实中,甚至有的社会组织由政府设立或由退位后的政府官员担任主要领导,有些重要的非政府组织仍然依赖政府财政拨款获得活动经费。现阶段我国人民社会仍未真正形成。国家与社会之间的关系仍处于从管制阶段向治理阶段迈进的过渡期。

2. 公共治理理论的概念

"治理"(governance)源于古典拉丁语和古希腊语中"操舵"一词,原意是控制、引导和操纵。在过去很长一段时间内,该词语更多是在国家公共事务管理活动和政治活动中使用。20 世纪 90 年代以来,西方政治学家和政治社会学家对"治理"作出了新的界定。"治理"一词开始从政治学领域被广泛运用到社会经济学领域。库伊曼和范·弗利埃特认为:"治理的概念是,它所要创造的结构或秩序不能由外部强加;它之发挥作用,是要依靠多种进行统治的以及互相发生影响的行动者的互动。"[2] 罗西瑙认为:"治理指的是一种由共同的目标支持的活动,这些管理活动的主体未必是政府,也无须依靠国家的强制力量来实现。"[3] 全球治理委员会在 1995 年发表的研究报告《我们的全球伙伴关系》中对"治理"进行了权威界定:治理是指各种公共的、私人个人的或私人机构用来管理他们共同事务的诸多方式的总称。它是一个使相互矛盾或各异的利益得以协调并合作的持续的过程。[4] 陈广胜对国内外治理和善治的概念进行梳理后提出:"治理的本意是服务。从根本上说,政府治理的出发点是让公众享有更充分的公共

---

[1] 参见俞可平主编:《治理与善治》,社会科学文献出版社 2000 年版,第 334 页。

[2] [美]库伊曼、范·弗利埃特:《治理与公共管理》,载[美]库伊曼等:《管理公共组织》,等萨吉出版公司 1993 年版。转引自俞可平主编:《治理与善治》,社会科学文献出版社 2000 年版,第 3 页。

[3] [美]詹姆斯·N. 罗西瑙主编:《没有政府的治理》,张胜军、刘小林等译,江西人民出版社 2001 年版,第 5 页。

[4] See The Commission on Global Governance, *Our Global Neighborhood: The Report of the Commission on Global Governance*, 1st Edition, Oxford University Press, 1995, p. 2.

物品和服务,享有更高满意度的公共管理,从而实现社会公共福利的最大化。"[1]总体来说,治理是各种公主体或私主体运用权威或资源对共同的公共事务和公共服务进行决策、管理以及施加影响力,最大限度地增进社会公共利益的各种方式的总和。

在现代民主社会,公民把一部分权力通过代议制的形式委托给经民主选举产生的政府或环保行政机关行使,权力的行使者理应对公民负责。但在权力行使过程中,作为权力代表者的政府或环保行政机关并不总能满足公民的根本利益。吉登斯曾指出,国家和公民的社会应当开展合作,分别充当对方的协作者和监督者。[2] 在当代社会中,国家与社会不是对立关系,更多的是一种合作互赢的关系,社会力量通过社会组织的形式将分散的力量有序地进行整合,通过与国家权力合作而参与到国家政策的制定和实施中,同时,国家权力也因立足于社会共识和诉求的基础而获得稳定的合法性来源。随着人民社会的产生,公民自发地把一部分权力赋予经组织化形成的社会力量,由其作为人民社会合意的代表。这部分社会力量实质上是部分国家权力向社会的回归,外生于国家权力之外,形成独立的社会权力。社会权力与国家权力在法秩序范畴内进行良性互动和多元制衡,基于维护共同的社会公共利益的目标实现多元共治。

3. 公共治理理论在环境保护领域的延伸——环境公共治理理论

由于市场自身具有缺陷,导致作为具有非排他性、非竞争性属性的环境公共物品难以通过市场机制得以有效配置和良好供给,在环境公共物品供给领域造成的市场失灵,需要政府适度干预予以矫正,以避免市场自身调节所难以遏制的环境污染者或破坏者因污染环境、滥用环境资源、破坏生态而带来的外部不经济性问题。然而,政府不可能全面掌握环境信息以有效配置环境资源,此外,政府作为理性经济人,在经济自利性因素

---

〔1〕 陈广胜:《走向善治——中国地方政府的模式创新》,浙江大学出版社 2007 年版,第 101 页。

〔2〕 参见[英]安东尼·吉登斯:《第三条道路:社会民主主义的复兴》,郑戈译,北京大学出版社、生活·读书·新知三联书店 2000 年版,第 83 页。

引导下,容易以牺牲环境为代价追求经济的高速增长。信息不对称以及以经济 GDP〔1〕为导向等因素导致政府在环境公共服务领域出现政府失灵。市场失灵和政府失灵的现象在环境保护领域依然存在。在政府调整机制和市场调整机制均出现失灵时,则需要引入社会调整机制予以补充和矫正。公共治理理论是为了克服和矫正政府和市场在提供公共产品或公共服务方面存在的失灵问题应运而生的,环境公共治理理论则是公共治理理论在环境保护领域的延伸。

国家与社会共治是通向善治的必要途径。在环境保护领域也不例外。"环境保护行政因牵涉广泛的利益冲突以及频频决策于未知之中,在性质上必须借公共参与来增强其决策的正当性。"〔2〕只有让社会力量融入环境公共治理领域,使国家权力与社会权力通力合作,才能实现生态环境共治。1972 年斯德哥尔摩环境会议召开,环境问题开始引起全球的关注。环境公共治理理念随着公共治理理念在西方发达国家政治、社会管理领域兴起而逐步形成并发展。很多国家在为经济现代化带来的环境恶果付出惨痛代价后,开始制定综合性环境立法并全面实行严格的环境管理制度。国际与社会合作共治的环境公共治理模式初步形成。1992 年《里约宣言》第 10 条为公众参与环境事务的管理提供了权利基础。1998 年《奥胡斯公约》进一步明确在环境保护领域,公众有权诉诸司法。这意味着公众有权通过司法救济途径参与环境公共治理。

在我国,计划经济时期,政府在环境保护领域采行自上而下的全方位管理理念,政府通过制定政策、发布命令等方式对环境公共事务实施单一向度的管理。改革开放初期,我国把环境保护作为一项基本国策,但环境保护政策仍受到管理理念的限制,环境行政管理体制呈现政府单轨制运行的特征,从管理体制到环境立法都单方面赋予政府或环保行政机关环境行政执法的权力,严重忽视了社会组织和公民个人在环境治理中

〔1〕 国内生产总值。

〔2〕 叶俊荣:《环境政策与法律》,中国政法大学出版社 2003 年版,第 190 页。

扮演的重要角色。当国家环境权力的行使缺乏有效监督时,其正当性和合目的性则会受到质疑和挑战。因环境问题具有高科技、高风险以及影响广泛特点,故在环境利益层面形成的公共共识和政策选择必须纳入公众参与程序。[1] 在形成环境政策过程中,应加强国家与社会公众之间的沟通与协商,使环境行政决策更具科学性和正当性。只有将社会力量纳入行政决策和行政管制进程中,才能防止政府失灵,避免政府和环保行政机关利用环境行政权力实现非理性的环境管制目的。

在我国尚未形成真正意义上的人民社会的现阶段,公民个人直接监督国家环境行政权力,而所实现的环境公益由社会共享,则会出现"搭便车"的现象,使公民个人缺乏内在地、自发地成为"勇敢者或好事者"的冲动。具有个体性、分散性特征的公民环境权利难以有效弥补国家环境行政权力的不足,克服政府环境保护失灵,并实现环境保护领域的环境公共治理目标。由组织化、规模化的社会主体代表公民行使社会环境权力,则可降低行使权力的成本,且能够与国家环境行政权力协同合作。社会环境权力不是源于国家的授权,而是公民环境权的派生性权力,源于所有公民基于最低限度环境品质的共同需求所形成的社会合意。正如哈贝马斯指出的,合意可以作为主体间真实性和正当性的判断标准,且通过合意达成共识,将最终推动社会的进步。[2] 社会环境权力因代表和维护环境公益而产生,并不附属于国家环境行政权力,而是与国家环境行政权力在价值属性上处于平等地位。社会和国家在共同维护和增进环境公益、保障公民环境权方面具有共同的价值目标,使社会环境权力和国家环境行政权力相互合作,形成环境共治合力成为现实可能和必要。拟制社会环境权力并不是为了阻碍国家环境行政权力的行使。社会环境权力和国家环境行政权力之间更多的是一种合作共赢关系,而非对抗关系。社会环境

---

〔1〕 叶俊荣:《环境政策与法律》,中国政法大学出版社 2003 年版,第 30 ~ 31 页。

〔2〕 参见[德]尤尔根·哈贝马斯:《重建历史唯物主义》,郭官义译,社会科学文献出版社 2000 年版,第 14 页。

权力参与环境公共治理是国家保障公民环境权的内在需求,也是确保国家环境行政权力合目的性行使的制度保障。由社会环境权力代替公民环境权利体现了我国现阶段组织化权力发展的现实需求,而随着我国人民社会的逐步形成和发展,从长远来看,组织化权力向个体化权力演进将成为我国迈向人民社会的发展趋势。公众参与环境公共治理的广度和深度将决定我国生态文明建设和可持续发展目标实现的进度。

(二)环境公共治理理论在环境保护法中的应用

公共治理理论最初主要被运用在政治学、管理学等领域,近年来被进一步运用到环境保护法学领域,形成环境公共治理理论。理解环境公共治理理论的概念是合理运用该理论的前提条件。公众有效参与国家环境治理、形成环境共治合力,成为环境保护法治国家的发展趋势。

1. 环境公共治理理论的概念

环境公共治理是国家公共治理的一个重要组成部分,与经济治理、政治治理以及社会治理一样,是建设生态文明和构建法治国家的客观要求。

有学者认为,环境公共治理是广泛的公众参与和开放的公共管理相结合的一种上下互动的管理过程。[1] 环境公共治理强调的是如何通过公众参与公共管理有效执行环境政策和法律。

有学者提出:“环境公共治理倡导社会不同利益相关者、环境保护团体以及社会公众在民主参与、民主协商的基础上达成环境与资源开发、利用和保护的社会共识,并通过采取合理的政策与法律解决方案以及社会集体行动,达到环境与资源开发、利用和保护的社会目标。”[2] 同时,他认为,环境公共治理推动着环境保护从行政管制模式朝着开放性、参与性、协商性、合作性和包容性的社会公共治理模式转型。[3]

---

〔1〕 参见罗豪才等:《软法与公共治理》,北京大学出版社2006年版,第21页。

〔2〕 柯坚:《环境法的生态实践理性原理》,中国社会科学出版社2012年版,第144页。

〔3〕 参见柯坚:《环境行政管制困局的立法破解——以新修订的〈环境保护法〉为中心的解读》,载《西南民族大学学报(人文社会科学版)》2015年第5期。

总体来说，环境公共治理是各种环境行政权力主体和社会主体在互动合作的基础上，对在环境保护、资源开发利用领域中共同的环境公共事务和环境公共服务进行决策和管理，以达到最大限度地增进环境公共利益目标的公共治理方式。环境公共治理强调环境行政权力主体与社会主体通过多种方式进行互动合作，强调公众的参与性、渠道的多元性以及合作的有效性。

2. 实现环境公共治理的正当性和必要性

世界各国尤其是经济发达的西方国家，在现代化进程中都出现不同程度的环境恶化，也为此付出过沉重的代价。西方国家的经验表明，在环境保护法治发展历程中，单一的政府环境管制模式已难以顺应现代法治国家发展的趋势。“命令—控制”的单向模式逐步让位于“合作伙伴关系”的环境公共治理模式。[1] 在环境公共治理领域，国家权力与社会权力协同合作的进程比在其他领域表现得更为迫切。[2] 实施环境公共治理和提供环境公共服务已然成为现代法治政府应具备的两项基本职能。实现社会环境权力与国家环境行政权力之间的互动，进而形成二者在公共秩序的维护和运行方面的“耦合支撑关系”是社会与国家之间互信与合作的必要基础。[3] 建立环境保护的多维政策及法律机制，推动环境保护的公共治理和广泛的社会合作，调动广大社会公众参与环境保护的积极性，聚合各种社会资源和社会力量，共同应对和解决环境问题，已成为很多国家和地区的政策和法律选择。[4]

我国经历了改革开放 40 多年的发展，社会经济持续高速发展，公众

---

〔1〕 参见肖晓春、蔡守秋：《论民间环保组织在环境法治建设中的作用》，载《求索》2009 年第 4 期。

〔2〕 参见黄娜：《环保非政府组织参与环境司法的现状研究》，载《中国环境法治》2014 年第 2 期。

〔3〕 参见［美］朱莉·费希尔：《NGO 与第三世界的政治发展》，邓国胜、赵秀梅译，社会科学文献出版社 2002 年版，第 198 页。

〔4〕 柯坚：《环境法的生态实践理性原理》，中国社会科学出版社 2012 年版，第 140 页。

的社会福利亦持续发展和完善,整体迈入了“小康”阶段,并迅速发展成为世界上主要的政治大国和经济大国。然而,因我国面临纷繁复杂的地理环境以及变幻莫测的社会矛盾,环境保护相关的法律法规尚不健全,地方保护主义盛行,环境执法阻力重重,导致我国在现代化进程中,也不可避免地要为经济的高速增长所带来的环境恶果付出沉重的代价。环境问题是影响我国未来生态文明建设的重大挑战。我国环境污染和生态破坏的程度越来越大,多元化、复杂化的生态环境问题层出不穷。人类赖以生存和发展的环境资源,如大气、水、土壤、湿地、草原等不断遭受破坏,国家治理和社会治理过程中凸显的新型环境问题不断涌现。然而,我国环境保护法治实践经验显示,在很多情况下,过分依赖环境行政管制是低效的,甚至是失效的。因此,保护生态环境,保障公众环境权益,维护环境公共利益,实现环境公共治理,不仅需要政府和环保行政机关依法履行环保职责,更需要社会主体的广泛参与。1994 年 3 月 25 日,我国国务院第十六次常务会议审议通过的《中国 21 世纪议程》明确指出“公众、团体和组织的参与方式和参与程度,将决定可持续发展目标实现的进程”。2013 年 11 月 12 日党的十八届三中全会通过的《中共中央关于全面深化改革若干重大问题的决定》明确呼吁应“加快生态文明制度建设”“改进社会治理方式,发挥政府主导作用,鼓励和支持社会各方面参与,实现政府治理和社会自我调节、居民自治良性互动”。党的十八届三中全会也明确提出要激发我国社会组织的活力。这表明我国已为社会权力介入环境公共治理提供了政策支持和保障。“十三五”规划将生态文明建设摆到重要位置,而“推进生态文明建设必须实现生态治理现代化”。要实现生态治理现代化,除提升生态治理能力外,更重要的是要矫正不适当的经济发展模式、形成环境公共治理政策。“创新环境治理理念和方式,形成政府、公众共治的环境治理体系”是我国环境公共治理改革的重要方向。

2014 年修订的《环境保护法》首次将“公众参与”确立为我国环境保护法基本原则,且《环境保护法》第 6 条第 1 款规定“一切单位和个人都有保护环境的义务”。这意味着社会公众有权通过一定的程序或途径参与一切与公众环境权益相关的开发决策等活动，并有权获得相应的法律保护和救济，以防止决策的盲目性、并使该项决策符合广大公众的切身利益和需要。[1]

固然，培育和扶持社会主体的发展以及健全和完善相关的立法任重道远，难以立竿见影。现阶段我国建立社会主体主导的环境行政公益诉讼，确实不可避免地要面临因社会主体活力不足、能力有限而导致制度效果难以令人满意的窘境。即便如此，公众借助司法监督环境行政权推动环境公共治理进程仍然是我国完善国家治理体系和治理能力现代化的重要发展方向。习近平总书记在党的十九大报告中也明确指出，到2035年，“现代社会治理格局基本形成，社会充满活力又和谐有序”“打造共建共治共享的社会治理格局”。2020年，中共中央办公厅、国务院办公厅印发了《关于构建现代环境治理体系的指导意见》，指出要动员社会公众共同参与环境治理，并将“坚持多方共治”作为一条基本原则，强化社会监督。在这样的社会背景下，应展望未来，充分发挥社会组织在社会治理中的优势，拓展社会主体提起环境行政公益诉讼的制度空间。全国人大常委会赋予检察机关提起环境行政公益诉讼的垄断资格，虽在一定程度上有助于加强检察权对环境行政权的制衡，但环境行政公益诉讼在本质上是公众借助司法参与环境公共治理的一种理性互动形式，是监督政府和环保行政机关依法履职维护环境公共利益的一种有力手段。因此，在认可现阶段我国检察机关提起环境行政公益诉讼具有现实合理性的同时，仍需不断重视创设社会主体提起环境行政公益诉讼制度的正当性和必要性，以实现环境公共治理的目标。

第三节　最适当性选择维度之二：司法理性标准

正如有学者对我国司法改革历程进行梳理后发现的那样，现阶段我

---

〔1〕 汪劲：《环境法学》（第2版），北京大学出版社2011年版，第106～107页。

国的司法改革在探索中行进，实质上处于无法可依的状态。[1] 在缺乏明确法律依据的情况下，以司法原则或司法理念作为司法理性标准，能够为我国司法改革把握方向，为司法制度的构建提供支撑。

有学者认为，“司法理念是指导司法制度设计和司法实践运作的理论基础和主导的价值观”。现代司法理念应具备司法民主性、司法中立性、司法公开性、司法慎重性、司法权威性、司法效率性、司法统一性、司法成本性等普遍性特征。[2]

有学者认为，司法理念是指导司法权科学行使的原理和价值观。社会主义司法理念应包含“司法公正、司法效率、司法民主、司法中立、司法公开、程序正义、司法专业化”等普适性价值。[3]

有学者认为，在强调司法中立、司法民主、司法被动、司法公正、司法权威、司法终局等司法理念的同时，要考虑司法各种性质之间的辩证关系，即司法理念要追求中立性和政治性、平等性和人民性、专业性和民主性、合法性和合目的性、被动性和能动性、公正性和可接受性、权威性和和谐性、终局性和合理性的辩证统一。[4]

从学者们的分析可以发现，现代司法理念逐步具有趋同化和普适性特征，司法中立、司法公正、司法民主、司法效率以及司法谦抑应成为我国司法机关在司法活动中所遵循的司法理性判断标准。

在环境保护法学领域，环境诉讼包括传统的环境私益诉讼（以保障合法权益为目的的环境民事诉讼和环境行政诉讼）、环境刑事诉讼（以惩罚环境犯罪、保护人民为目的的刑事诉讼）以及新兴的环境公益诉讼（以维护环境公益和客观环境保护法秩序为直接目的的环境民事公益诉讼和环

---

〔1〕 参见江国华、周海源：《〈司法基本法〉与中国司法改革》，载《哈尔滨工业大学学报（社会科学版）》2014 年第 1 期。

〔2〕 参见王申：《理念、法的理念——论司法理念的普遍性》，载《法学评论》2005 年第 4 期。

〔3〕 参见严励：《建构社会主义司法理念初论》，载《法学》2006 年第 7 期。

〔4〕 参见江必新：《司法理念的辩证思考》，载《法学》2011 年第 1 期。

境行政公益诉讼)。作为环境司法的组成部分,环境公益诉讼应当遵循环境司法所固有的司法理念和总体逻辑,即环境公益诉讼也应以司法中立、司法公正、司法民主、司法效率、司法谦抑作为司法理性判断标准。

一、司法中立

一般认为,国家权力包括立法权力、行政权力和司法权力。从广义上而言,我国司法机关包括法院、检察院以及从事刑事侦查的公安机关,相应地,我国司法权力包括审判权、检察权以及侦查权。[1] 从狭义上而言,司法权仅指审判权。例如,在强调"权力分立和制衡"的西方国家,司法等同于审判,司法权等同于审判权。[2] 在西方语境下,孟德斯鸠指出:"如果司法权同行政权合二为一,法官便将握有压迫者的力量。"[3] 由此可见,如果审判权为行政权服务,司法中立便成为空谈,司法权威将难以树立。司法中立是现代法治国家普遍认可的司法理性判断标准,也是司法规律的客观要求。

一切司法改革都必须有助于司法中立,法院审判只服从于法律。[4] 在我国诉讼审判领域,法院根据宪法和法律授权,独立行使审判权,其目的在于维护司法权威和实现司法公正。司法中立要求在整个诉讼活动中,理顺司法机关与党政机关、权力机关以及环保行政机关之间的关系,法院应秉持独立行使审判权的原则,不受其他机关、个人和团体的干预。法院必须在双方当事人之间保持同等的距离,保障双方当事人处于对等的地位,不得失去公正的立场。环保行政机关是我国的权力执行机关,法律并未授予其参与、干预案件审判的权力。党的十八大报告强调进一步深化司法体制改革,确保审判机关依法独立公正行使审判权。可见,司法

---

〔1〕 参见厦门大学法学院课题组、齐树洁、陆而启:《司法体制和工作机制改革问题研究》,载张卫平、齐树洁主编:《司法改革评论》第8辑,厦门大学出版社2008年版。

〔2〕 参见陈光中、崔洁:《司法、司法机关的中国式解读》,载《中国法学》2008年第2期。

〔3〕 [法]孟德斯鸠:《论法的精神》(上册),张雁深译,商务印书馆1997年版,第154页。

〔4〕 参见江国华:《论司法改革的五个前提性问题》,载《政治与法律》2015年第3期。

中立不仅是我国司法机关应秉持的司法理性判断标准,也是我国司法改革的方向。

环境问题基于其广泛性、复杂性、专业性等特征,在环境公共治理领域,需要多元主体共同合作予以解决。然而,多元主体合作治理环境问题、改善环境质量,并不意味着法院需要偏离司法独立的理念,主动与环保行政机关联合执法、联动办案。环境司法有其特有的司法理念,如环境预防、环境效益、环境安全、环境公平和正义等,但这些特有的环境司法理念不应因其特殊性而突破和违背司法本身固有的司法中立理念,即环境司法应以司法中立作为司法理性判断标准。

二、司法公正

司法公正是司法的灵魂和最高价值取向。司法公正是指司法机关在行使司法权处理案件过程中,既要运用符合公平原则的实体法规范确认和分配权利或利益,又要保障整个确认和分配过程体现公平,即司法公正包括实体公正和程序公正。

司法实体公正,要求法院在案件受理和审判过程中严格遵守实体法律规定,查明案件事实,依法审判案件。法院自由裁量权的行使也必须严格符合立法目的和法律适用原理。程序公正是实体公正的重要保障。程序公正,首先要求法院进行司法审判时应保持公平性。公平意味着当事人在诉讼程序中机会均等。[1] 公平性是指法院在案件受理和审判过程中,赋予原告和被告同等的机会,不得偏袒任何一方。司法公正源于严格遵循法律。在法治国家,任何国家机关、单位或个人都必须严格遵循法律、执行法律,一旦违反法律,就应当承担相应的法律责任。

在环境公益诉讼案件受理和审理过程中,法院应当秉持环境司法公正的理念,以司法公正作为司法理性判断标准,平等对待案件双方当事人,不偏袒任何一方。法院受理和审理环境公益诉讼案件,既要公正、合

---

〔1〕 参见[美]迈克尔·D.贝勒斯:《法律的原则:一个规范的分析》,张文显等译,中国大百科全书出版社1996年版,第35~36页。

理地适用环境实体性规范，又要公正地适用程序以保障当事人合法权益和维护环境公益。

三、司法民主

随着司法改革的不断深入，司法民主受到越来越多学者的关注。“司法民主”被我国诸多法理学者和诉讼法学者认为是我国司法改革的重要指导思想和基础。有学者提出，司法民主是指司法过程和决策应彰显人民主权、贯彻民主精神并体现民主作风。[1] 司法民主要求司法权力的来源具有民主性、司法机构的运作符合民主制以及司法程序的公众参与。司法民主要求保障社会公众有权参与司法、诉诸司法，并且司法过程和司法裁判需要接受社会监督。法院司法应充分尊重和保障社会公众“保护权益和维护公益”的民主诉求。

环境损害具有广泛性、潜在性以及难以逆转性等特征，社会公众作为环境公益的非排他性直接享有者，应当有权借助参与国家环境治理、诉诸司法等方式监督环境违法行为、维护和救济环境公益。作为传统的诉讼法理，司法民主理念在环境保护法领域的运用和升华凝练成了环境司法民主理念，环境司法民主理念主要通过公众参与司法的形式予以实现和落实。法院受理和审理环境公益诉讼应当以环境司法民主作为司法理性判断标准，积极运用体现民主原则的法律规则受理适格社会组织或公民提起的环境公益诉讼案件。

四、司法效率

正如英国古谚语所言，迟到的正义非正义。司法公正要以司法效率作为保障，同时，司法效率要以司法公正为目标。效率概念源于经济学领域，反映投入与产出、成本与收益之间的关系。随着法律经济学的发展，效率概念被适用于法学领域。任何司法审判活动都受到诉讼时效的限制，法院不可能无限期地调查案件事实、审理案件，而是需要在合理期限内作出公正裁判。为避免过度追求司法公正而怠于及时、高效地行使审

---

〔1〕 参见江必新：《司法理念的辩证思考》，载《法学》2011年第1期。

判权,司法效率成为司法机关行使审判权的一种司法理性判断标准。司法效率是指通过充分、合理地运用有限的司法资源,以最少的司法成本获得最多的司法收益。[1] 换言之,司法效率一方面指法院司法活动中投入与产出、成本与收益之间的比例关系;另一方面指有效配置有限的司法资源以达到法律效果和社会效果的最优化。在司法过程中,法院受理、审判案件、运用司法资源以及当事人提起诉讼所需要投入的人力、财力和时间构成了司法审判活动的成本,而社会纠纷和利益冲突能够通过司法审判活动得以公正、合理、有效地解决则构成了司法审判活动的收益。因此,以较少的投入获得较大的产出、充分发挥司法在纠纷解决和社会治理中的功能、实现法律效果和社会效果的最佳统一,是现代法治国家司法改革的一个重要方向。

环境效率理念是指导环境保护法追求最高的环境效益,实现社会效益、经济效益和环境效益的最佳统一的价值观。[2] 在环境司法领域,基于环境问题的高科技性、复杂性与专业性等特征,环境损害的调查、鉴定以及损害结果与致损行为之间因果关系的确定都需要花费大量的人力、财力和精力,此外,科学的不确定性使预防环境危害、环境风险成为环境预防原则在环境司法领域中运用的"瓶颈"。在确保环境司法判决得以公正裁定的前提下,如何提高环境司法效率、降低环境司法成本以及有效地配置有限的司法资源以达到社会效益、经济效益和环境效益最佳统一,成为环境司法改革的一个重要方向。

五、司法谦抑

司法是对遭受破坏或扭曲的权利或利益进行矫正和重新分配的过程。法院作为司法审判者,应当是一个职能明确、单纯的恪守审判职能的

---

〔1〕 参见葛卫民:《论司法公正与司法效率》,载《政法学刊》2005 年第 2 期。

〔2〕 参见蔡守秋:《环境秩序与环境效率——四论环境资源法学的基本理念》,载《河海大学学报(哲学社会科学版)》2005 年第 4 期。

审判机关,不应当也无能力承载太多复杂的职能。[1] 司法活动应当遵循司法谦抑。司法谦抑是指法院司法活动应恪守司法谦让、司法克制和司法被动的价值观。在行政诉讼领域,司法谦抑不仅要求法院进行司法活动应当充分尊让行政权,还要求法院在审判程序启动前保持谦抑的理念和原则。恪守司法本性,保持司法谦抑,避免法院提前能动、服务甚至代替行使行政职能是我国司法改革的一个重要方面。

坚持司法谦抑,应处理好司法谦抑与司法能动的关系。我国强调的司法能动与英美法系的司法能动主义不同,江必新曾归纳指出,英美法系的司法能动主义强调司法机关在形成国家公共政策、参与社会治理等方面的功能;而大陆法系的司法能动强调法官在司法程序中发挥的主导作用;在我国,司法能动强调法院积极主动服务大局、为人民司法。[2] 司法能动与司法谦抑并非决然对立的关系,司法能动应以司法谦抑为前提。江国华指出,"在本体论上,审判权必须是谦抑的,而在方法论上,审判权应当被能动地行使。恪守审判权谦抑原则是中国司法改革不容突破的底线,完善审判权能动行使的原则则是改善司法实效风险最小的路径"[3]。近代法治国家倡导司法应恪守被动性、消极性,"司法权不能积极介入市民生活"[4]。在司法程序正式启动之前,法院应遵守司法的基本规律,恪守司法谦抑性、被动性和消极性理念,不应积极主动寻求案源;而当案件进入审判阶段,法院应发挥主观能动性积极寻求案件突破口、实现私益救济或公共价值维护的目的。司法应是保障权利和维护社会秩序的最后一道防线。"司法的干预永远是最后的干预,它的价值不在于干预更多,而

---

〔1〕 参见江国华:《通过审判的社会治理——法院性质再审视》,载《中州学刊》2012年第1期。

〔2〕 参见江必新:《能动司法:依据、空间和限度——关于能动司法的若干思考和体会》,载《人民司法》2010年第1期。

〔3〕 江国华:《走向能动的司法——审判权本质再审视》,载《当代法学》2012年第3期。

〔4〕 [日]谷口安平:《程序的正义与诉讼》,王亚新、刘荣军译,中国政法大学出版社1996年版,第23页。

在于干预得'恰如其分',即在其他纠纷解决机制失灵或失败的条件下提供恰如其分的救济。"[1]

环境司法作为司法的一个重要组成部分,理应遵循司法固有的司法谦抑理念。环境保护的"主战场"在环境行政执法,环境司法应以司法谦抑作为司法理性判断标准,避免越权行使环境行政职能或成为环境行政附庸。环境司法应当在环境行政管制机制失灵或失败时才提供恰当的救济。此外,在原告向法院提起环境诉讼之前,法院应恪守被动性原则,避免主动提前介入立案前的案件调查、取证程序。在环境案件尤其是环境公益诉讼案件进入审判阶段后,法院应发挥其司法能动性,遵循预防为主原则和"损害者担责"原则的环境法基本原则,并依据现有法律或对现有法律进行合理性、合目的性扩张解释,主动审理损害或有损环境公益之虞的环境公益诉讼案件,救济和维护环境公益,发挥法院在环境治理体系中的重要作用。

第四节 社会主体提起的环境行政公益诉讼最适当性的环境保护法理分析

环境公益诉讼的类型选择应当满足环境保护法理维度。国家在维护和促进基本环境公共利益方面负有不可推卸的义务,国家环境保护义务论是构建环境保护法治国所应遵循的环境保护法理基础。此外,环境公共治理理论是形成环境行政、公众参与和法院司法共治的生态法治合力的环境保护法理基石。最适当的环境公益诉讼类型应有利于督促国家履行环境保护义务,有助于实现环境公共治理。

无论是从我国具有中国特色的宪法、法律的立法安排来看,还是从我国的环保行政机关和审判机关的职责分工及其权属特点来看,我国环境

[1] 江国华:《通过审判的社会治理——法院性质再审视》,载《中州学刊》2012 年第 1 期。

公益诉讼的立法都应当以社会主体提起的环境行政公益诉讼制度为主，以公权力主体提起的环境民事公益诉讼以及社会主体提起的环境民事公益诉讼制度为补充。

从宪法和法律的角度来看，社会主体提起的环境行政公益诉讼制度的立法应当优先。根据我国的宪法和相关法律，政府和环保行政机关是维护国家环境公益的第一责任主体，维护国家环境公益是政府和环保行政机关的基本职责。如我国《宪法》第 26 条规定："国家保护和改善生活环境和生态环境，防治污染和其他公害。国家组织和鼓励植树造林，保护林木。"条文中所称的"国家"，其典型代表者则是国务院和地方各级人民政府。《环境保护法》第 6 条第 2 款进一步明确规定"地方各级人民政府应当对本行政区域的环境质量负责"。此外，《环境保护法》第 10 条对国务院环境保护主管部门、县级以上地方各级人民政府的环境保护主管部门、其他负有法定环境保护监管职责的县级以上人民政府的有关部门和军队环境保护部门的环保监管职责作了较为具体的规定。为了确保各级人民政府切实履行其环境保护职责，《环境保护法》第 26 条进一步规定了对县级以上地方人民政府实施环境保护目标责任制和考核评价制度，第 67 条及第 68 条规定了政府的直接主管人员和其他责任人员违规违纪的法律责任。相较而言，宪法和法律对其他社会主体（如公民、企业、社会组织等），虽然规定了保护环境的义务，但这种规定在性质上不同于宪法和法律对政府和环保行政机关的环保监管职责的授权。既然政府和环保行政机关获得这种唯一的、特殊的授权，那么就理应接受社会公众的合理监督，而社会主体提起环境行政公益诉讼制度则成为保障公众有效实施监督的最后一道屏障。从政治学、经济学的角度来看，立法也应当优先完善社会主体提起的环境行政公益诉讼制度。社会公众授权政府为其管理环境保护这项公众无法单独管理的社会公共事务。社会公众向政府缴纳税款，换取政府为其提供环保公共服务和环保公共产品。政府获得社会公众的授权以管理环境公共事务，社会主体则有权通过提起环境行政公益诉讼，对政府依法、有效地行使这项授权提供最后的保障。

从我国环保行政机关和审判机关的职责分工及其权属特点来看，立法亦应优先完善社会主体提起的环境行政公益诉讼制度。从被诉对象来看，我国政府和环保行政机关肩负环境管制职责。政府和环保行政机关作出的行政政策、行政措施及行政决定等行政行为具有迫使行政相对人以及其他社会主体一律遵守的效力。且政府和环保行政机关在环境管制领域拥有人力、物力和财力等天然的优势，其有能力充分发挥行政权在环境管制方面的优势和作用。而审判机关的基本职责是“审判”。一般来说，司法审判具有居中性、被动性和事后性等特点。这些特点决定了司法审判机关不应当也不可能成为实现环境公共治理的首要管理者和保障者。审判机关的司法权与环保行政机关的行政权形成巨大的反差。环保行政行为不具有居中性，政府或环保行政机关有权单方对行政相对人作出单向行政行为；环保行政行为不具有被动性，不以“不告不理”为前提，环保行政机关有权积极主动地实施行政行为；大多情况下，环保行政行为具有预防性的特点，政府或行政机关在环境损害事实发生前有权采取行政措施预防损害的发生。司法审判行为和环保行政行为、司法权和行政权的区别决定了只有政府和环保行政机关才能成为环境公共利益和公共事务的首要管理者和保障者。相应地，我国立法应当构建社会主体提起的环境行政公益诉讼制度，赋予社会主体借助司法监督政府或环保行政机关的环境行政违法行为的权利。

一、社会主体提起环境行政公益诉讼有助于督促国家履行环境保护义务

在我国，“环保靠政府”成为社会共识。这在我国环境立法中也有体现。我国的环境保护立法具有明显的“管理法”特点[1]，单方面赋予政府和环保行政机关环境决策权、管制权，同时规定“地方政府应当对管辖区域内的环境质量负责”的国家环境保护义务。

---

〔1〕 参见吕忠梅：《环境行政司法：问题与对策——以实证分析为视角》，载《法律适用》2014年第4期。

从立法层面来看,我国《宪法》第 9 条第 2 款以及第 26 条第 1 款分别规定了政府的“国家环境保护义务”。如第 9 条第 2 款规定,“国家保障自然资源的合理利用,保护珍贵的动物和植物。禁止任何组织或者个人用任何手段侵占或者破坏自然资源”。第 26 条第 1 款规定,“国家保护和改善生活环境和生态环境,防治污染和其他公害”。从以上两个条款中规定的“国家环境保护义务”的表述可以推断:政府是行使国家行政权力的法定机关,环境保护是政府和环保行政机关的法定职责和义务,因此,政府和环保行政机关依法履行国家环境保护义务的行为应当接受公众的监督。我国构建环境行政公益诉讼的首要目的,应当是监督和督促政府和环保行政机关依法履行国家环境保护义务。此外,我国《宪法》第 41 条第 1 款规定:“中华人民共和国公民对于任何国家机关和国家工作人员,有提出批评和建议的权利;对于任何国家机关和国家工作人员的违法失职行为,有向有关国家机关提出申诉、控告或者检举的权利……”根据此规定可以推演出,政府和行政机关的相关违法失职,理应通过有效途径予以监督,据此,我国应当创立的“社会主体提起的环境行政公益诉讼制度”则是符合诉讼法理和司法理性的重要制度。社会主体提起的环境行政公益诉讼正是依托司法权或司法公器对政府或环保行政机关进行“批评、建议、申诉、控告或者检举”,实现对政府或行政机关违法失职行为的有效监督,进而维护社会公众的合法权益。社会主体提起的环境行政公益诉讼制度是我国社会公众所享有的宪法性权利在司法领域的延伸和拓展。在我国法律层面,亦有条款为社会主体监督地方各级人民政府依法履行国家环境保护义务提供立法依据。如《环境保护法》第 6 条第 2 款规定“地方各级人民政府应当对本行政区域的环境质量负责”,明确了宪法所规定的国家环境保护义务。《环境保护法》第 6 条第 1 款规定:“一切单位和个人都有保护环境的义务。”这为社会主体监督政府或环保行政机关提供了立法依据。可见,上述的法律规定,为我国社会主体提起环境行政公益诉讼制度的创设给予了实体法保障。但由于欠缺相应的可诉性条款,导致即使政府或环保行政机关未履行国家环境保护义务,社会公众也难以通过司法途径对其进行强有力的司法监督。

在一定程度上,政府失灵是导致我国环境污染或生态破坏等一系列不利后果的重要原因。只有规范和控制好政府影响环境的行为,才能有效遏制我国环境污染和生态破坏恶化的趋势。[1] 政府或环保行政机关损害公益的行为甚至是不能增进基本公益的行为都是不被允许和可责难的,也是要被诉诸司法的。[2] 欲构建真正的民主法治国家,尤其是环境保护法治国家,其核心在于"民治官"而非"民治民"或"官治官"。

社会主体提起的环境行政公益诉讼则是赋予适格的社会组织或公民起诉资格,借助司法公器纠正政府或环保行政机关的环境违法行为,监督其积极履行法定可诉的国家环境保护义务,提供保障公民生存和发展需求的基本环境品质和环境公共服务。社会主体提起环境行政公益诉讼的本质属性决定了,只要政府或环保行政机关没有依法履行维护和促进环境公益的国家环境保护义务,即使不涉及对具体行政相对人造成合法权益的损害,也可以由适格的社会组织或公民就法定的具有可诉性的国家环境保护义务提起环境行政公益诉讼,借助司法公器要求政府或环保行政机关禁止从事损害环境公益的行为或积极履行国家环境保护义务。此外,社会主体提起的环境行政公益诉讼具有事前预防性功能,该诉讼的提起是以政府或环保行政机关没有依法履行国家环境保护义务为前提,而非以环境公益实际受损为前提。授予社会组织或公民提起环境行政公益诉讼的权利,可以在一定程度上发挥社会力量的作用,预防和避免因政府或环保行政机关不履行国家环境保护义务而导致环境公益受损。此外,构建社会主体提起的环境行政公益诉讼制度,有助于赋予环境保护意识较强且适格的社会组织或公民通过司法途径督促政府或环保行政机关履行国家环境保护义务。督促政府或环保行政机关勤勉地依法履行环保监

---

〔1〕 参见蔡守秋:《从环境权到国家环境保护义务和环境公益诉讼》,载《现代法学》2013 年第 6 期。

〔2〕 参见黄学贤、王太高:《行政公益诉讼研究》,中国政法大学出版社 2008 年版,第 108 页。

管职能,可应对较为广泛存在的政府失灵和环境管制缺位的问题,进而促进政府或环保行政机关的环境决策和环境管制朝着科学化和民主化方向迈进。

二、社会主体提起环境行政公益诉讼有利于实现环境公共治理

为避免政府和市场在环境公共产品和公共服务供给方面失灵和失效,社会力量以第三方主体的身份介入环境公共治理中,在政府和市场之间寻求一个平衡点,实现多方共治和相互制衡。然而,正如政府和市场在特定情况下会出现失效一样,治理也有失效的可能。为克服治理失效,不少学者提出"元治理"或"善治"的概念。俞可平在总结各学者关于"善治"问题的观点后指出:"善治的本质特征在于它是政府与公民对公共生活的合作管理。"[1]而善治的基本要素之一在于法治,特别是须通过依法独立行使审判权来实现。[2]

高度自治化与组织化是西方国家社会治理的显著特点之一。各类协会、民间团体、慈善机构、教会、基金会等大量社会组织出现和活跃在经济、社会和文化生活的各个方面,发挥着表达社会主体多元化需求、监督政府、增强公民责任意识等多方面的功能。从西方国家的发展经验来看,只有允许大量的社会主体参与到社会治理当中,才能有效弥补"政府失灵",形成社会公共治理格局,进而推动政府从传统管理型政府向现代公共服务型政府转变。

环境作为典型的公共产品,直接享有环境公益的社会公众有权利介入环境公共治理领域,实现社会环境权力与国家环境行政权力的合作共治。当社会与国家在环境公共治理领域出现合作失败或失效的情况下,应赋予社会公众借助司法介入环境公共治理的权利以寻求社会权力与国家权力的有效合作。司法程序是社会环境权力与国家环境行政权力实现

---

〔1〕 俞可平主编:《治理与善治》,社会科学文献出版社2000年版,第8页。

〔2〕 参见[法]玛丽-克劳德·斯莫茨:《治理在国际关系中的正确运用》,肖孝毛译,载《国际社会科学杂志(中文版)》1999年第1期。

环境公共治理的最终保障。当社会组织或公民介入环境公共治理过程中的民主要素遭受损害,司法需为社会组织或公民提供一个公平、正义的救济渠道,赋予社会组织或公民起诉政府或环保行政机关,保障其参与环境公共治理的合法的实体权利和程序权利。社会主体提起的环境行政公益诉讼具有集社会公众之力量确保环境行政合法并促进环境公益的功能。换言之,社会主体提起环境行政公益诉讼正是确保环境公共治理得以有效实现的重要司法途径。

受1998年《奥胡斯公约》的影响,在世界范围内兴起了环境公益诉讼。根据《奥胡斯公约》的内容,各国有义务为公众提供参与环境公益诉讼的法律保障。[1] 从各国司法实践来看,欧洲大多数国家的环境公益诉讼是专指公民个人或者非政府组织为维护环境公益提起的诉讼。[2] 创立环境公益诉讼的目的,不仅在于从维护环境公共利益角度去保护公民的环境权益,更主要的是借助司法制约政府及环境执法机构的行政权力、督促政府及环境执法机构依法行使环境保护监管职责。例如,德国创设的利他性环保团体诉讼制度的实施效果较好,不仅起到了督促政府勤勉依法履行国家环境保护义务的作用,而且促进了社会力量参与环境公共治理。[3]

有别于本质上属于主观诉讼的传统行政诉讼,社会主体提起的环境行政公益诉讼实质上属于由社会主体借助司法公器督促政府或环保行政机关依法正确行使环境行政权的客观诉讼。通过实现公众参与权、行政权和司法权相互促进的制度创新,为社会主体有效参与国家环境公共治

---

〔1〕 See Christian Schall, *Public Interest Litigation Concerning Environmental Matters Before Human Rights Courts: A Promising Future Concept?*, Journal of Environmental Law, Vol. 20:3, p. 417 – 419(2008).

〔2〕 See Carol Hatton, Parnela Castle & Martyn Day, *The Environmental and the Law-Does Our Legal System Deliver Access to Justice?*, Environmental Law Review, Vol. 6:4, p. 233 (2004).

〔3〕 参见王曦、章楚加:《完善我国环境公益诉讼制度的思考》,载《中州学刊》2016年第3期。

理事务提供新的法治路径。因此,在立法层面创设符合我国国情的社会主体提起的环境行政公益诉讼制度规范,是我国建设社会治理新格局的趋势所在。

党的十七大报告指出:"坚持国家一切权力属于人民,从各个层次、各个领域扩大公民有序政治参与,最广泛地动员和组织人民依法管理国家事务和社会事务、管理经济和文化事业。"党的十八大报告指出"加快形成政社分开、权责明确、依法自治的现代社会组织体制"。党的十八届三中全会报告提出:"正确处理政府和社会关系,加快实施政社分开,推进社会组织明确权责、依法自治、发挥作用。适合由社会组织提供的公共服务和解决的事项,交由社会组织承担。"随后,党的十九大报告又再次强调,要打造"共建共治共享"的社会治理新格局,加强社会治理制度建设,完善党委领导、政府负责、社会协同、公众参与、法治保障的社会治理体制。中共中央办公厅、国务院办公厅印发的《关于构建现代环境治理体系的指导意见》(2020 年)提出"到 2025 年……形成……良性互动的环境治理体系""引导具备资格的环保组织依法开展生态环境公益诉讼等活动"等。依此逻辑,环境行政公益诉讼作为维护和救济环境公共利益的重要司法渠道,其最大功能的发挥应当依赖于广泛的社会主体,而非检察机关。全国人大常委会授权检察机关提起环境行政公益诉讼,虽有助于加强检察机关法律监督权对行政权的制衡,实现依法治国的目标,但环境行政公益诉讼在本质上是公众参与国家公共治理的一种理性互动形式,是对地方政府和环保行政机关维护国家利益和社会利益不足时的一种补充。因此,除肯定检察机关提起环境行政公益诉讼具备阶段正当性外,还要对社会主体提起环境行政公益诉讼的合理性和必要性展开考量。授权社会主体具有提起环境行政公益诉讼的主体资格契合了我国环境公共治理新格局的内涵。

社会主体不仅是政府和企业力量平衡的枢纽,更是公众参与环境公共治理的桥梁,这是检察机关所无法超越的特有优势。此外,社会主体提起环境行政公益诉讼是实现公众参与监督环境行政权的重要渠道，是“公众参与”这一《环境保护法》基本原则和基本理论在具体制度领域的体现。创设社会主体提起的环境行政公益诉讼制度，既能够实现全面、客观地维护环境公共利益，也意味着我国已迈入环境公共治理的新阶段。

综上所述，通过解读和阐释国家环境保护义务论和环境公共治理理论的学理内涵，可以发现，社会主体提起的环境行政公益诉讼除具备为社会组织或公民介入司法督促政府或环保行政机关履行国家环境保护义务、制约环境行政权力的功能外，还应具备更深层次的功能，即为社会组织或公民参与环境公共治理以及共建环境生态法治社会提供有效的司法途径。

第五节　社会主体提起的环境行政公益诉讼最适当性的司法理性判断

环境公益诉讼的类型选择同时应以司法理性判断标准作为价值坐标。我国环境公益诉讼类型多元并存，但在司法实践中，出现的各类环境公益诉讼并非均完全符合司法理性判断标准。有必要以司法理性判断标准作为价值坐标，对各类环境公益诉讼进行司法理性分析，选择最符合司法理性判断标准的环境公益诉讼类型，作为我国环境公益诉讼最适当的应然主流和发展方向。同时，对不完全符合司法理性判断标准的诉讼类型进行适用条件的限定，使其附条件地发挥补充性功能。

一、公权力主体提起的环境民事公益诉讼的司法理性分析

在司法实践中，公权力主体提起的环境民事公益诉讼旨在为检察机关或环保行政机关高效制裁环境民事违法者、救济环境公益提供司法保障。依据公权力主体的属性不同，可将公权力主体提起的环境民事公益诉讼界分为环保行政机关提起的环境民事公益诉讼和检察机关提起的环境民事公益诉讼。

(一)司法理性分析

在司法实践中,公权力主体提起的环境民事公益诉讼较易获得法院的支持和配合,且在国家强权威慑和国家强制力作为保障的情况下直接借力司法打击具体环境污染者或破坏者,足以迅速、高效制止环境民事违法行为或要求环境污染者或破坏者支付巨额环境损害赔偿金,短期内收效显著。例如,2004年4月,四川省资阳市雁江区人民检察院向8家石材加工厂发出检察建议书,要求各厂限期积极整改排污设施并达标排放污水,否则将提起民事公诉。经环保局发出多次整改建议仍无动于衷的8家企业随即积极整治污水,使清水河污染基本得以治理。检察机关直接出动向环境污染者施压效果显著。又如,2007年,贵阳市"两湖一库"管理局诉贵州天峰化工公司水污染责任案,案件从立案到判决不到20天,其速度之惊人出乎意外。[1] 若单以司法效率作为司法理性判断标准,公权力主体提起的环境民事公益诉讼"当仁不让"成为首选诉讼类型。

此外,公权力主体提起的环境民事公益诉讼可以解决跨行政区域管辖的环境污染问题,弥补环境行政权力因区域限制而力所不及的弊端。如在2007年贵阳市"两湖一库"管理局诉贵州天峰化工公司水污染责任案中,被告尾矿库造成的污染直接损害红枫湖饮用水源的水质,但红枫湖地处贵州省安顺市境内,贵阳市环保行政机关难以直接对其进行行政处罚。而根据《民事诉讼法》规定的侵权损害结果发生地管辖原则,原告可通过司法途径对被告的污染行为进行管制,达到了制止损害环境公益的环境违法行为的目的。

然而,在司法实践中,公权力主体提起的环境民事公益诉讼并不完全符合司法中立、司法公正、司法民主和司法谦抑等司法理性判断标准。主要体现为以下几个方面:

---

〔1〕 参见陶蕾:《我国环境公益诉讼制度进程及其展望》,载《中国环境法治》2013年第1期。

其一，在司法实践中，公权力主体提起的环境民事公益诉讼多是在环保行政机关、检察机关与当地法院联动合作下产生的结果，该类诉讼在检察机关选择性地选取小型私营企业作为被告的背景下，几乎以全胜告终，且被告难以行使上诉权。其实，相较于国有大中型企业而言，小型私营企业更易成为被诉的对象。同时，以司法理性判断标准进行分析，法院超前联动、高度配合环保行政机关积极寻求案源、制裁环境民事违法者的方式有违司法中立、司法公正、司法民主和司法谦抑的司法理性判断标准，危害司法权威和司法公信力。

其二，公权力主体提起的环境民事公益诉讼容易使环境公益诉讼的关注点集中在具体污染者或破坏者身上，而忽视了通过诉前程序或追加第三人等方式对违法不作为或作为不当的政府或环保行政机关进行司法追责，有违司法公正理念。如在2010年广州市番禺区人民检察院诉广州市番禺博朗五金厂水污染责任案中，被告自始未向环保部门申请办理环评手续，却持续多年直接向河体排放工业废水。番禺区人民检察院直接起诉博朗五金厂，要求其支付因环境污染行为给环境造成的经济损失，却未对怠于履职的环保行政机关进行司法追责。

其三，公权力主体提起的环境民事公益诉讼有为政策服务的倾向，有违司法中立理念。例如，2010年亚运会在广州召开，为服务于广州市政府所推进的“青山绿水”“蓝天白云”等市政工程，广州市人民检察院、法院和环保部门提前积极沟通，共同开拓环境民事公益诉讼案源，案件均以胜诉告终。类似的案件还包括广州市番禺区人民检察院诉东涌东泰皮革染整厂水污染责任案、广州市白云区人民检察院诉白云区养猪场经营者杜某华、梁某强水污染责任案以及广州市番禺区人民检察院诉广州市番禺博朗五金厂水污染责任案等。

其四，环保行政机关在未穷尽行政权力的情况下提起环境民事公益诉讼有怠于履行职责之嫌，且法院以司法行为代替行政行为，实现环境行政执法的目的，有违司法谦抑的司法理性判断标准。此外，政府或环保行政机关天然具有管制环境违法者的职能和优势，执法效率高于法院判决执行的效率,未穷尽行政救济手段而转向借力有限的司法资源,不符合司法效率的理性判断标准。例如,在2008年贵阳市人民检察院诉熊某志、雷某、陈某雨排除妨碍、恢复原状案中,原告直接请求法院判处被告"停止侵害、排除危害、拆除在阿哈水库乌龟山上违法修建的房屋;恢复阿哈水库乌龟山上被毁坏的植被以及承担诉讼费用"。该案最终以调解告终,由被告自行拆除违法修建的房屋并恢复乌龟山上的植被。[1] 从表面来看,检察院提起的该起环境民事公益诉讼促使被告自行拆除饮用水源一级保护区内的违章建筑并恢复了植被,实现了救济环境公益的目的,值得称赞。但仔细思考发现,根据《水污染防治法》(2008年)第81条第1款[2]中的规定,贵阳市环境保护部门有权责令本案被告停止违法行为,处以罚款,并经贵阳市政府批准,责令拆除或关闭。且根据《森林法》(1998年)第44条的规定,贵阳市林业主管部门有权责令本案被告停止违法行为并补种毁坏的植被,如违法者拒不补种或补种不符合国家规定的,由贵阳市林业主管部门代为补种,所需费用由违法者支付。可见,有效利用环境管制手段可高效实现环境民事公益诉讼的诉求。又如,在2010年中华环保联合会、贵阳公众环境教育中心诉贵阳市乌当区定扒造纸厂水污染责任案中,原告针对被告违法排放氨氮含量、化学需氧量、生化需氧量、色度等指标严重超标的工业废水的行为,请求法院判处被告"立即停止向南明河排放污水,消除危害;支付律师费、检测费和案件受理费等费用"。法院依据《民法通则》(已废止)第106条第2款以及《侵权责任法》(已废止)第15条、第65条的规定支持原告诉讼请求。[3] 该案中的违法排污行为,实际上可以归属到《水污染防治法》(2008年)第76条第1款所规定的8项

[1] 贵州省清镇市人民法院民事调解书,(2008)清环保民初字第4号。参见王立主编:《环保法庭案例选编》,法律出版社2012年版,第10~12页。

[2] 《水污染防治法》(2008年)第81条第1款规定,对于在饮用水水源一级保护区内新建、改建、扩建与供水设施和保护水源无关的建设项目,县级以上地方人民政府环境保护主管部门有权责令停止违法行为,处以罚款,并报经有批准权的人民政府批准,责令拆除或关闭。

[3] 贵州省清镇市人民法院民事判决书,(2010)清环保民初字第4号。

违法行为中[1]。且根据该条款的规定,相关环保行政机关有权责令违法者停止违法行为并限期采取治理措施消除污染;逾期不治理的,环保行政机关可以指定有治理能力的单位代为治理,所需费用由违法者承担。通过代履行制度的有效实施,可快速达到需借助漫长的环境民事公益诉讼才能实现的效果。

此外,公权力主体包括环保行政机关和检察机关。无论是环保行政机关还是检察机关,提起环境民事公益诉讼的动力多是出于对自身所代表的国家环境利益的维护以及法定职责的要求,而这与起诉权的性质相矛盾。起诉权是一项权利,是否提起诉讼则属于自由选择的范畴,而环保行政机关的环境监管权力和检察机关的法律监督权力实质上是立法规定必须依法履行的职责和义务,一旦环保行政机关或检察机关怠于履行即为违法,并无自由选择的空间。此外,公权力主体提起环境民事公益诉讼遵循我国现行的民事诉讼法。而在我国现行民事诉讼法中,检察机关被定位为"法律监督者",即检察机关在民事诉讼中所发挥的作用限于维护法律的正确实施。被动性和事后性是这种法律监督方式的重要特征。若检察机关以公益诉讼起诉人的身份直接向人民法院提起环境民事公益诉讼,那么,从本质上来看,检察机关的角色和性质将发生明显的转变,即由过去事后监督的角色转变为事前进攻的角色。这一角色的转变,也意味着检察机关机构内部需要新增一项业务或新设一个职能部门。由此引发

---

[1] 这8项行为分别是:(1)向水体排放油类、酸液、碱液的;(2)向水体排放剧毒废液,或者将含有汞、镉、砷、铬、铅、氰化物、黄磷等的可溶性剧毒废渣向水体排放、倾倒或者直接埋入地下的;(3)在水体清洗装贮过油类、有毒污染物的车辆或者容器的;(4)向水体排放、倾倒工业废渣、城镇垃圾或者其他废弃物,或者在江河、湖泊、运河、渠道、水库最高水位线以下的滩地、岸坡堆放、存贮固体废弃物或者其他污染物的;(5)向水体排放、倾倒放射性固体废物或者含有高放射性、中放射性物质的废水的;(6)违反国家有关规定或者标准,向水体排放含低放射性物质的废水、热废水或者含病原体的污水的;(7)利用渗井、渗坑、裂隙或者溶洞排放、倾倒含有毒污染物的废水、含病原体的污水或者其他废弃物的;(8)利用无防渗漏措施的沟渠、坑塘等输送或者存贮含有毒污染物的废水、含病原体的污水或者其他废弃物的。

的检察机关机构体制的一系列改革，也需国家为之提供大量的人力、物力支持。此外，检察机关有权提起环境民事公益诉讼，意味着检察机关的公权力在民事诉讼领域的膨胀。检察机关公权力的膨胀一旦转变为常态，将会持续引发一系列的制度改革。然而，公益诉讼实质上涉及各个领域的公众权益，并不仅是环境污染防治和生态保护领域，还包括社会保障、公共教育、反不正当竞争等诸多领域。由此可见，一旦检察机关在环境民事公益诉讼领域的公权力膨胀成为一种常见态势，那么，将可能导致检察机关公权力在其他公益诉讼领域进一步扩张，进而致使检察机构设置和职能分配无限增大，直至国家财政难以满足其需求。

（二）适用条件

在司法实践中，公权力主体提起环境民事公益诉讼虽能快速辅助环保行政机关制裁环境民事违法者，但并不完全符合司法中立、司法公正、司法民主和司法谦抑的司法理性判断标准。应对该类型的环境公益诉讼的适用条件予以明确限定。

环境公益是不特定多数公众所非排他性享有的社会公共利益，社会主体是环境公益的最佳代表，环境公益诉讼应符合司法民主的理性判断标准。公权力主体提起的环境民事公益诉讼应作为社会主体提起的环境民事公益诉讼的补充，在特定适用条件下才能启动。

政府或环保行政机关是环境行政管制的法定主体，具有司法机关所不具备的环境管制优势和效率。政府或环保行政机关可以借助法律授予的环境行政管制权力履行环境管制职责，或通过联合执法解决跨区域环境问题，或通过行政非诉执行申请法院采取强制措施制止环境违法行为。针对环境污染者或破坏者造成环境损害未及时治理的问题，政府或环保行政机关基于国家环境保护义务，在发生环境损害时，应及时采取治理措施代履行，由此产生的费用可基于债权原理通过普通民诉程序向具体的污染者或破坏者追偿。值得借鉴的案例为 2012 年上海市松江区叶榭镇人民政府诉蒋某祥等人水污染责任纠纷案[1]以及2013年江阴市环保局诉王某峰、马某勇等人水污染责任纠纷案[2]。在环境行政尚未发挥应有的功能和作用的情况下,不应另起炉灶直接借力于环境司法,来实现本可通过环境行政管制的有效运行得以实现的目标。在穷尽现有行政管制、联合执法、非诉执行或代履行等途径仍无法弥补环境管制权力不足时,政府或环保行政机关才能够借助司法进一步追究环境污染者或生态破坏者的法律责任。未穷尽环境行政管制手段转而以司法审判代替环境行政执法的做法,破坏了行政权与司法权的边界。正如Edward Lloyd认为,政府或环保行政机关成为环境公益诉讼的原告是没有理由的,因为它已经拥有了环境保护法律所授予的实施法律的足够权力,这些权力已大大超越了环境公益诉讼条款所赋予的起诉权。[3]赋予政府或环保行政机关提起环境民事公益诉讼的起诉权,一方面消损了环境行政的权威性和强制性;另一方面浪费有限的司法资源。因此,政府或环保行政机关提起的环境民事公益诉讼因偏离司法谦抑和司法效率的理性判断标准且具有可替代性而应被否定。

现阶段我国司法实践中,检察机关提起的环境民事公益诉讼收效显著,更多的是得益于检察机关的政治强势和权威,是追求效率优先于公正的体现。从维护和救济环境公益的角度分析,检察机关应保持克制和谦抑,专注于履行现有法律授予的公诉权和法律监督权,加大对环境刑事犯罪的查处打击力度,加强以抗诉方式监督裁判不公正的民事、行政案件,充分发挥对法院行使环境司法审判权的监督作用,促进司法正义的实现。正如有学者曾指出,检察机关直接介入环境公益诉讼确实取得不错的效果,但依靠检察机关针对个别环境违法行为提起环境民事公益诉讼并不能真正解决问题,环保部门受体制制约所遇到的执法不力问题,检察机关

[1] 上海市松江区人民法院民事判决书,(2012)松民一(民)初字第4022号。

[2] 江苏省江阴市人民法院民事判决书,(2013)澄环民初字第0003号。

[3] See Edward Lloyd, *Citizen Suits and Defenses Against Them*, ALI-ABA Course of Study Materials, Environmental Litigation, 2008, p. 6.

提起环境民事公益诉讼时同样也会遇到。[1] 检察机关提起环境民事公益诉讼的适用条件仅限于同时满足以下三种前提:(1)在履职过程中发现的;(2)针对生态环境和资源保护领域存在的损害社会公共利益的行为;(3)没有适格社会主体或适格社会主体不提起诉讼。再者,为了满足司法谦抑的理性判断标准,检察机关在提起环境民事公益诉讼前,应当在诉前法定期间内将违法事实告知具有环保管制职责的环保行政机关、上级机关及监察机关,给予环保行政机关勤勉执行的机会,充分发挥行政效率的功能。

此外,法院应恪守司法中立、司法公正和司法谦抑的理性判断标准,避免主动协助政府或环保行政机关共同寻求案源。法官的司法能动性要在法律的权限之内,并做到合法与合理的统一。[2] 司法能动应是案件启动后,法院在审理过程中有界限的能动,而非肆意、无限制地妄动。

二、社会主体提起的环境民事公益诉讼的司法理性分析

在司法实践中,社会主体提起的环境民事公益诉讼旨在为社会公众诉诸司法、辅助政府或环保行政机关管制环境民事违法行为、实现救济和维护环境公益的目的提供司法保障。

(一)司法理性分析

社会主体提起的环境民事公益诉讼为公众参与监督具体环境污染者或破坏者提供了司法保障,体现了司法民主中的公众参与原则。该制度有利于发挥分散的社会力量的作用,弥补环境行政执法难以全方位、实时监测环境污染者偷排等恶意环境民事违法行为的不足。例如,在2010年中华环保联合会、贵阳公众环境教育中心诉贵阳市乌当区定扒造纸厂水污染责任案中,被告白天正常生产,18时至第二天7时通过隐蔽方式将超标废水导入溶洞再直接排入南明河,恶意违法超标偷排的行为持续多年,

---

〔1〕 参见别涛等:《检察机关能否提起环境民事公益诉讼》,载《人民检察》2009年第7期。

〔2〕 参见王建国:《司法能动的正当性分析》,载《河北法学》2009年第5期。

原告工作人员接到群众投诉后经过数次现场调查取证，才发现被告恶意偷排的渠道和时间。[1] 原告最终向人民法院提起环境民事公益诉讼，请求法院判处被告立即停止恶意排污行为并消除对南明河产生的环境危害，诉求得到法院支持，损害环境公益的违法行为才得以制止。

但在司法实践中，法院受理的社会组织或公民提起的环境民事公益诉讼多数需要得到公权力主体的支持，或由有官方背景的环保社会组织提起。无公权力支持的民间社会组织或公民提起的环境民事公益诉讼难以得到法院的受理和支持。例如，2014 年，具有官方背景的泰州市环保联合会在泰州市人民检察院支持下，起诉 6 家违法排污的化工企业，请求法院判处约 1.6 亿元环境损害赔偿金，案件得到法院能动受理并获胜。而相较之下，环保民间组织自然之友于 2015 年 1 月独立对泰州市其他污染企业提起环境民事公益诉讼，却未获得法院受理。

此外，在司法实践中，社会主体提起环境民事公益诉讼不以诉前告知和环保行政机关勤勉义务的履行为前置程序，与环境行政执法互不衔接，在行政效率未充分发挥功效的情况下直接借力有限的司法公器制裁环境民事违法者，不完全符合司法效率和司法谦抑的理性判断标准。

（二）适用条件

在司法实践中，社会主体提起的环境民事公益诉讼不完全符合司法民主、司法中立、司法公正、司法效率和司法谦抑的理性判断标准，但通过对其适用条件进行限定，有利于使该类型的诉讼发挥应有的司法理性功效。

首先，社会主体提起的环境民事公益诉讼应遵循司法民主、司法中立和司法公正的理性判断标准。是否受理社会主体提起的环境民事公益诉讼案件，法院不应仅考量作为起诉主体的社会组织或公民是否具有官方背景或是否得到公权力主体的支持，而应考量让真正非排他性享有环境公益的社会主体能有效诉诸司法以救济和维护环境公益，实现真正的司法民主。

---

〔1〕 贵州省清镇市人民法院民事判决书，(2010)清环保民初字第 4 号。

其次,社会主体提起的环境民事公益诉讼的功能主要是弥补政府或环保行政机关在管制污染者或破坏者方面能力或权力的不足,在政府或环保行政机关因立法未授权而欠缺环境行政管制权力的领域发挥填补性的功能。在采取现有的环境行政管制手段仍无法达到制止环境违法行为、督促环境违法者采取措施治理环境的情形下,环境民事公益诉讼才能依据特别的法律规范得以启动,即社会组织或公民提起环境民事公益诉讼前,应充分发挥环境行政执法的效率优势,以诉前告知和行政勤勉执行为前置程序。同时,法院在审理社会主体提起的环境民事公益诉讼案件前应遵循司法谦抑和司法效率的理性判断标准,充分尊让环境行政权,给予政府或环保行政机关主动纠正错误、履行职责的机会,督促行政效率的发挥,有效配置有限的司法资源,避免以司法审判代替行政执法。

最后,法院在审理社会主体提起的环境民事公益诉讼案件时,应站在中立的立场独立行使审判权,公正地适用实体法规范和程序法规范,作出公正的裁判。

三、公权力主体提起的环境行政公益诉讼的司法理性分析

在司法实践中,公权力主体提起的环境行政公益诉讼旨在为检察机关督促环保行政机关依法履行环境监管职责、救济和维护环境公益提供司法保障。

(一)司法理性分析

在我国,之所以将检察机关作为提起环境行政公益诉讼的唯一适格起诉主体,有学者认为,在现行制度框架下,检察机关可比其他公益诉讼起诉主体发挥更大的作用。[1] 首先,检察机关可以行使法律监督权,用以制约相对强势的行政权,相较于其他主体更能有效地发挥监督作用,是以机关监督机关的特殊司法监督方式;其次,公民、法人或其他组织等社会主体的诉讼能力难以达到与环保行政机关博弈的程度,现阶段单纯依

〔1〕 参见刘艺:《检察公益诉讼的司法实践与理论探索》,载《国家检察官学院学报》2017 年第 2 期。

赖社会主体纠正环保行政机关的违法行为较为困难；再次，检察机关具有相对独立性，可以更加客观公正地处理环境行政公益诉讼中出现的各种问题；最后，基于丰富的试点实践经验，检察机关可以通过诉前程序防止滥诉的出现。

检察机关作为国家法律监督机关，以国家强制力作为保障，相对于处于弱势地位的社会组织或公民而言，具有更高的司法权威和强制力。以国家权力制约国家权力能更高效地监督政府或环保行政机关的环境违法行为、更容易获得法院立案并获胜诉，是司法效率在环境公益诉讼领域的体现。例如，2014 年，在贵州省金沙县人民检察院诉贵州省金沙县环保局不履行行政职责案中，金沙县环保局被诉后立即积极向逾期不依法缴纳排污费的环境违法企业作出行政处罚并征收相应罚款。此外，检察机关通过诉前发出检察建议的方式督促违法作为或作为不当的环保行政机关积极履行环境保护职责，给予环保行政机关主动、自觉纠错的机会，是司法谦抑的体现。然而，检察机关提起的环境行政公益诉讼虽符合司法效率和司法谦抑的理性判断标准，却也存在一定的内在局限性。具体如下：

首先，公共利益包括国家利益、社会利益和集体利益。这三个概念既有联系又有区别。社会利益是独立于国家利益和集体利益之外、由不特定多数公众所非排他性享有的公共利益。环境公益为不特定多数公众所非排他性享有，实属于社会利益的范畴。检察机关属于代表国家利益的法定司法机关，并非社会利益的最佳代表。基于负外部性理论，政府或环保行政机关因不依法履职或不当履职导致环境公益损害的后果由不特定多数公众承担，应由代表不特定多数公众的社会组织或公民行使社会监督权，通过包括诉讼在内的多种渠道对政府或环保行政机关的违法履职行为进行监督。赋予社会主体提起环境行政公益诉讼的起诉资格，有助于弥补公权力主导的环境行政公益诉讼的内在局限性。

其次，以检察机关法律监督权力制约环保行政机关行政权力实质仍只是在“密封的国家机器内部寻求制约国家权力的力量”。以检察机关提起环境行政公益诉讼的方式回应以公权力监督公权力的宪法命题，可谓是一个有创新、有挑战的制度探索。以公权力制约公权力虽有国家强制力作为后盾，能够高效制约环境行政违法行为，但在环境行政公益诉讼领域，“官告官”的法律监督模式却会面临着更多的法外因素的干扰。以公益诉讼人“权利”之名行使的法律监督“权力”，更加难以得到有效的监督，难免出现“权力寻租”方面的制度风险。在“以官治官”的理念指导下架构的检察机关提起的环境行政公益诉讼将导致国家机构的扩张和臃肿，进而将可能破坏国家权力格局。再者，在我国，检察机关的主要职责是提起刑事公诉、进行民行审判监督等，而当下将提起环境行政公益诉讼作为检察机关的一项可选择的业务，难免会导致被选择提起的环境行政公益诉讼案件“挂一漏万”。而环保社会主体是专门以维护环境公益为目标的社会组织或公民，其对地方政府和环保行政机关的环境行政行为的监督，相较于检察机关而言，更具有主动性、持续性以及全面性。生态环境共治应当是多元主体参与的过程，立法仅允许作为公权力主体的检察机关提起环境行政公益诉讼，并不利于我国环境行政公益诉讼的长远发展。

最后，赋予检察机关针对在其履职过程中发现的、在生态环境和资源保护领域负有监管职责的环保行政机关违法不作为或作为不当的情形提起环境行政公益诉讼的起诉权利的性质与检察机关的法律监督权力的性质相冲突。前者属于自由选择权的范畴，后者属于法定职责和义务的范畴。

（二）适用条件

为防止检察机关的公权力过分膨胀，检察机关不宜过多提起环境行政公益诉讼。[1] 公权力天然就具有扩张性，不仅行政公权力如此，检察公权力亦然。因此，检察机关在提起环境行政公益诉讼的司法改革进程

---

〔1〕 参见秦前红：《检察机关参与行政公益诉讼理论与实践的若干问题探讨》，载《政治与法律》2016 年第 11 期。

中，应谨记其是国家的法律监督机关，其应立足其法律监督的准确定位和功能边界，避免在环境行政公益诉讼中肆无忌惮地扩张检察公权力，不正当地利用其检察权，而影响环保行政机关在环保管制领域优先运行行政权，干涉法院的公正审判。检察机关提起环境行政公益诉讼，理论上应该充分尊重地方政府和环保行政机关在处理环境保护监管职责范围内的事务，严格履行诉前起诉程序。

检察机关提起环境行政公益诉讼应作为社会主体提起环境行政公益诉讼的补充。检察机关提起环境行政公益诉讼的适用条件仅限于同时满足以下两种前提：(1)在履行职责过程中发现的；(2)针对政府或环保行政机关在生态环境或资源保护领域存在的损害环境公益的不作为或作为不当。且为了契合司法谦抑的理性判断标准，检察机关在提起环境行政公益诉讼前，应当在诉前法定期间内将违法事实告知相应的政府、环保行政机关、上级机关及监察机关，给予政府或环保行政机关勤勉执行的机会。

四、社会主体提起的环境行政公益诉讼的司法理性分析

在司法实践中，社会主体提起的环境行政公益诉讼旨在为社会组织或公民诉诸司法、督促政府或环保行政机关依法履行环境监管职责、救济和维护环境公益提供司法保障。

(一)司法理性分析

首先，环境公益具有广泛性、公共性和非排他性等特征，为不特定多数公众非排他性地共同享有。公众是环境公益的真正享有者，社会组织或公民是代表公众维护和救济环境公益的最佳主体。环保社会组织的设立不以营利为目的，能够以更接地气的方式了解并代表公众反映真实的公众环境权益诉求以及对美好环境品质的现实需要，是公众参与国家环境治理的不可或缺的纽带和桥梁。环保社会组织的公益性决定了其在提起环境行政公益诉讼时，不为其他私益所驱动，而以维护环境公共利益和公众环境权益为目标。所以，从理论上看，环保社会组织是提起环境行政公益诉讼的重要主体。此外，扩充个人参与环境公益诉讼制度有着重要

的理论支持。[1] 赋予公民提起环境行政公益诉讼的主体资格符合公民参与环境公共治理的现实需求。社会主体(社会组织或公民)提起的环境行政公益诉讼本质上是赋予社会公众借助司法监督环境行政权力的资格,有利于为公众督促政府或环保行政机关积极履行环保监管职责提供最终的司法保障,实现生态环境共治的目标。社会主体提起环境行政公益诉讼是我国司法民主原则在环境公益诉讼领域中的具体体现。

其次,社会主体提起的环境行政公益诉讼旨在赋予代表环境公益的社会组织或公民借助司法公器督促政府或环保行政机关履行国家环境保护义务和实现环境公共治理。作为社会公众的主要代表团体——社会组织在理论上具有相对独立、自主的经济和社会地位。在环境公益诉讼领域,社会主体最为需要的,应是能够使其及时而有效地监督政府全面履行环保监管职责的环境行政公益诉讼制度,而不是在违法的环境污染或生态破坏结果已成既定事实情况下才能对相关主体提起诉讼的环境民事公益诉讼制度。[2] 若社会主体提起的环境行政公益诉讼得到立法承认和司法支持,法院能够公正、公平对待民间社会组织和公民的起诉权,站在中立的立场监督行政权,摆脱主动为环境行政执法服务、成为行政附庸的角色,则意味着我国环境司法改革向司法公正、司法中立方向迈出了一大步。

再次,政府或环保行政机关在制定环境政策、管制环境违法者等方面具有司法难以比拟的职能优势和效率。社会主体提起的环境行政公益诉讼有助于社会组织或公民借助司法督促政府或环保行政机关依法及时履行环境保护义务、运用行政权有效管制环境违法者。相较于直接借助司法监督具体环境污染者或破坏者的社会主体提起的环境民事公益诉讼而言,社会主体提起的环境行政公益诉讼更符合司法效率和司法谦抑的理性判断标准。例如,2009 年中华环保联合会诉清镇市国土资源局不履

---

〔1〕 参见马腾:《我国环境公益诉讼制度完善研究——对常州毒地案一审判决的法理思考》,载《中国政法大学学报》2017 年第 4 期。

〔2〕 参见王曦:《论环境公益诉讼制度的立法顺序》,载《清华法学》2016 年第 6 期。

行法定职责案,国土资源局在社会组织起诉督促下,立即依法作出撤回土地使用权的决定。而该决定的作出因国土资源局怠于履职被拖延了15 年。此外,相对于检察机关而言,环保社会组织具备环保专业优势。环保社会组织的专业性主要表现在环保专业人员的构成方面。基于环保社会组织以维护环境公益为宗旨,而环境污染和生态破坏问题具有科学技术性,因此,环保社会组织在引进人才时更加注重引进具有专门环保治理技术和环保法律知识的律师、专家和学者,借助专家学者们所熟悉的环保专业知识和专业技能,提出具有独到见解的预防和治理环境问题、解决环境损害纠纷的方案。而且环保社会组织通过团队合作,往往能分析出有效的、具有高度参考价值和说服力的对策和意见,有利于提高司法效率。

最后,民事诉讼采行"谁主张,谁举证"原则,而行政诉讼采用举证责任倒置原则,社会组织或公民以负有环境监管职责的政府或环保行政机关为被告,适用行政诉讼程序提起环境公益诉讼,有利于减轻处于弱势地位的原告的举证责任,且能够从宏观上解决区域内发生的同类环境问题、改善环境质量。例如,2002 年,陈某庆选择以杭州市余杭区环保局为被告,请求法院判处环保局对其管辖区域内从事违法排放粉尘、噪声的 11 家企业进行管制。从学理上来分析,该案若得到法院受理,原告只需对 11 家企业违法实施环境污染行为、11 家违法企业属于环保局管辖范围、环保局怠于履行管制职责、环保局对该管辖区的环境质量负责等事实进行举证,而会避免承担以 11 家企业为诉讼标的所需承担的复杂因果关系举证责任。该案虽未胜诉,但在仁和镇政府的重视下成立了整治小组,达到了良好的效果。总体来说,社会主体提起的环境行政公益诉讼符合司法民主、司法中立、司法公正、司法效率和司法谦抑的司法理性判断标准。

(二)适用条件

根据我国目前法律和司法解释的规定,我国仅明确检察机关有权提起环境行政公益诉讼的起诉资格。检察机关提起环境行政公益诉讼的制度设计,本质上是借助司法公权力以监督行政公权力的正确运行,进而实现维护环境公共利益的终极目标。“国家积极作为论”提倡在国家法治建设中,应以权力制约权力,检察机关提起环境行政公益诉讼正是以检察监督权制约行政权的积极作为方式。[1] 必须承认,在我国现有的环境法治体系背景下,我国的社会主体(包括社会组织和公民)较之于检察机关,在提起环境行政公益诉讼方面仍处于相对弱势地位,但不应因社会主体暂时的能力不足而完全否定其提起环境行政公益诉讼的可行性,进而限缩社会主体提起环境行政公益诉讼的制度空间。况且,作为法律监督机关,检察机关负责监督的事务较多,让检察机关成为唯一有权提起环境行政公益诉讼的适格主体,不可避免会使检察机关陷入单打独斗甚至疲于应付的困境。如果突破检察机关垄断环境行政公益诉讼的格局,将环境行政公益诉讼的原告范围向社会主体敞开,那么就可以在一定程度上减轻检察机关提起环境行政公益诉讼的压力。直接享有环境权益的社会公众对环境问题更为敏感,其与环境的关系相较于检察机关更为密切。因此,“检察机关较之于社会主体可以更充分行使对环境行政权的监督作用的观点”,实质上是忽略了社会公众与环境之间的紧密联系。

从长远来看,检察机关提起环境行政公益诉讼不应成为我国唯一的环境行政公益诉讼模式。社会主体有其自身的生存、发展和吸引更多成员的需求作为动力引擎,担任行政公益诉讼人,或可以更加积极地推动行政公益诉讼的进行。[2] 赋予社会主体提起环境行政公益诉讼的起诉资格,并规定诉前程序,有助于推动环境行政公益诉讼制度朝着民主化、科学化、常态化的方向发展。进一步扩大环境行政公益诉讼起诉主体范围,使社会主体提起环境行政公益诉讼具有现实意义。其一,由社会主体替检察机关分担一部分监督地方政府或环保行政机关依法履职的工作,可以减轻检察机关的压力,进而可以更加客观、全面地监督地方政府和环保

---

〔1〕 参见薄晓波:《三元模式归于二元模式——论环境公益救济诉讼体系之重构》,载《中国地质大学学报(社会科学版)》2020 年第 4 期。

〔2〕 参见沈岿:《检察机关在行政公益诉讼中的请求权和政治责任》,载《中国法律评论》2017 年第 5 期。

行政机关及时依法履行环保监管职责，促进维护环境公益目标的实现。其二，综观德国、日本等有关环境行政公益诉讼的立法规范，可以发现，社会主体提起环境行政公益诉讼的制度构建已然存在较为成熟的立法经验。实际上，我国已有部分环保社会组织有能力并热衷于维护环境公益事业，允许这些有能力、有热情的社会主体提起环境行政公益诉讼，亦能够及时、有效、全面地监督地方政府和环保行政机关履行职责。相对于限制社会主体只能对环境污染者或生态破坏者提起环境民事公益诉讼而言，社会主体提起环境行政公益诉讼的成本更低、效率更高，也更符合我国环境保护法的公众参与原则。从社会主体提起环境民事公益诉讼的司法实践和立法经验来看，在被立法正式确认之前，这项制度的推行也曾引发“案件数量井喷”“出现滥诉”等方面的担忧，但实践表明这种担忧并未出现。社会主体针对损害或有损环境公益之虞的环境行政违法行为，在相关政府或环保行政机关被告知后仍未履行诉前勤勉义务的情况下，有权向人民法院提起环境行政公益诉讼。就应然层面而言，社会主体提起的环境行政公益诉讼符合司法民主、司法中立、司法公正、司法效率和司法谦抑等司法理性判断标准。因此，赋予符合法定条件的社会主体以环境行政公益诉讼的原告资格具有现实的必要性和可行性。

正确的立法顺序应当是先立环境行政公益诉讼制度，后立环境民事公益诉讼制度。[1] 社会主体提起的环境行政公益诉讼应优位于检察机关提起的环境行政公益诉讼。当社会主体发现环境违法行为时，应当首先监督当地政府或其环保行政机关依法履行环保监管职责。如果当地政府或环保行政机关怠于依法履行环保监管职责，社会主体可以依据环境保护实体法以及环境行政公益诉讼相关的法律规定，在诉前程序未达到效果的前提下，向法院提起环境行政公益诉讼，通过司法权来纠正地方政府或环保行政机关的不当行政行为。与环境民事公益诉讼和公权力主导的环境行政公益诉讼相比，社会主体提起的环境行政公益诉讼具有以下

---

〔1〕 参见王曦：《论环境公益诉讼制度的立法顺序》，载《清华法学》2016年第6期。

特点：首先，在社会主体提起的环境行政公益诉讼中，法院审查地方政府或环保行政机关相关行政行为的合法性；仅在环境行政处罚显失公正等法律规定的场合下，才能审查环境行政行为的合理性，即法院通常情况下不干预环境行政权，不需要介入到具体的环境行政管理事务中，这可以避免陷入与环境保护相关的利益冲突中，避免代替环保行政机关进行利益衡量，并有效、正当地发挥其在法律适用方面的优势。其次，在社会主体提起的环境行政公益诉讼中，法院通常只针对地方政府或环保行政机关的行政作为或者不作为做合法性方面的评价，不太涉及具体环境管制的事实问题，这能够在一定程度上减少司法资源的投入。最后，相较于社会主体提起的环境民事公益诉讼而言，社会主体提起的环境行政公益诉讼能够节约社会主体的诉讼成本，尤其能够促进环保社会组织积极参与环境公共事务，能够更加充分地发挥环保社会组织在监督地方政府和相关环保行政机关的行政过程中的作用，这才是社会主体提起环境行政公益诉讼制度的真正价值所在。

为确保司法民主的真正实现，除中华环保联合会等具有官方背景的环保社会组织有权提起环境行政公益诉讼外，其他民间组织甚至是公民均有提起环境行政公益诉讼的起诉资格。法院在受理此类案件时，应平等地认定各类社会主体的起诉资格。为有效借助有限的司法资源以督促行政效率的发挥，社会主体在提起环境行政公益诉讼之前，应将违法事由告知相应的政府、环保行政机关及监管机关，给予违法政府或环保行政机关主动纠错的机会，在政府或环保行政机关仍然不作为或作为不当的情况下，社会主体方可向人民法院提起环境行政公益诉讼。

本章小结：社会主体提起的环境行政公益诉讼是最适当的环境公益诉讼类型

现阶段，我国环境公益诉讼类型多元并存。在选择最适当的环境公益诉讼类型作为我国环境公益诉讼发展的应然主流和方向时，应以环境保护法理基础和司法理性标准作为选择维度。

国家环境保护义务论和环境公共治理理论作为环境保护法理基础，为社会主体提起的环境行政公益诉讼提供正当性和合理性的理论支持。基于国家环境保护义务论和环境公共治理理论，社会主体提起的环境行政公益诉讼可以为社会公众借助司法公器督促政府或环保行政机关履行国家环境保护义务以维护和促进环境公益、使社会环境权力与国家环境权力在环境公共治理架构下形成合力提供强有力的司法保障。

同时，社会主体提起的环境行政公益诉讼更符合司法理性判断标准。社会组织或公民能够真正有权诉诸司法是司法民主原则的体现；能够借助司法公器督促政府或环保行政机关充分发挥环境行政效率是司法效率、司法谦抑原则的体现。法院能够公正对待社会组织或公民的起诉权、独立和公正地行使审判权、摆脱为环境行政执法服务的角色并依法监督环境行政权是司法公正、司法民主、司法中立原则的体现。

相较之下，其他环境公益诉讼类型并不完全符合司法理性判断标准。

公权力主体提起的环境民事公益诉讼能够及时、高效制止环境民事违法行为或索取环境损害赔偿金，并可以借助司法解决跨区域环境问题，弥补环境行政权力受区域限制的不足。但在司法实践中，法院、检察机关与环保行政机关共同积极寻求案源，且联合拓展的案源均以全胜告终，实质上剥夺了被告的上诉权，不符合司法公正、司法中立和司法民主的司法理性判断标准。此外，环境行政效率高于司法裁判效率，环保行政机关未穷尽环境管制权力而借力司法实现环境管制目的，不符合司法效率和司法谦抑的司法理性判断标准。公权力主体提起的环境民事公益诉讼应作为社会主体提起的环境民事公益诉讼的补充。不应授予环保行政机关提起环境民事公益诉讼的起诉资格，而检察机关只有在履行公诉或诉讼监督职责过程中，发现环境或生态领域存在的损害环境公益的环境民事违法行为，且没有适格的社会主体或适格社会主体不起诉的前提下，才应提起环境民事公益诉讼。

社会主体提起的环境民事公益诉讼能够弥补环境行政执法难以全方

位、实时监测恶意环境民事违法行为的不足，是司法民主原则在环境公益诉讼领域的体现。但在司法实践中，民间环保组织或公民独立提起的环境民事公益诉讼难以得到法院支持，司法民主并未真正实现。社会主体提起的环境民事公益诉讼不以诉前告知环保行政机关勤勉执行为前置程序，在行政职能未充分发挥功效的情况下直接借力有限的司法资源制裁环境民事违法者，不符合司法效率和司法谦抑的司法理性判断标准。社会主体提起的环境民事公益诉讼的功能主要是弥补政府或环保行政机关在管制污染者或破坏者方面能力或权力的不足，在政府或环保行政机关因立法未授权而欠缺环境行政管制权力的领域发挥补充性的功能。

公权力主体提起的环境行政公益诉讼实质上是在"以官治官"理念下构建的国家检察权力监督国家行政权力的诉讼制度，有利于借助司法权威和国家强制力高效地监督环境行政违法行为。但以国家权力制约国家权力，容易导致国家机构的扩张和臃肿，进而破坏国家权力格局，不利于社会公众参与国家环境治理，有违司法民主的司法理性判断标准。且检察机关提起环境公益诉讼的起诉权属于权利的范畴，在属性上与其基于维护国家环境利益而应当实施的法律监督权的义务属性相矛盾。检察机关提起环境行政公益诉讼应作为社会主体提起环境行政公益诉讼的补充。检察机关只有在履职过程中，发现政府或环保行政机关在生态环境和资源保护领域存在损害或有损环境公益的不作为或作为不当，才能提起环境行政公益诉讼。

当前，我国立法仅授权检察机关作为唯一有权提起环境行政公益诉讼的主体，其局限性仍饱受学界争议。而近年来，我国的环保社会组织在政策和立法的推动下，得到快速发展，环保社会组织的数量也在逐年不断增加。包括社会组织在内的社会主体，能够切实地表达公众环境权益的现实需求，具有检察机关所难以具备的天然独立性、公益性和专业性优势。社会主体可以更为全面、客观地规制环境行政权、实现公众的环境权益。检察机关作为环境行政公益诉讼唯一适格原告，限制了社会主体借助司法公器监督环境行政权的通道，同时难以确保司法民主、公正的实现。检察机关垄断环境行政公益诉讼的现行司法实践，虽在国家大力推动下取得一定成效，但从长远来看，社会主体原告资格认定的缺失，并不利于环境公益诉讼制度的健康、持续发展。检察机关提起环境行政公益诉讼不应成为唯一的行政公益诉讼模式。

综上所述，社会主体提起的环境行政公益诉讼应是我国环境公益诉讼最适当的诉讼类型，其他诉讼类型在特定适用条件下发挥补充性功能。

第四章　社会主体提起环境行政公益诉讼的现实阻碍

社会主体提起的环境行政公益诉讼以国家环境保护义务论和环境公共治理理论为环境保护法理基础,同时符合司法理性判断标准,应是我国环境公益诉讼发展的应然主流和方向。然而,在我国环境公益诉讼的立法和司法实践中,社会主体提起环境行政公益诉讼仍存在诸多阻碍。本章拟对社会主体提起环境行政公益诉讼在现实中存在的阻碍和原因进行分析,为克服阻碍的路径选择和制度构建提供实证基础。

第一节　阻碍的主要表现

在我国环境公益诉讼司法实践中,社会主体提起环境行政公益诉讼阻碍重重,主要表现在社会组织或公民的起诉资格受限、受案范围依据不足以及法院审判具有较强的行政依附性三个方面。

一、起诉资格受限

我国最先从政策层面鼓励社会团体和公众检举

和揭发各种环境违法行为，推动社会主体提起环境公益诉讼。如党的十八大报告，聚焦如何鼓励和发展社会组织、激发社会组织内在活力并进行了顶层的制度安排。自党的十八大以后，国家为社会组织营造了前所未有的发展机遇。接着，党的十八届三中全会倡导“创新社会治理体制”“激发社会组织活力”的部署安排，推动社会组织的改革发展。此后，党的十八届四中全会进一步明确要求“加强社会组织立法，规范和引导各类社会组织健康发展”。1996 年《国务院关于环境保护若干问题的决定》第 10 部分“加强宣传教育，提高全民环境意识”以及 2005 年《国务院关于落实科学发展观加强环境保护的决定》第 27 条都赋予社会团体和公众检举和揭发环境违法行为的权利。但从严格法律意义上说，检举和揭发不等于起诉。社会组织或公民的起诉资格严格受限，只有在人身权或财产权等合法权益受到环境民事违法行为或具体行政行为侵害的情况下，社会组织或公民才具有起诉资格。当政府或环保行政机关实施损害环境公益的行为而没有造成具体利害关系人的人身权或财产权等私益性合法权益受损，或即使存在受害者，但受害者基于行政压力或经济压力不能、不愿或不敢对政府或环保行政机关提起环境行政诉讼时，如果政府或环保行政机关不主动采取措施制止或纠正其环境违法行为，社会组织或公民则无权通过起诉的方式借助司法制约政府或环保行政机关损害环境公益的行为。2016 年，中共中央办公厅、国务院办公厅出台的《关于改革社会组织管理制度促进社会组织健康有序发展的意见》明确呼吁“充分发挥社会组织服务国家、服务社会、服务群众、服务行业的作用，努力走出一条具有中国特色的社会组织发展之路”，并提出了“到 2020 年，统一登记、各司其职、协调配合、分级负责、依法监管的中国特色社会组织管理体制建立健全，社会组织法规政策更加完善，综合监管更加有效，党组织作用发挥更加明显，发展环境更加优化；政社分开、权责明确、依法自治的社会组织制度基本建立，结构合理、功能完善、竞争有序、诚信自律、充满活力的社会组织发展格局基本形成”的总体目标。以上规定为社会组织参与社会公共治理提供了广阔空间。

然而,在2012年以前的环境公益诉讼司法实践中,我国环保社会组织提起环境公益诉讼一直受制于法律上起诉资格的缺失。直到2012年《民事诉讼法》第55条首次为法律规定的有关组织提起环境民事公益诉讼提供了程序法依据。此后,2014年修订的《环境保护法》为社会组织提起环境民事公益诉讼提供了实体法依据,该法第58条规定,符合一定条件的社会组织具有提起环境民事公益诉讼的起诉资格。起诉资格的条件包括:其一,具有合法性。该环保社会组织必须在设区的市级以上的民政部门登记,并且无违法记录。其二,具有专业性。该环保社会组织要有连续5年以上专门从事环保公益活动的经验。其三,提起诉讼须具有非营利性。提起环境公益诉讼的环保社会组织不能通过提起环境公益诉讼来牟取经济利益。于是符合《环境保护法》(2014年)第58条规定的起诉资格的环保社会组织,尤其是全国性环保社会组织,如中华环保联合会、自然之友、中国生物多样性保护与绿色发展基金会积极在各地人民法院提起多起环境民事公益诉讼案件。同时,地方性环保组织也热情高涨,积极参与到环境民事公益诉讼中来。但据统计,在我国各级民政部门登记的与环境保护宗旨相关的社会组织共有6000多个,其中,有36个在国务院的民政部门登记,有300多个在省级的民政部门登记,有700多个在设区的市级民政部门登记。[1] 由此可见,单从数量来说,全国符合法律规定的、具备提起环境民事公益诉讼起诉资格的社会组织仅约占全部环保社会组织的1/6,大量环保社会组织被排除在环境民事公益诉讼大门之外。随着我国环境质量的不断恶化、公民环保意识的不断加强,司法实践中陆续出现一些社会组织或公民为了保护环境公益而起诉环保行政机关违法作为或不作为的环境行政公益诉讼案件,但由于我国《环境保护法》和《行政诉讼法》没有明确赋予环保社会组织提起环境行政公益诉讼的起诉

---

〔1〕 参见郄建荣:《新环保法实施公益诉讼门槛降低　9家环保组织一年提起37起环境公益诉讼》,载法制日报网,http://www.legaldaily.com.cn/index_article/content/2016-03/20/content_6531732.htm?node=5955。

资格,使我国的环保社会组织只能专攻于环境民事公益诉讼,而不能提起环境行政公益诉讼。由此形成当前社会主体提起的环境民事公益诉讼"热",而社会主体提起的环境行政公益诉讼"冷"的局面。限于原告不适格等诸多因素的影响,法院最终将此类案件拒之门外,社会主体提起的环境行政公益诉讼举步维艰。2015 年 7 月 1 日,全国人民代表大会常务委员会发布《关于授权最高人民检察院在部分地区开展公益诉讼试点工作的决定》,授权最高人民检察院在 13 个省、自治区、直辖市试点开展提起公益诉讼工作;该时期所积累的业务经验推动了 2017 年《行政诉讼法》的修正,首次在立法层面确立了环境行政公益诉讼制度。这些授权性文件和立法,虽然为我国环境行政公益诉讼的起诉主体的确认提供了法律依据,但是这些规定仅仅是确认检察机关具备提起环境行政公益诉讼的起诉主体资格,却将社会组织和公民个人等社会主体排除在环境行政公益诉讼的适格起诉主体之外,大大地缩小了起诉主体的范围,实际上并不利于我国环境行政公益诉讼的健康、可持续发展。目前,我国的环境行政公益诉讼是社会主体"缺席"的行政公益诉讼,而公众环境权益本身是一项内容较为广泛的权利,也是一项主体范围广泛的权利,具有社会公共性等属性。此外,政府依法履行国家环境保护义务是实现公众环境权益的最重要的途径。有权利则有救济,无救济则无权利。司法救济亦是保障公众环境权益实现的最后一道屏障。因此,赋予广泛享有公众环境权益的社会主体提起环境行政公益诉讼的权利,突破现有实体法与程序法中有关社会主体提起环境行政公益诉讼的实体权和起诉权的规定,是维护公众环境权益、督促国家环境保护义务正确履行以及实现环境公共治理目标的重要举措。

在司法实践中,在没有公权力主体支持的情况下,民间社会组织或公民提起的环境行政公益诉讼案件,法院多以原告不适格而不予受理。如 2000 年青岛市市民诉青岛市规划局行政许可案,2001 年施某辉、顾某松诉南京市规划局违法审批案,2003 年陈某庆诉杭州市环保局不履行法定职责案以及 2014 年李某欣诉石家庄市环保局不依法履行大气污染治理法定职责案等。少数法院在地方政策和规范性文件的极力推动下能动性地受理官方环保组织提起的环境行政公益诉讼案件。如 2009 年清镇市环保法庭受理的中华环保联合会诉清镇市国土资源管理局不依法履行法定职责案以及 2012 年无锡市滨湖区人民法院受理的中华环保联合会诉无锡市蠡湖惠山景区管理委员会生态环境损害赔偿纠纷案。法院受理公民提起的环境行政公益诉讼案件仅限于法律明确规定的可诉的政府信息公开案,如 2013 年广州市越秀区人民法院受理陈某雯诉广州市环保局信息公开案。

可见,在司法实践中,民间社会组织或公民难以获得环境行政公益诉讼的起诉资格,难以独立提起环境行政公益诉讼。环境公益诉讼发展进程中,曾经出现过的极少数社会主体提起的环境行政公益诉讼获得法院受理且胜诉的案件,要么是由官方环保组织提起或得到公权力主体的支持,要么属于法律明确规定的可诉的政府信息公开案件范畴。但由于现阶段,在社会主体提起环境行政公益诉讼领域,国家立法和政策仍处于缺失状态,社会主体提起环境行政公益诉讼的进程仍任重道远。

二、受案范围依据不足

社会主体提起的环境行政公益诉讼的受案范围是指法院受理社会组织或公民提起的环境行政公益诉讼的案件范围。受案范围是法院审理社会主体提起的环境行政公益诉讼案件的重要依据和判断标准。

在 2015 年国家授权检察机关作为唯一适格主体提起环境行政公益诉讼之前,环保意识较强的法院曾能动性地受理社会主体提起的环境行政公益诉讼案件,如 2012 年中华环保联合会诉贵州省修文县环保局环境信息公开案以及 2013 年陈某雯诉广州市环保局信息公开案。但该时期,在缺乏明确法律规定的情况下,法院是否受理社会主体提起的环境行政公益诉讼案件多取决于法院的自由裁量。如 2009 年清镇市环保法庭将清镇市国土资源管理局未依法履行职责的行为纳入社会主体提起环境行政公益诉讼的受案范围,而 2014 年河北省高级人民法院和石家庄市中级人民法院均未将石家庄市环保局未依法履行职责的行为纳入社会主体提起环境行政公益诉讼的受案范围。

2015 年 7 月至 2017 年 6 月为期两年的检察公益诉讼试点推动了我国《行政诉讼法》的修改，修改后的《行政诉讼法》首次在立法层面确立了检察环境行政公益诉讼制度，并对检察机关提起行政公益诉讼的案件范围作出了原则性规定。在此基础上，《最高人民法院、最高人民检察院关于检察公益诉讼案件适用法律若干问题的解释》进一步细化检察机关提起公益诉讼的程序，其中第 21 条第 1 款明确规定检察机关提起行政公益诉讼的案件范围，将“生态环境和资源保护、食品药品安全、国有财产保护、国有土地使用权出让”纳入检察机关提起行政公益诉讼的受案范围。基于维护更多国家和社会公共利益的需要，党的十九届四中全会通过的《中共中央关于坚持和完善中国特色社会主义制度 推进国家治理体系和治理能力现代化若干重大问题的决定》提出“拓展公益诉讼案件范围”。但目前我国法律和司法解释所规定的行政公益诉讼案件范围仅限于检察机关提起的行政公益诉讼案件，社会主体提起环境行政公益诉讼的案件范围未有立法规定。

根据 2015 年《立法法》第 8 条的规定，诉讼和仲裁制度只能制定法律。在司法实践中，在法律未明确规定社会主体提起环境行政公益诉讼受案范围的情况下，法院只能依据《行政诉讼法》第 12 条第 2 款的规定，从其他法律、法规以及相关司法解释中寻找适法依据，通过保护和救济私益性环境权益来间接地救济已经或可能受损害的环境公益。我国《行政诉讼法》第 12 条对行政诉讼受案范围进行了列举式和概括式的规定，原则上为保障因行政行为所侵害的公民、法人或其他组织的人身权或财产权等合法权益提供了立法依据。笔者认为，法院在审理公民、法人或其他组织因环境权益受损而提起的环境行政诉讼案件时，可能动性地将《行政诉讼法》规定的违法行政行为所侵害的公民、法人或其他组织的“合法权益”进行扩大解释，将环境权益纳入合法权益的范畴，允许因违法环境行政行为导致环境权益受到侵害的公民、法人或其他组织提起环境行政诉讼，通过对私益性环境权益进行救济来间接地救济受损的环境公益，以及以维护和救济环境公益为目的的社会主体提起的环境行政公益诉讼的受案范围依据不足。

三、法院审判具有行政依附性

在我国环境公益诉讼司法实践中,社会组织或公民提起的环境民事公益诉讼往往容易得到法院的受理,而社会组织或公民独立提起的环境行政公益诉讼则难以得到法院的支持。这反映了一个事实,在我国环境司法体制下,法院往往扮演着环境行政执法辅助者或公权力服务者的角色,难以发挥监督行政的功能。

然而,在政策以及规则制定层面,仍不缺对"环境司法应为行政服务"的主张。自时任最高人民法院院长的王胜俊于2009年引入"司法能动"理念后,环境保护法学者随即将该理念运用到环境司法领域,并提倡法院应积极配合环保行政机关寻找案源,打击环境污染者或生态破坏者。如有学者认为,通过加强环境司法与环境执法的协同联动合作、有效地将司法权与行政权介入到环保领域、共同加大环保执法力度,可以更好地严惩环境违法行为、维护环境公共利益。[1] 各地也纷纷制定地方规范性文件,提倡法院为环境行政执法服务。例如,《无锡市环境保护局、无锡市公安局、无锡市中级人民法院、无锡市人民检察院、无锡市监察局关于建立环境行政执法与司法联动工作机制的意见》(2013年)指出:"对环境行政执法依法提供提前介入司法服务。"《贵州省高级人民法院关于推进环境民事公益诉讼审判工作的若干意见》(2015年)提出:"积极推动建立审判机关、检察机关和环境资源保护行政执法机关之间建立环境事件预警、沟通和联动处置应对机制,整合资源,综合施策,有效预防和妥善应对各类环境事件。"《青海省人民代表大会常务委员会关于加强公益诉讼检察工作的决定》(2020年)提出,"加强检察机关与行政机关、监察机关、审判机关、社会组织的协作联动"。在环境司法专门化过程中,有的地方为突破

〔1〕 参见钱水苗、孙海萍:《论环境司法与执法协同保障的完善——以浙江省的实践为例》,载《中国环境法治》2013年第1期。

环境公益诉讼“零受案率”的困境,鼓励法院配合环保行政机关主动、积极拓展案源。如浙江省慈溪市人民法院设立驻该市环保局的司法联络室,提前介入行政执法敦促环境违法者停止违法行为。

第二节 受阻的原因分析

社会主体提起的环境行政公益诉讼在现实中阻力重重,主要存在理念待更新、立法待完善、公民意识待加强以及社会主体能力不足等方面的原因。

一、理念待更新

我国的环境保护法律主要强调政府或环保行政机关的环境管制权力和公民的环境保护义务,实质上属于授权性和管理性的法律。在现有的环境保护法、行政法体系中,政府或环保行政机关被授予大量的职权,而有关政府或环保行政机关的环保义务和法律责任的条文却相对较少,即使存在法律责任条款,也多是规定环保行政机关的内部行政责任。从学理和法治的角度而言,行政行为应当具有可诉性。行政行为可诉性是一个应然的、无须讨论、不容争辩的问题。〔1〕行政行为的可诉性程度反映了一个国家保障、救济公民权利、维护客观法秩序的程度以及民主法治的发达程度。

在“公民环境义务—国家环境权力”理念的指导下,学术界和立法界在研究和制定环境公益诉讼制度进程中,多注重环境民事公益诉讼的研究,试图通过赋予法律规定的机关和有关组织借助司法途径追究具体的环境污染者或生态破坏者的法律责任,以督促环境污染者或破坏者积极履行法定环境保护义务,辅助国家环境管制权力的实现。在环境民事公益诉讼司法实践中,为了加大对环境污染者或破坏者的打击力度,法院常借助有限的司法资源、辅助政府或环保行政机关追究环境污染者或破坏

〔1〕 参见茅铭晨:《行政行为可诉性研究:理论重构与制度重构的对接》,北京大学出版社2014年版,第23页。

者的环境民事法律责任。以“公民环境义务—国家环境权力”理念为导向构建的环境民事公益诉讼，虽能在微观层面辅助环境环保行政机关追究具体污染者或破坏者的法律责任、督促环境违法者履行环境保护义务，但从长远来看，环境保护的“主战场”应是环境行政执法，根据职权法定和环境效率原则，环境公益诉讼存在的意义应是督促政府或环保行政机关在能为而不为的情况下积极履行环境管制职责和国家环境保护义务，而非替代政府或环保行政机关直接管制环境违法者。将有限的司法资源放在辅助国家环境行政权力的实现上，不仅不利于司法资源的优化配置，还容易导致政府或环保行政机关怠于履行国家环境保护义务、使环境司法成为环境行政的工具或附庸。

在“国家权力制约国家权力”理念指导下所构建的检察机关提起的环境行政公益诉讼，试图通过国家检察权力制约国家环境行政权力以监督国家环保行政机关依法履行法定环境保护义务。虽能借助检察机关的法律监督权制约国家环境行政权力，但检察机关提起的环境行政公益诉讼实质只是在“密封的国家机器内部寻求制约国家权力的力量”，在“以官治官”的理念指导下架构的检察机关提起的环境行政公益诉讼将导致国家机构的扩张和臃肿，进而将可能破坏国家权力格局。

无论是在“公民环境义务—国家环境权力”理念指导下构建的环境民事公益诉讼还是在“国家公权力制约国家公权力”理念指导下构建的检察机关提起的环境行政公益诉讼，都是在我国环境问题凸显、环境公益严重受损、人民社会尚未成熟的时期的应急性、阶段性制度，具有当下的必要性和现实性。但从长远来看，要构建环境保护法治国家、实现环境公共治理目标，应当从理念上实现转变，从“国家权力本位”向“国家义务本位”转变，由政府或环保行政机关承担起积极履行国家环境保护义务管制环境违法者、提供基本的环境公共物品等职责。同时允许真正非排他性享有环境公益的不特定多数社会公众以独立第三方的社会力量形式介入政府环境决策和政策实施过程中，实现多元主体环境共治。社会公众以多种途径参与社会公共治理，是我国社会治理体制改革的必然要求,也是社会发展的必然趋势。我国环境立法也应该在治理理念、参与主体、参与手段、参与方式等方面进行相应的完善,以满足社会公众对我国环境公共治理主体多元化、程序具体化和规则细致化的现实需求。

而我国现阶段环境立法所秉持的环境管制理念,并非环境公共治理理念。尽管"十三五"规划纲要及两会报告中多次强调构建社会治理体系的重要性,但该政策呼吁并未落实到立法上,公众难以诉诸司法,保障其参与环境共治的权利。严格限制社会组织或公民以独立第三方的身份与政府或环保行政机关进行制衡与合作,导致在社会组织或公民参与环境公共治理的权利得不到保障时,社会主体提起的环境行政公益诉讼制度也难以发挥司法保障的功能。

二、立法待完善

(一)立法对起诉资格限制过严

"起诉资格",即谁有依法向人民法院起诉的资格。"起诉资格"问题是学界普遍认为构建环境公益诉讼需首要解决的问题。对于如何认定"起诉资格",理论界已有不同相对成熟的呼声,有学者主张构建泛多元主体资格,即认为检察机关、环保行政机关、社会组织、公民甚至是自然体均具有提起环境公益诉讼的起诉资格;有学者建议构建多元主体资格,即认为除自然体外,检察机关、环保行政机关、社会组织及公民均具有起诉资格;亦有学者认为,环境公益诉讼的最终启动权应交给公民。

理论界的激烈论证并未完全得到立法的采纳。《环境保护法》第58条规定了社会组织提起环境公益诉讼的起诉资格,但严格的登记制度以及机械的评价机制使社会组织起诉资格门槛高筑:社会组织需在设区的市级以上人民政府或民政部门登记、专门从事环保公益活动连续5年以上且无违法记录。且因只有《民事诉讼法》对社会组织在实体层面的起诉权予以程序法保障,在立法层面,社会组织仅具有提起环境民事公益诉讼的起诉资格。虽然,我国《环境保护法》《民事诉讼法》等相关法律对我国社会组织提起环境民事公益诉讼作出了相关立法规定,但由于对社会组织起诉要求限制较多、门槛较高，符合提起环境民事公益诉讼起诉资格要求的社会组织相对较少，导致环保社会组织的专业技能难以在环境民事公益诉讼领域得到有效发挥，进而大大削弱了环保社会组织参与环境民事公益诉讼的积极性。

此外，目前在我国环境行政公益诉讼领域，由于《行政诉讼法》没有明确赋予环保社会组织原告起诉资格，缺乏在程序层面的保障，我国社会组织尚不具备提起环境行政公益诉讼的起诉资格。法律依据缺失，导致社会主体难以借助司法参与环境行政公益诉讼进程。法律制定上的谨慎和踟蹰，大部分原因是立法者对社会组织抱有过于保守的心态，主要是担心赋予社会组织提起环境行政公益诉讼的原告资格，会出现社会组织滥诉导致干扰政府和环保行政机关履行环保职责的情况。但从我国环境公益诉讼司法实践发展的历史进程来看，随着国家政策性文件、法律以及司法解释的陆续出台，环境公益诉讼的案件数量与其他传统三大诉讼案件数量相比，可谓“小巫见大巫”，并未出现立法者或学界所担心的滥诉情况。就目前来看，即使立法放开对社会组织提起环境行政公益诉讼的起诉门槛限制，同样也不会出现滥诉的情况。环保社会组织作为一个正在不断发展壮大的社会主体，若环境保护等相关实体性和程序性立法没有承认其合法的起诉资格，将会使环保社会组织在探索环境公益诉讼发展的实践中有心无力，无法满足社会公众在环境保护领域的现实诉求，也使环境行政公益诉讼难以真正发挥其应有作用。

在现阶段，国家为避免滥诉情况的发生，减少公民个人对国家权力制衡和监督的社会风险，仅赋予公民个人针对政府或环保行政机关实施的环境违法行为向上级机关或监察机关“举报”的权利，在实体法和程序法方面均未赋予公民提起环境公益诉讼的起诉资格。

立法层面的缺失，导致司法实践中社会主体提起的环境行政公益诉讼难以实现真正的民主，公众诉诸司法督促国家环境保护义务的履行以及参与环境公共治理的权利难以得到立法保障。例如，2014 年，石家庄市新华区居民李某贵以空气质量长期严重超标为诉由，先后向河北省高级人民法院、石家庄市中级人民法院提起环境行政公益诉讼，请求石家庄市环保局依法履行对区域环境质量负责、治理大气污染的法定职责，但案件均未被受理。

相较之下，检察机关提起环境公益诉讼得到法院的受理和支持正是源于政策、法律和司法解释的保障。2014 年 10 月，党的十八届四中全会上提出“探索建立检察机关提起公益诉讼制度”。2015 年 6 月 24 日，最高人民检察院根据党的十八届四中全会精神，审议通过并向全国人大常委会提交《检察机关提起公益诉讼改革试点方案》，拟在北京、内蒙古、湖北等 13 个省、自治区、直辖市开展检察机关提起公益诉讼的改革试点工作。其中，以检察机关提起的环境行政公益诉讼为主要试点改革领域。2015 年 12 月 16 日，最高人民检察院通过《人民检察院提起公益诉讼试点工作实施办法》，以司法解释的形式进一步明确检察机关提起环境公益诉讼的程序。2017 年修正的《民事诉讼法》《行政诉讼法》从立法层面授权检察机关作为提起环境公益诉讼的公益诉讼起诉人。

由此可见，无论是《环境保护法》《民事诉讼法》《行政诉讼法》等法律还是《最高人民法院关于审理环境民事公益诉讼案件适用法律若干问题的解释》《人民检察院提起公益诉讼试点工作实施办法》《最高人民法院、最高人民检察院关于检察公益诉讼案件适用法律若干问题的解释》等相关司法解释，都没有赋予公民个人提起环境公益诉讼的起诉资格。立法者或出于对滥诉的担忧，或出于对我国现阶段公民素质和能力的不信任，或出于对社会风险和政治风险的把控，最终还是选择以相对保守和谨慎的态度对待我国环境公益诉讼的司法改革进路。在我国现阶段立法层面，符合严格限定条件的社会组织只能依法提起环境民事公益诉讼，而有权提起环境行政公益诉讼的主体限于检察机关。由于立法对起诉资格限制过严，公民甚至是社会组织并无提起环境行政公益诉讼的起诉资格。

(二)立法规定的受案范围过于保守

根据《宪法》第41条的规定[1],公民只能通过申诉、控告、检举或批评、建议等内部监督机制的方式间接地督促国家机关工作人员依法行政,难以借助司法救济途径直接以强制性的法律手段监督政府或环保行政机关的违法行为(包括不作为或作为不当)。

《行政诉讼法》第2条第1款规定,"公民、法人或者其他组织认为行政机关和行政机关工作人员的行政行为侵犯其合法权益,有权依照本法向人民法院提起诉讼"。该条款则从原则上将行政诉讼的受案范围限于侵害公民、法人或其他组织合法权益的行政行为,并不包括政府或环保行政机关侵害公益的违法行政行为以及其他利用职权侵害公益的事实行为。《行政诉讼法》第12条第1款进一步采用列举的方式明确公民、法人或其他组织提起行政诉讼的受案范围,从条文中列举的内容来看,无论起诉对象是行政处罚、行政许可还是行政决定,其前提均是侵害了公民、法人或其他组织的人身权益或财产权益。目前,我国《行政诉讼法》并未明确允许法院受理社会组织或公民提起的行政公益诉讼案件,即社会组织或公民为了保护公益而提起的行政诉讼并不属于现有行政诉讼的受案范围。而《行政诉讼法》第12条第2款[2]以及《最高人民法院、最高人民检察院关于检察公益诉讼案件适用法律若干问题的解释》等司法解释规定的"生态环境和资源保护、食品药品安全、国有财产保护、国有土地使用权出让等领域负有监督管理职责的行政机关违法行使职权或不作为"仅限于检察机关提起环境行政公益诉讼的受案范围,不适用于社会主体提起环境行政公益诉讼。

2015年以前,政府环境信息公开案是司法实践中胜诉率较高的、社会

---

〔1〕《宪法》第41条第1款规定:"中华人民共和国公民对于任何国家机关和国家工作人员,有提出批评和建议的权利;对任何国家机关和国家工作人员的违法失职行为,有向国家机关提出申诉、控告或者检举的权利……"

〔2〕《行政诉讼法》第12条第2款规定:"除前款规定外,人民法院受理法律、法规规定可以提起诉讼的其他行政案件。"

主体提起的环境行政公益诉讼案件，如 2012 年中华环保联合会诉贵州省修文县环保局信息公开案以及 2013 年陈某雯诉广州市环保局信息公开案等，此类社会主体提起的环境行政公益诉讼案件之所以得到法院受理并且胜诉率高，正是源于有明确的实体法律或法规依据。2007 年国务院常务会议通过的《政府信息公开条例》（已修改）以及 2010 年通过并于 2011 年施行的《最高人民法院关于审理政府信息公开行政案件若干问题的规定》明确将政府信息公开行政案件作为法院受案范围，规定公民、法人或其他组织有权针对行政机关不依法履行主动公开政府信息义务的行为向人民法院提起行政诉讼。正是基于法律将政府信息公开义务作为可诉性国家义务予以规定，才使社会组织或公民提起政府环境信息公开案有法可依。这从侧面佐证了：社会主体以其他政府或环保行政机关不履行国家环境保护义务而损害环境公益的违法行为为诉讼标的难以得到法院受理的重要原因在于立法对受案范围的规定过于保守。

（三）客观行政诉讼类型待健全

我国行政诉讼法在传统“诉的利益”理念指导下确立并发展了以保障个人合法权益为直接目的的主观诉讼类型，以维护客观法秩序、社会公共利益为直接诉讼目的的客观诉讼类型尚处于萌芽阶段，且仅限于检察机关提起环境行政公益诉讼领域。

早在 1990 年 10 月 1 日施行的《行政诉讼法》（已修改）第 1 条就明确了《行政诉讼法》的立法目的在于“保护公民、法人和其他组织的合法权益，维护和监督行政机关依法行使职权”，从文字表达上看，我国当时的行政诉讼类型包括以“保护个人合法权益”为直接诉讼目的的主观诉讼和以“监督依法行政”为直接诉讼目的的客观诉讼两大类型。但从体系论角度来看，《行政诉讼法》（1990 年）第 2 条将原告起诉资格限定在“认为行政机关和行政机关工作人员的具体行政行为侵犯其合法权益”的公民、法人或者其他组织。且该法第 11 条以列举的方式将行政诉讼的受案范围限制在侵犯行政相对人人身权、财产权等合法权益的具体行政行为。由此可见，“监督依法行政”只是“保护个人合法权益”的间接目的。《行政诉讼法》(1990 年)只从立法层面确认了我国行政诉讼的主观诉讼类型,并以“法律权益说”限制原告的起诉资格。2000 年颁布的《最高人民法院关于执行〈中华人民共和国行政诉讼法〉若干问题的解释》(已失效)第 1 条用否定方式排除了不属于行政诉讼受案范围的情形;第 12 条将起诉主体资格的限定条件从“法律权益说”扩大到“法律利害关系说”;第 26 条明确了被告仅需对其作出的具体行政行为承担举证责任。该解释扩宽了行政诉讼的起诉资格和受案范围,但仍限于在主观行政诉讼类型范围内予以细化。《行政诉讼法》(2015 年)第 2 条将受案范围从“具体行政行为”扩大到“行政行为”,表明部分抽象行政行为可成为行政诉讼的起诉对象;第 25 条将原告起诉资格进一步扩大,将“法律利害关系说”修订为“事实利害关系说”,即认为行政行为与损害之间有事实利害关系的公民、法人或者其他组织亦可以成为行政诉讼的原告。2015 年 4 月 22 日,最高人民法院审判委员会通过《最高人民法院关于适用〈中华人民共和国行政诉讼法〉若干问题的解释》(已废止),该解释第 2 条进一步明确《行政诉讼法》第 49 条第 3 项规定的诉讼请求范围,其中包括“请求判决撤销或者变更行政行为”“请求判决行政机关履行法定职责或给付义务”“请求一并审查规章以下规范性文件”等。虽然《行政诉讼法》(2015 年)与相关司法解释将可诉行政行为的范围予以扩大,但从立法体系上仍限于以保障公民、法人和其他组织合法权益为直接诉讼目的,即只有事实利益受到损害的公民、法人或其他组织才可针对可诉性行政行为提起行政诉讼。

基于检察机关被授权在 13 个省、自治区、直辖市开展为期两年(2015 年 7 月至 2017 年 6 月)的行政公益诉讼试点并取得较为显著的成绩,《行政诉讼法》(2017 年)第 25 条增设第 4 款[1]为检察机关提起环境行政公

[1] 《行政诉讼法》(2017 年)第 25 条第 4 款规定:“人民检察院在履行职责中发现生态环境和资源保护、食品药品安全、国有财产保护、国有土地使用权出让等领域负有监督管理职责的行政机关违法行使职权或者不作为,致使国家利益或者社会公共利益受到侵害的,应当向行政机关提出检察建议,督促其依法履行职责。行政机关不依法履行职责的,人民检察院依法向人民法院提起诉讼。”

益诉讼提供立法依据。至此,我国《环境保护法》第 58 条和《行政诉讼法》(2017 年)第 25 条第 4 款为检察机关提起环境行政公益诉讼提供了实体法和程序法依据。我国行政诉讼类型从主观诉讼扩展到客观诉讼领域。但客观诉讼仅限于检察机关提起的行政公益诉讼,社会主体提起的行政公益诉讼类型仍处于缺位状态。

三、公民意识待加强

基于对市场与政府"双重失灵"的矫正以及对福利行政国家危机所引起的一系列复杂社会问题的回应,社会与国家逐步分离,公民意识的加强和相对独立的 NGO 的兴起标志着西方国家公民社会的形成与发展。西方发达国家 NGO 的发展历史悠久,并于 20 世纪 80 年代后再度兴盛为一场"社团革命",为实现防止专权、促进自由、公民互助等目标发挥重要作用。[1]

与西方资本主义国家先后经历由消极行政向积极行政转变的发展历程不同,我国长期以来实行单向的、从上至下、全面的政府行政统治模式。由于我国政府自中华人民共和国成立初期始就享有广泛且强大的行政职能,我国社会长期处于"国家权力—公民义务"的管理与被管理阶段。改革开放之前,我国实行计划经济,政府的权力高度统摄,范围涉及政治、经济、文化和社会发展的各个领域,政治上的高度集权和"国家权力本位"思想的主导使人民社会根本上没有生根的土壤。少数的社会组织实质上是党政机关的附属部门,没有自主权和独立的财源,几乎完全依附于政府。改革开放后,我国开始在政治体制和经济体制上实行多种所有制并存的社会主义市场经济政策,政企逐步分离,个人权利的维护和社会自治的需求不断提高,长期以来高度一体化的政府和社会格局逐步呈现分化趋势,国家开始重视简政放权和转变政府职能,这为行政管理统治向民主治理

---

〔1〕 参见王绍光:《多元与统一:第三部门国际比较研究》,浙江人民出版社 1999 年版,第 29 页。此外,法国思想家托克维尔对此亦有深刻论述。参见[法]托克维尔:《论美国的民主》,董果良译,商务印书馆 1988 年版,第 213 ~221 页。

过渡提供了发展的空间。然而,政府行政主导模式仍在相当长时间内影响民间社会组织的发展和人民“以法治官”意识的形成。长期受“官本位”思想的束缚,社会组织的发展对政府的严格管控形成了一种路径依赖,习惯性地按照既定的计划和命令开展具有行政附属色彩的活动,进而导致社会组织在政府放宽管制和职能转变后仍缺乏自主自律精神。于是,为了避免社会组织在政府完全放权后会出现“一盘散沙”的无政府状态,政府在一定程度上又恢复了对社会组织的管控。

此外,长期受儒家“无讼”思想的影响,公民“厌诉”“畏诉”意识导致在面对强大的政府或环保行政机关时首先选择容忍。自古以来中国传统文化中“以和为贵”“忍字为先”“民不与官斗”等观念成为公民提起环境行政公益诉讼的思想障碍。公民意识待加强是阻碍社会主体提起环境行政公益诉讼的又一个重要原因。

四、社会主体能力不足

(一)独立性不足

环保社会组织是指以环境保护为宗旨而自愿设立的、独立于政府且不以营利为目的的非政府组织。就理论上而言,民间性、自愿性、独立性以及非营利性是环保社会组织的主要特征。独立于政府是环保社会组织得以正常运行和发展的重要因素。环保社会组织是实现国家治理体系和治理能力现代化、迈向生态环境共治的重要主体和依托,国际社会对环保社会组织的认同度较高,环保社会组织的整体发展水平亦不断提高。

在我国,符合国际通行标准的独立的民间环保社会组织的数量稀少,这极大限制了我国社会主体提起的环境行政公益诉讼的发展。依据我国《社会团体登记管理条例》《民办非企业单位登记管理暂行条例》等相关条例的规定,我国民间组织的登记采行“挂靠”管理部门和实施登记部门“双重管理”的模式,即“社会团体”“基金会”“民办非企业单位”等民间组织必须经业务主管单位同意、再经民政部门登记才得以成立。任何民间环保组织要想获得法律认可的合法地位和起诉资格,必须向民政部门登记,而登记的前提之一即为“挂靠”一个负责管理民间环保组织活动的业务主管单位。基于“双重管理”登记制度的制约,环保社会组织成立、变更、注销等各个环节均要接受业务主管单位的监督审查。这种限制性规定显然剥夺了民间环保组织的自主性和独立性,民间环保组织的行为容易受到业务主管单位的干预或影响,难以实现以民主、独立的第三方社会力量的形式介入环境公共治理和监督政府或环保行政机关履行国家环境保护义务的社会公益性目标。同时,我国对民间组织实行“双重管理”登记制度,使一部分代表社会需求和追求社会公益的组织因未能登记注册而成为“非法组织”,无法得到法律的尊重和认可,国家不可能对其进行财政及其他资源方面的扶持和帮助,社会公众和媒体对未取得登记注册的社会组织关注度非常小,这些社会组织所代表和反映的社会诉求难以有效表达,使其在接受社会捐赠、开展公益活动、提起公益诉讼等方面因没有法律保障而举步维艰。《社会团体登记管理条例》第 13 条还规定了严格限制同一行政区域内与已有业务范围相同或相似的社会团体设立的条款。该条款为由政府设立或有官方背景的环保组织的设立和存续提供了保障,却人为地阻碍和限制了以维护环境公益为目的、自下而上自愿组成的民间环保社会组织的设立和发展。此外,除程序性社会组织登记管理条例外,我国尚未制定能够明确界定和保障社会组织法律地位、业务范围、权利义务、经费筹集使用、工资待遇、税费保险等具体事项的民间组织法,使社会组织难以从制度层面摆脱国家的过度干预而实现独立、民主化发展,难以以独立第三方的社会力量形式参与环境公共治理,更难以以诉诸司法方式监督因违法作为或不作为而损害环境公益的政府和环保行政机关。

长期以来,在计划经济时代遗留的“政府万能”“政府管制”的思维定式主导下,具有“准政府性”的官方背景的社会组织大量存在,其生存与发展较为依赖政府的行政权力,导致社会组织的运行机制、工作模式、工作作风等均类似于政府部门,因此,社会组织去行政化的改革任务较为紧迫。其他不具有官方背景的“草根”型社会组织也在一定程度上受到政府行政权力的干预或限制,独立性、专业性以及能力均亟待提升。由于过多地依赖政府的投入和指导,客观上导致很多社会组织缺乏严格意义上的独立性和自主性,缺乏对其自身人力、财力和物力的自主支配权。此外,社会组织的自律能力、自治能力、管理能力等方面的不足,使社会组织从根本上丧失了其应具备的“社会性”。此外,长期以来,由于对社会组织的政治地位和社会治理作用的认识不到位,政府没有将社会组织作为社会公共治理的重要力量加以扶持和培育,导致社会组织长期面临资金不够、人才缺失、优惠政策不足等问题,使其在参与社会公共治理方面亦缺乏有效的渠道、平台和机制。

受挂靠单位和主管部门的制约,环保 NGO 缺乏独立性,难以成为国家和社会实现共治的桥梁和纽带。过度限制环保 NGO 的独立性和自主性,将阻碍社会自律运行机制的构建以及国家权力与社会权力合作的步伐。正如有学者经研究指出,过度依赖政府而丧失独立性、自主性,进而扭曲其代表社会力量的使命是阻碍环保 NGO 发展的重要原因。[1] 社会主体的独立性不足导致其难以提起环境行政公益诉讼以督促政府或环保行政机关依法履行国家环境保护义务。

(二)运作维艰

诉讼是一项高成本的司法活动。环境行政公益诉讼与传统的私益诉讼相比,涉及更大量的专业性、科技性的调查、取证、鉴定工作,主要体现在线索调查、取证举证、司法鉴定以及诉讼费用等方面,需要花费更为巨额的诉讼成本。资金难以保障、运作维艰使环保社会组织难以提起环境行政公益诉讼。

作为一个具有公益性、非营利性等特点的社会主体,环保社会组织的基本资金来源主要涵盖成员交纳的会费、社会的捐赠、政府购买服务以及资金政策上的补贴等范畴。虽然资金筹集途径较多,但环保社会组织的资金仍然相当匮乏。资金匮乏正是导致我国环保社会组织运行困难、发展受阻的主要原因之一。从资金筹集的社会捐赠渠道来看,由于我国环

---

〔1〕 参见王名、刘培峰等:《民间组织通论》,时事出版社 2004 年版,第 36 页。

保社会组织的社会影响力不大,社会公众对环保社会组织的认知度不足,且社会公众依赖环保社会组织进行环保维权的意识不强,导致社会公众向环保社会组织提供的捐款相当少。从政府扶持的渠道来看,由于当前我国政府仍不够重视环保社会组织的发展,致使政府向环保社会组织购买的服务种类较少,资金补贴有限,尚难以支持环保社会组织有效地开展环境公益诉讼活动。据调查,近50%的环保组织年度经费预算不足50万元,大部分环保组织的年度经费预算在100万元以下。[1] 此外,环保组织的经费来源并不稳定。仅有23%的环保组织以相对稳定的财政拨款和会费作为主要经费来源,将近50%的环保组织以申请项目经费作为主要经费来源,还有18%的环保组织的经费来源依赖社会捐赠。无论是项目经费还是社会捐赠,都不具有常规性和稳定性,与提起环境行政公益诉讼所需的持续、稳定的经费保障能力尚有差距。[2]

由于长期以来,社会组织对国家在人、财、物方面的扶持形成了依赖效应,因而,除国家为了控制风险、维护权威而通过在人、财、物等方面对社会组织予以控制和制约甚至使其成为行政的附属分支外,相当数量的社会组织也会出于自利性考量,主动向国家要经费、要编制以寻求其存在的合法性根基,而没有在代表公共利益和服务社会公众上下功夫。[3] 此外,我国对社会组织采行"双重登记"的管理模式,且对同一行政区域内业务范围相同或相似的社会组织采取非竞争性原则,使环保社会组织的角色难以从依附于政府或环保行政机关向监督政府或环保行政机关依法履行国家环境保护义务、维护环境公益转变。这种"政府环保行政职能的附庸或延伸"的定位使社会公众对环保社会组织的信任度降低,从而在一定程度上影响社会公众捐款的积极性,导致社会捐款经费不足。同时,政府

---

〔1〕 参见王社坤:《环保组织会不会力不从心?》,载《环境经济》2014年第9期。

〔2〕 参见王社坤:《民间环保组织在环境公益诉讼中的角色及作用》,载《中国环境法治》2013年第2期。

〔3〕 参见翟鸿祥主编:《行业协会发展理论与实践》,经济科学出版社2003年版,第215页。

在逐步减少对环保社会组织在财政上的扶持力度，致使社会组织的运转资金难以得到稳定的保障。

非营利性是公益性社会组织的特征之一。但由于民间社会组织在很大程度上难以获得政府资助，只能依靠微薄的社会捐赠或依靠市场寻找资金来源。迫于资金困难、运作维艰，有些民间社会组织甚至不得不违背登记成立的初衷，由非营利性向营利性转变，转身成为经济性组织。社会组织资金难以保障，不仅影响社会组织的基本生存和运营，甚至会改变社会组织成立的初衷，更难以承担起与强势的政府或环保行政机关相制衡的重任。而社会主体提起环境行政公益诉讼既要承担与政府抗衡的风险，还要承担应对专业环境问题调查取证、鉴定等各个诉前环节所需承担的巨额费用。

社会组织的资金难以得到稳定的保障、运作维艰，既是社会力量难以真正独立于国家权力的一个重要原因，也是社会主体提起环境行政公益诉讼的重要阻碍。在国家职能转型初期，社会利益冲突明显，公民权利意识尚未觉醒，国家通过各种方式控制和监管社会组织具有阶段性的必要。但从长远来看，这并不利于社会权利以独立、民主的第三方力量对国家权力进行制衡和监督，也不利于社会权利与国家权力之间的合作以实现公共治理。国家不应因多种矛盾或弊端的存在而限制社会发展，相反，国家应通过政策引导、制度建设、规范设置、道德宣传等方式将社会引入法治化、制度化、规范化的发展轨道，使其成为一股与国家力量相互监督、相互合作的独立、民主、有序的社会力量。

本章小结：社会主体提起环境行政公益诉讼存在的现实阻碍和受阻原因

在我国环境公益诉讼司法实践中，社会主体提起环境行政公益诉讼阻力重重，主要表现在社会组织或公民的起诉资格严格受限，受案范围依据不足以及法院审判具有行政依附性等。

诸多因素阻碍了我国社会主体提起环境行政公益诉讼的发展,其中包括理念不合时宜、立法不完善、公民意识不强以及社会主体能力不足等。在理念上,以"公民环境义务—国家环境权力"理念为指导所构建的环境民事公益诉讼以及以"国家权力制约国家权力"理念为指导所构建的检察机关提起的环境行政公益诉讼,均不利于真正非排他性享有环境公益的不特定多数社会公众诉诸司法以督促政府或环保行政机关履行国家环境保护义务、参与环境公共治理。从长远来看,要构建环境保护法治国家,应当从理念上实现转变,从"国家权力本位"理念向"国家义务本位"理念转变,从"环境管制"理念向"环境公共治理"理念转变。在立法层面,法律只赋予适格的社会组织提起环境民事公益诉讼起诉资格,而否认了社会组织或公民提起环境行政公益诉讼的起诉资格;环境行政公益诉讼的受案范围仅限于检察机关在履职过程中发现的特定领域内的行政机关违法行使职权或不作为;行政客观诉讼终于获得立法的承认,但仅限于检察机关提起的行政公益诉讼领域。从公民意识层面看,我国实行单向的、自上而下的行政管制模式,该模式仍在相当长时间内影响人民"以法治官"意识的加强;公民"厌诉""畏诉"的心理也阻碍了公民提起环境行政公益诉讼的发展。在社会组织的能力方面,"双重管理"登记制度、非竞争性原则等因素导致社会组织独立性不足,而资金不足难以保障导致运作维艰,进一步限制了民间环保组织的发展,从而使社会主体难以诉诸司法介入环境公共治理和监督政府或环保行政机关履行国家环境保护义务。

第五章　社会主体提起的环境行政公益诉讼制度构建

社会主体提起的环境行政公益诉讼是我国环境公益诉讼发展的应然主流和方向。然而，该制度在现实中遇到诸多阻碍，包括起诉资格受限、受案范围适用依据不足以及法院审判具有行政依附性等。理念不合时宜、立法不尽完善、公民意识不强以及社会主体能力不足是产生阻碍的重要原因。针对以上不利影响因素，为扶持、培育和促进环保社会组织健康有序发展、有效参与环境公共治理，我国应当采取切实、有效、可行的措施，以新的环保理念和司法原则指导司法规范构建、完善相关保障机制并建立与其他诉讼制度的衔接，创设对我国现有立法体系和诉讼制度干扰最少的社会主体提起的环境行政公益诉讼制度，这是我国目前应当作出的对策选择。

第一节　司法规范构建

社会主体提起的环境行政公益诉讼为督促政府或环保行政机关履行国家环境保护义务以维护和促

进环境公共利益提供了有效的司法救济途径,同时为社会组织或公民介入环境公共治理、实现生态环境共治提供了有力的司法保障。针对社会主体提起环境行政公益诉讼在现实中遇到的阻碍及受阻原因,本节拟围绕构建原则、诉讼类型以及实体法和程序法规范几个方面展开司法规范构建。

一、构建原则

制度构建应以基本原则作为价值指向和坐标。构建社会主体提起的环境行政公益诉讼制度,应当遵循穷尽行政救济原则、有益补充原则、合法性和合目的性审查原则以及法定原则。

(一)穷尽行政救济原则

穷尽行政救济原则的目的是避免司法程序提前或不合时宜地干预行政程序。[1] 在环境公共治理架构下,环境保护仍然主要依靠政府或环保行政机关依法制定符合环境保护目的的环境标准、环境规划及环境政策,并对环境污染者或破坏者采取排污许可、行政检查、行政命令等直接管制措施。与司法机关相比,政府或环保行政机关有进行环境行政管制和治理的专业职能和优势。环境司法权应充分尊让环境行政权,而不能越俎代庖。社会主体提起的环境行政公益诉讼只能是作为环境行政的补充手段而不是替代措施。此外,赋予上级环保行政机关对下级环保行政机关进行合法性和合理性监督,有利于运用环境行政内部监督机制督促相关环保行政机关主动纠正违法或不合理的行为,制定合理的环境政策和规划,有效地采取环境管制措施。而当政府或环保行政机关违法作为、作为不当或不作为而损害或可能损害环境公益,且依据现有的主观诉讼无法反射性或有效地救济和维护环境公益时,才能启动环境行政公益诉讼。社会主体提起的环境行政公益诉讼旨在督促政府或环保行政机关履行国家环境保护义务,并为社会权力参与环境公共治理以维护环境公益提供司法保障。社会主体提起的环境行政公益诉讼应遵循穷尽行政救济原

---

〔1〕 参见王名扬:《美国行政法》,中国法制出版社 1995 年版,第 652 页。

则。该制度的构建应建立在现有一系列环境行政救济机制得以完善并穷尽的基础上,针对客观诉讼的特殊性予以补充和修正。

环境公共治理事务呈现日趋复杂的趋势,借助强有力的环境行政权以应对日益复杂、多元化的环境问题已然成为重要的应对措施。环境公共利益的保护须充分发挥行政权的专业性以及司法权的监督作用,同时避免司法权对行政权造成不当干涉。[1] 在环境公共治理事务中,行政权具备天然的监管优势,应当秉承行政权优位、司法权尊让行政权的理念,使法院回归到相对中立的审判角色,借助司法审判工具以优化当前的环境行政管制和环境公共治理框架。穷尽行政救济原则应在具体法律条款中有所明确。如果法律明确将行政复议或其他行政程序规定为前置程序,相对人在向法院申请裁决之前,就必须用尽所有的行政救济程序。《美国联邦行政程序法》将"穷尽行政救济原则"作为一项重要原则,广泛应用于行政执法。[2] 《美国联邦行政程序法》以及其他环境保护法律共同构成环境公民诉讼的法律依据。日本的民众诉讼属于公益诉讼的类型,强调穷尽行政救济的前置程序。居民只有在提起监察请求且对监察委员的监察结果或经监察委员劝告的执行机关所采取的相应措施仍不服时,才可提起民众诉讼。这种制度设计,体现了充分尊重环保行政机关首次判断权、穷尽行政救济及司法审查最终性原则。[3] 法国环保协会通常以被告环保行政机关的违法"作为"或"不作为"为起诉对象提起环境行政公益诉讼。在起诉环保行政机关之前,环保协会必须首先请求行政救济。待所有的行政救济手段穷尽后,其次行政法院才能对该案件实施合法管辖。[4]

---

〔1〕 参见王明远:《论我国环境公益诉讼的发展方向:基于行政权与司法权关系理论的分析》,载《中国法学》2016 年第 1 期。

〔2〕 参见邢鸿飞:《论美国穷尽行政救济原则的适用例外及对我国的启示》,载《法学论坛》2014 年第 2 期。

〔3〕 参见杨建顺:《〈行政诉讼法〉的修改与行政公益诉讼》,载《法律适用》2012 年第 11 期。

〔4〕 参见胡静:《环保组织提起的公益诉讼之功能定位——兼评我国环境公益诉讼的司法解释》,载《法学评论》2016 年第 4 期。

当然,穷尽行政救济原则也有例外情形,这些情形主要包括:(1)法律明文规定且不属于行政自由裁量权范围内的行政行为;(2)只涉及合法性问题的行政行为;(3)政府或环保行政机关在合理期限内未履行勤勉执行的义务或故意拖延;(4)不及时采取措施就会造成不可逆转的环境损害;(5)其他。

(二)有益补充原则

根据传统行政法的理论,行政权一向被视为公共利益的主要代表,其基本任务就是保护公共利益,实现公共政策。[1] 然而,目前,我国司法机关活跃于环境公益诉讼的前线,充分发挥司法能动性,在保护环境公共利益司法实践中过于积极和主动。司法权以过于积极、主动的身份出现在环境公共治理事务中,很可能会过早地、不恰当地干预行政权,导致行政机关和司法机关发生角色的混淆,造成行政权和司法权的权限划分模糊、功能定位冲突。对于生态环境损害是否发生、损害达到何种程度、是否存在生态环境损害风险以及环保行政机关是否依法履行监管职责等问题的判定,均离不开大量司法鉴定和损害风险评估等科学技术手段的支撑。依托科学技术手段所提供的客观标准,司法机关才能更好地开展事实认定。由此,针对社会主体提起的环境行政公益诉讼案件,一旦涉及需要依赖科学技术予以确认的复杂的环境损害或风险评估问题,司法机关首先必须依赖司法鉴定和评估所提供的相应的科学技术支持,否则难以在认定事实的基础上进行法律适用。设计社会主体提起的环境行政公益诉讼制度规则,应尽可能保障最大限度地发挥行政权和司法权的功能优势,同时应确保行政权和司法权在各自的权限范围内运行,使制度规则设计遵循环境法治正当性和合理性的内在要求。由此,在社会主体提起的环境

---

[1] 参见王明远:《论我国环境公益诉讼的发展方向:基于行政权与司法权关系理论的分析》,载《中国法学》2016年第1期;[日]南博方:《行政法》(第6版),杨建顺译,中国人民大学出版社2009年版,第5页。日本学者南博方在讨论日本行政法时指出,“行政是以公共利益的实现为任务的作用,司法是以私的利益的保护为目的的作用,由此寻求行政与司法的本质性差异的观点,具有说服力”。

行政公益诉讼制度建构逻辑上就必须解决一个基本问题，即环境行政权和环境司法权之间的运行逻辑应当依循怎样的基本法理。若要从根本上寻求解决方案，则应当溯源至传统行政法和诉讼法基础理论，体系化梳理行政权与司法权以及两者之间相互关系的立法演绎和未来面向，进一步结合环境行政权和环境司法权的特点，尤其是在提供环境公共产品方面的特殊性，探索社会主体提起的环境行政公益诉讼的应然逻辑架构。行政权和司法权之间的最本质区别在于行政权以管理为本质内容，是管理权；而司法权以判断为本质内容，是判断权。[1] 二者之间既存在联系，也存在本质的区别，不可相互混淆。环境司法权和环境行政权在建立适当的动态平衡关系的同时，应当依循如下两个基本原则：一是相互尊重各自的优势。在环保专业性、行政管制灵活性和行政执法效率性等方面，环保行政机关具备司法机关所欠缺的显著优势，这使环保行政机关在判断法律事实方面通常更加科学准确，相较之下，司法机关则更擅长于处理事实判断和法律适用的问题。行政权和司法权的运行需相互尊重并发挥各自的专长，在此基础上，明确行政权和司法权的权限边界，进而确定在环境公益损害预防和救济领域，司法权能在多大程度和多大范围上干预环境行政权。二是环境行政权优先。无论是实施微观的环境行政监管还是进行宏观的环境公共决策，都应当首先由地方政府或环保行政机关在其法定的行政职责范围之内来解决，只有在环保行政机关违法履行或不履行相关法定环保职责导致或可能导致环境损害时，司法机关才可以启动环境行政公益诉讼程序（包括诉前程序），借助司法公器以督促地方政府或环保行政机关及时矫正其违法的环境行政作为或不作为，敦促环保监督职责依法实施。从行政法理和诉讼法理来看，原则上，司法机关不应越俎代庖、提前干预相关环保公共事务，更不应绕过政府或环保行政机关而直接代替政府或环保行政机关作出有关环保行政行为。即便是在中国当前

〔1〕 参见孙笑侠：《司法权的本质是判断权——司法权与行政权的十大区别》，载《法学》1998 年第 8 期。

的司法环境下,能动司法仍需恪守边界,仅对行政权起到监督和补充的作用。现代环境公共事务十分复杂,需要以环境行政为主要应对手段,环境公共利益的保护须充分发挥行政权的专业性和司法权的监督作用,同时避免司法权对行政权造成不当干涉。[1] 在社会主体提起的环境行政公益诉讼领域,仍需秉承环境行政权优先、环境司法权谦让环境行政权的理念,使环境司法成为环境行政的有益补充。

其一,社会主体提起的环境行政公益诉讼是环境行政的有益补充。环境行政与环境行政公益诉讼在环境公共治理中发挥不同功能。环保行政机关在专业技术、监测设备、监管手段、执法效率等方面具有环境司法无法比拟的优势,且其具有合理运用有限执法资源直接管制环境民事违法者以追求环境效益最大化的能力。与环境司法相比,环保行政机关更能积极、主动、直接管制环境民事违法行为,而法院则对环境违法行为实施被动、间接地监督。环境行政公益诉讼只是环境行政的补充,用以督促环境行政权积极发挥作用。环境公共治理理论认为,公民直接参与环境管理或借助环境行政公益诉讼参与环境共治都是公民参与国家环境治理的重要形式,其与环境行政共同组成环境公共治理的多元架构。在环境公共治理架构中,诉讼手段通常是行政管制手段的司法救济或弥补,因此呈现为行政管制为先、诉讼手段御后的公权力布局。[2]

美国环境治理主要依靠行政执法,美国环境公民诉讼的建制目的乃在弥补政府执法之不足,而非另立一平行的执法管道。[3] 美国国会认为,公民团体不是麻烦制造者或滋事者,而是环境利益的维护者。授权公民提起公民诉讼旨在实施环境保护法律,弥补联邦环保机构行政执法的

---

〔1〕 参见王明远:《论我国环境公益诉讼的发展方向:基于行政权与司法权关系理论的分析》,载《中国法学》2016 年第 1 期。

〔2〕 参见杜群、梁春艳:《我国环境公益诉讼单一模式及比较视域下的反思》,载《法律适用》2016 年第 1 期。

〔3〕 参见叶俊荣:《环境政策与法律》,中国政法大学出版社 2003 年版,第 224 页。

不足,而非阻碍联邦政府行为的实施。[1] 联邦最高法院在斯密斯菲尔德沃特尼公司诉切萨皮克海湾基金会案(Gwaltney of Smithfield, Ltd. *v.* Chesapeake Bay Found, Inc.)[2]中指出,公民诉讼仅仅是政府实施法律行为的补充而非替代。任何人原则上只有穷尽一切环境行政救济手段仍无法满足环境保护需求时,才能提起环境公民诉讼。一旦政府或环保行政机关对环境污染者或破坏者履行"勤勉执行"义务,公民就无权继续对政府或环保行政机关提起环境公民诉讼。[3]

其二,在以主观诉讼为行政诉讼主流类型的大陆法系国家,归属于客观诉讼的社会主体提起的环境行政公益诉讼是环境行政管理的有益补充,也是主观诉讼的有益补充。

大陆法系国家多根据诉讼目的和诉讼性质的不同,将行政诉讼分为主观诉讼和客观诉讼。在主观诉讼和客观诉讼的诉讼架构中,主观诉讼是主线,客观诉讼是辅线;而行政公益诉讼只是客观诉讼中的一部分。[4] 例如,日本的民众诉讼属于客观诉讼,是对主观诉讼的补充。德国行政诉讼上的利他团体诉讼是为弥补利己团体诉讼的不足,而例外地在特定法规范领域中予以设置的客观诉讼。[5]

综合以上两点,社会主体提起的环境行政公益诉讼的构建应依托于

---

〔1〕 See James R. May, *Now More than Ever: Trends in Environmental Citizen Suits at 30*, 10 Widener L. Rev. 1, p. 5 - 6 (2003).

〔2〕 See Gwaltney of Smithfield, Ltd. v. Chesapeake Bay Found., 484 U. S. 49 (1987), JUSTIA US Supreme Court (December 1, 1987), https://supreme.justia.com/cases/federal/us/484/49/.

〔3〕 See Robin Kundis Craig, *Notice Letters and Notice Pleading: the Federal Rules of Civil Procedure and the Sufficiency of Environmental Citizen Suit Notice*, 78 Or. L. Rev. 105, p. 124 (1999).

〔4〕 参见杨建顺:《〈行政诉讼法〉的修改与行政公益诉讼》,载《法律适用》2012年第11期。

〔5〕 参见彭凤至:《论行政诉讼中之团体诉讼》,载翁岳生教授祝寿论文编辑委员会编:《当代公法新论——翁岳生七秩诞辰祝寿论文集》(下),台北,元照出版有限公司2002年版,第102页。

现有的行政诉讼制度体系,从现有主观诉讼制度的功能和局限性出发,根据环境行政公益诉讼在起诉主体、诉讼标的和诉讼目的等方面的特殊性对现有的主观诉讼制度进行修正和补充,以有效促进政府或环保行政机关依法履行国家环境保护义务、维护环境公益。不应随意夸大社会主体提起的环境行政公益诉讼制度的作用,否则将因司法权过度干预行政权而影响我国环境行政管理的威信力。

(三)合法性和合目的性审查原则

社会主体提起的环境行政公益诉讼为公民或社会组织督促政府或环保行政机关积极履行国家环境保护义务、有效参与环境公共治理提供有力的司法保障。其诉讼目标不是对个体利益或权利的救济,而是维护和促进环境公益,对政府或环保行政机关行使国家环境行政权力和履行国家环境保护义务的行为进行合法性和合目的性的审查。

法院对政府或环保行政机关的行政行为和事实行为进行合法性审查旨在审查行为是否遵守现行有效的法律规定,多属于形式合法性审查;而合目的性审查则审查行政行为和事实行为在法律层面以及事实层面是否均符合环境立法的目的。如果把审查限定在对政府或环保行政机关是否遵守了法定程序的形式合法性审查,那么,不仅可能造成政府或环保行政机关因只制造遵守程序的外观而使行政程序徒具形式(如只是听听而已的听证会),而且还会存在下述危险:以形式性地遵守行政程序来使自己的决定正当化,并以此作为行政执法实施的合法外衣。[1]

环境公益具有公共物品属性的特征。根据环境公共治理理论,政府或环保行政机关行使环境行政权力需符合维护基本环境公益的立法目的,避免虽形式合法但实质上会损害或有损环境公益之虞行为发生,即政府或环保行政机关从事的环境行政行为和事实行为除遵守法律规定外,还需符合环境立法的目的。因此,为了有效维护和促进环境公益,有必要

---

〔1〕 参见[日]原田尚彦:《诉的利益》,石龙潭译,中国政法大学出版社2014年版,第234~236页。

扩大法院对环境行政行为和事实行为进行审查的范围,即法院除有权审查环境行政行为和事实行为的合法性外,还应有权对环境行政行为和事实行为的合目的性进行实质性审查。当然,法院对环境行政行为和事实行为的合目的性审查并不是无限度的、盲目的,法院应“努力争取适用一个客观标准,给作出决定的当局保留立法机关所设计的全部选择范围”[1],使司法权和行政权在社会主体提起的环境行政公益诉讼中维持一个适度的平衡点。环境问题具有高科技性、高风险性及所涉利益复杂性等特点。“最低限度生活”的基准具有客观性,其具体内容和标准完全可以借助现代科技科学地计算出来。[2] 法院进行合目的性审查时,应判断行政行为和事实行为能否并足以达到法定目的,即行政行为和事实行为的行使需符合妥当、必要的标准。环境利益与经济利益具有同质性和同源性,在环境生态阈值范围内存在协调的空间和必要性。政府和环保行政机关依据立法授权,具备从国家层面协调各种利益的权能和职责。而法院和社会主体并不具备从国家、区域发展的高度对属于行政自由裁量权范围内的行政行为的合理性进行理性判断的专业能力。只要政府或环保行政机关所实施的行政行为依据法律授权且符合保障基本环境公益的价值目标,司法就不应过度干预行政的自由裁量权。

“行政法被裁量的术语统治着”[3],这一精辟的理论同样适用于环境行政领域。对政府或环保行政机关行使环境行政权力是否合目的性进行审查,最重要的标准是其实施的行为是否构成“滥用职权”。按照学界的一般理解,滥用职权是指行政主体作出的行政行为虽然在其职权范围内,

---

〔1〕 [英]威廉·韦德:《行政法》,徐炳等译,中国大百科全书出版社1997年版,第77页。

〔2〕 参见林浩:《生存权:法的具体性权利——关于大须贺明先生的生存权“具体性权利论”》,载[日]大须贺明:《生存权论》,林浩译,法律出版社2001年版,第285页。

〔3〕 Charles H. Koch, *Judicial Review of Administrative Discretion*, 54 George Washington Law Review 469(1986).

但是其职权的行使不符合法律授予职权的目的。[1] 法院在审理社会主体提起的环境行政公益诉讼案件时，主要从以下几个方面审查环境行政行为是否合目的性：政府或环保行政机关行使权力的目的是出于公益还是出于组织内部的私益；政府或环保行政机关行使环境权力虽符合公共利益，但是否符合环境保护法律授予这种环境权力的特定目的；政府或环保行政机关作出行政行为时，是否考虑了不应当考虑的其他因素，或者没有考虑应当考虑的环境影响因素；行政行为的实施是否达到了维护和救济环境公益的实质效果；等等。在以维护基本环境公益为诉讼目的的社会主体提起的环境行政公益诉讼领域，将政府或环保行政机关行使环境行政权力作出的行政行为进行一定程度上的合目的性审查，有助于避免因滥用职权而偏离维护环境公益的环境行政目的。在行政法治相对发达的国家，司法有权力监督环保行政机关滥用自由裁量权的行为。[2] 例如，法国将合目的性作为法院审查行政行为的标准之一。在法国行政实践中，若“环保行政机关滥用权力，行政行为的目的不符合法律规定”，则法院可认定行政行为无效。[3] 我国《行政诉讼法》第70条将“明显不当”作为法院审查的情形之一，是行政诉讼合目的性审查标准的巨大进步，为法院审理社会主体提起的环境行政公益诉讼案件时对涉案行政行为进行合目的性审查提供了法律依据。

（四）法定原则

社会主体提起的环境行政公益诉讼属于客观诉讼，应以“法律明确规定”为适用前提。通过立法明确环境行政权和环境司法权的界限和功能，一方面可以实现环境司法权对环境行政权的监督和制衡；另一方面可以充分尊让环境行政自由裁量权和发挥环境行政管制功能，避免环境司法

---

〔1〕 参见姜明安主编：《行政法与行政诉讼》，北京大学出版社、高等教育出版社1999年版，第381页。

〔2〕 参见茅铭晨：《行政行为可诉性研究：理论重构与制度重构的对接》，北京大学出版社2014年版，第126页。

〔3〕 参见王名扬：《法国行政法》，中国政法大学出版社1988年版，第172页。

权过度干预环境行政权。

值得借鉴的美国的环境公民诉讼、德国的利他性环境团体诉讼、日本的民众诉讼以及我国台湾地区的环境行政公益诉讼均采取法定原则。连沿袭判例法的美国,在环境公民诉讼领域都选择了成文法路径。美国国会颁布的《清洁空气法》《清洁水法》等单行联邦环境保护法律以及各州颁布的环境保护法律连同《美国联邦行政程序法》,成为美国环境公民诉讼的法律依据。迄今为止,美国共有 21 部联邦环境保护法律包含环境公民诉讼条款。[1] 美国环境公民诉讼只能针对法定的可诉性违法行为提起。如果联邦环境保护法律或各单行环境保护法律没有规定公民条款,则公民无法根据概括性条款提起环境公民诉讼。德国在 2002 年修订的《联邦自然保护法》首次确立利他性环境团体诉讼,该法第 61 条规定,一个根据本法第 59 条或州法律规定被认可的组织,在其权利没有受到侵犯时,依据《行政程序法》提起的诉讼必须在法律框架下进行。诉讼标的包括"关于自然保护区、国家公园、生物圈保护区和其他环境保护区的禁令或许可免责行为;涉及自然或自然景区的项目或是规划许可证的行为"[2]。在日本,环境行政公益诉讼主要分属于民众诉讼下的住民诉讼,属于客观诉讼的范畴,只有在"法律特别规定"的情况下,才允许与自己权利无关的公民提起。[3] 如《日本行政案件诉讼法》规定,民众诉讼只有在"法律上有规定时,限于法律规定者,才能够提起"[4]。我国台湾地区的学者普遍认为台湾地区新"行政诉讼法"第 9 条的规定实质上是承认了以保障行政客观合法性或维护公益为目的的行政公益诉讼制度,且明确规定行政公益诉讼的提起以特别规定为限,并通过"空气污染防制法"、"废

---

〔1〕 参见陈冬:《美国环境公民诉讼研究》,中国人民大学出版社 2014 年版,第 21 页。

〔2〕 张式军:《环境公益诉讼原告资格研究》,山东文艺出版社 2012 年版,第 40 页。

〔3〕 参见王名扬主编:《外国行政诉讼制度》,人民法院出版社 1991 年版,第 244 ~ 245 页。

〔4〕 杨建顺:《〈行政诉讼法〉的修改与行政公益诉讼》,载《法律适用》2012 年第 11 期。

弃物清理法”以及“土壤及地下水污染整治法”等特别规定予以进一步明确环境行政公益诉讼条款。

二、诉讼类型

根据诉讼目的的不同,行政诉讼可分为主观诉讼和客观诉讼。而根据原告诉讼请求的不同,行政诉讼可细分为撤销之诉、给付之诉和确认之诉。以诉讼目的为标准划分的主观诉讼和客观诉讼类型中,社会主体提起的环境行政公益诉讼属于以维护环境公益和客观环境保护法秩序为目的的客观诉讼。根据原告诉讼请求的标准,还可进一步将社会主体提起的环境行政公益诉讼划分为撤销之诉、给付之诉和确认之诉。各国(地区)的学理和立法层面都普遍承认撤销之诉(形成之诉)、给付之诉和确认之诉三种基本的诉讼类型。[1] 如美国环境公民诉讼中通常将禁止令(又称“强制令”或“禁制令”)作为一种重要救济手段。在美国环境公民诉讼的司法实践中,禁止令具体体现为:禁止违法者从事某种违法行为;责令违法者采取必要的措施以纠正其违法行为;责令环保行政机构依法实施诸如举行听证会、修订质量标准、履行其他法定环保职责等行为;确认某行政行为违法等。[2] 可分别对应撤销之诉、给付之诉或确认之诉等诉讼类型。我国台湾地区的环境行政公益诉讼可以划分为撤销之诉、确认之诉和给付之诉三种诉讼类型,并分别准用这三种诉讼类型的诉讼要件。[3] 我国《行政诉讼法》和司法解释并无诉讼类型的提法,但从诉讼判决的相关规定来看,可以间接地识别我国行政诉讼的类型,如撤销判决、履行判决、给付判决和确认判决等,这些判决类型实质上与撤销之诉、给付之诉和确认之诉的分类是相通的。

(一)撤销之诉

撤销之诉是起诉人请求法院撤销政府或环保行政机关所实施的某种

---

〔1〕 参见赵清林:《行政诉讼类型研究》,法律出版社2008年版,第2页。

〔2〕 参见陈冬:《美国环境公民诉讼研究》,中国人民大学出版社2014年版,第85页。

〔3〕 参见薛刚凌主编:《外国及港澳台行政诉讼制度》,北京大学出版社2006年版,第444页。

违法行为的诉讼。其目的在于排除环保行政机关的公权力性判断而产生的违法状态。[1]

政府或环保行政机关作出的违法行为包括违反环保实体法规定所作出的行为,也包括违反环境公正、环境民主程序所作出的行为。当法院经审理后查明政府或环保行政机关作出的行为违反环保实体法规定或环境公正、环境民主程序,法院就应作出相应的撤销判决。法院在审理撤销之诉之际,应该根据行政判断所依据的事实和相关资料来监督行政过程中公正、民主程序的遵守情况以及有无行政判断的恣意、独断或滥用的情形,才会既省力又易得出符合各种不同诉讼目的的妥当结论。[2]

在法国,针对环保行政机关的"不作为"所提起的诉讼也属于撤销环保行政机关违法行为的越权之诉。虽然法国的行政法上并不存在"不作为"的概念,当出现环保行政机关对相对人的请求"不作为"时,法国的行政法上会推定该环保行政机关实际上存在一个行政决定,行政诉讼针对的是被推定存在的"行政决定"而非针对实质上的"不作为"。环保行政机关违法不作为的"默示"通常推定为"拒绝",但如有特别规定时,可以依据该特别规定推定该不作为为"默认"。[3] 主张撤销环保行政机关违法行为的越权之诉中,法官享有认定该行政行为是否违法以及是否撤销该违法行为的权力,但不可以判决被告承担赔偿责任,因为其着眼于公共利益,主要目的是保证行政行为的合法性。该越权之诉属于对事不对人的客观诉讼。[4]

社会主体提起撤销之诉所针对的对象包括政府或环保行政机关违反国家环境保护义务(主要是尊重义务和保护义务)而作出的损害或可能损

---

〔1〕 参见[日]原田尚彦:《诉的利益》,石龙潭译,中国政法大学出版社 2014 年版,第 13 页。

〔2〕 参见[日]原田尚彦:《诉的利益》,石龙潭译,中国政法大学出版社 2014 年版,第 189～190 页。

〔3〕 参见胡静:《环保组织提起的公益诉讼之功能定位——兼评我国环境公益诉讼的司法解释》,载《法学评论》2016 年第 4 期。

〔4〕 参见王名扬:《法国行政法》,中国政法大学出版社 1988 年版,第 669 页。

害环境公益的行政行为和事实行为。例如,社会组织或公民认为政府或环保行政机关对第三人建设开发项目作出的行政审批或行政许可未经环境影响评价、可能损害当地的环境公益,经举报或告知后仍未采取撤销措施的,其可向人民法院提起请求政府或环保行政机关撤销所作出的可能损害环境公益的行政许可或行政审批的诉讼。又如,社会组织或公民认为政府或环保行政机关颁布的环境标准或环境计划不符合公众对最基本的环境品质的需求或不符合科学技术的发展和环境可持续发展的目的,经举报或告知后,相关部门未采取行动的,其可向人民法院提起的要求政府或环保行政机关撤销其所作出的可能损害环境公益的环境标准或环境计划,避免第三人继续违法开发利用生态环境而损害环境公益。此外,对于政府或环保行政机关滥用职权、为招商引资实施毁坏环境公益林等损害环境公益的事实行为,社会组织或公民亦有权为排除公权力判断而产生的违法状态提起撤销之诉。

社会主体通过提起环境行政公益诉讼来维护和救济环境公益,需要明确环境行政权和环境司法权的合理界限。政府或环保行政机关依据环境立法授权所作出的环境管制措施或环境政策具有优先适用的正当性,法院只能在宪法规定范围内行使事后的审查权以监督政府或环保行政机关所实施行为的合法性和合目的性。政府或环保行政机关在行政自由裁量权范围内作出的合法行政行为,法院应当尊重。法院有权撤销或部分撤销政府或环保行政机关的违法行政行为,要求其停止违法采取的行动或者措施,并要求政府或环保行政机关依照法定程序重新作出行政行为,依法履行法定职责(包括但不限于查处违法行政相对人、责令行政相对人恢复原状、追缴非法占有的国有财产等),但法院不能越权代替政府或环保行政机关作出相关具有行政属性的行为。

(二)给付之诉

就世界各国而言,给付之诉是随着给付行政、福利行政的兴起而出现的一类新的行政诉讼类型。《德国行政法院法》第 43 条第 2 款、第 111 条、第 113 条第 4 款以及第 169 条第 2 款等相关条文中,可以推断出给付之诉的存在。[1] 给付之诉是起诉人请求法院要求被告实施某种“给付”(包括积极的作为和消极的不作为)的诉讼。属于给付之诉的有义务之诉(要求作出行政行为)、一般给付之诉(要求作出事实行为)和规范颁布之诉。[2]

我国自2014年修正后的《行政诉讼法》就增加了履行法定职责判决和履行给付义务判决两类判决方式。其中,前者适用于“被告不履行法定职责”的情形;后者适用于“被告依法负有给付义务”的情形。基于这两类判决的目的均是要求环保行政机关依法履行法定职责或义务,本书拟将此两类判决归到给付之诉的诉讼类型中。

给付之诉涉及司法机关责令环保行政机关履行某种行政职责或义务。因此,在给付之诉中,司法机关应当尊重环保行政机关的首次判断权,只应确定被告是否应履行某项职责或义务,而对该项职责或义务的具体内容及如何履行不应当干涉,完全留给环保行政机关自行处理。[3] 例如,在德国的给付之诉中,法院只能宣布环保行政机关是否负有作出原告所期待的某个行政行为或重新作出某个行政行为的义务,而不能代替环保行政机关作出具体的行政行为。[4]

我国《行政诉讼法》第73条明确规定,法院作出给付之诉判决的前提是被告“依法负有给付义务”。这里的“依法”一般是由法律、法规中的某些条款予以明确规定的。社会主体提起环境行政公益诉讼的主要目的在于监督政府或环保行政机关积极履行国家环境保护义务、提供基本的环境公共服务。因此,给付之诉是实现环境行政公益诉讼目的的主要诉讼类型。社会主体依法提起环境行政公益诉讼的给付之诉时,应以政府或环保行政机关在公法上所应履行的具有可诉性的国家环境保护义务为请

---

〔1〕 参见章志远:《行政诉讼类型构造研究》,法律出版社2007年版,第162页。

〔2〕 参见薛刚凌主编:《外国及港澳台行政诉讼制度》,北京大学出版社2006年版,第40页。

〔3〕 参见[日]南博方:《行政法》,杨建顺译,中国人民大学出版社2009年版,第184~185页。

〔4〕 参见薛刚凌主编:《外国及港澳台行政诉讼制度》,北京大学出版社2006年版,第36页。

求权基础。因此,法院在审理给付之诉时应当以政府或环保行政机关是否需要承担法定具有可诉性的国家环境保护义务为核心。一般来说,具有可诉性的国家环境保护义务应源于《宪法》《环境保护法》等相关实体法律规定。在环境保护法或相关单行法中明确规定具有可诉性的国家环境保护义务条款,可为社会主体提起环境行政公益诉讼的给付之诉提供适法依据。

社会组织或公民发现政府或环保行政机关不依法履行法定环境管制职责,纵容环境污染者或破坏者损害或可能损害环境公益的,经举报或告知仍不履行法定环境管制职责时,有权向人民法院提起给付之诉,要求政府或环保行政机关积极管制环境违法者,对其采取责令停产整治、按日计罚等行政处罚措施;社会组织或公民发现政府或环保行政机关在环境污染事故发生后,怠于及时采取环境治理措施,导致环境污染损害继续扩大的,有权向人民法院提起给付之诉,请求政府或相关环保行政机关积极履行法定环境治理职责,对所管辖区域内的环境质量负责;社会组织或公民发现政府或环保行政机关不依法公开必要的环境信息,导致公众无法真正参与环境民主程序维护环境公益的,在经申请仍不公开必要的环境信息的情况下,社会组织或公民有权提起给付之诉,请求法院责令政府或环保行政机关公开必要的环境信息。

具有普遍适用性特征的抽象行政行为对环境公益的影响更为广泛,政府或环保行政机关一旦违法作出不符合环境保护目的的抽象行政行为,其后果比具体行政行为更为严重。因此,基于环境行政公益诉讼的预防性功能,社会组织或公民除有权针对政府或环保行政机关不积极作出具体行政行为或违法作出具体行政行为提起给付之诉外,还应有权针对政府或环保行政机关作出的违法抽象行政行为提起给付之诉,请求政府或环保行政机关在一定期限内积极制定合理的环境标准、环境计划、环境规划、环境制度等。但为了充分尊重政府或环保行政机关的自由裁量权,法院在作出给付判决时,不应过度干预环境抽象行政行为的具体内容,只需对相关环境抽象行政行为作出合法性和合目的性司法审查。

（三）确认之诉

确认之诉是指起诉人请求法院确定某种行政行为是否违法或自始无效的诉讼。[1] 确认之诉通常隐含在撤销之诉或给付之诉中，具有补充性和宣示性的功能。补充性功能是指只有在撤销之诉和给付之诉无法提供有效救济的情况下，确认之诉才能适用；宣示性功能是指确认之诉只是宣示行为违法或自始无效，无须撤销违法行为或要求履行给付义务。[2] 即在一般情况下，针对政府或环保行政机关作出的违法行政行为，起诉人有权提起撤销之诉，请求法院撤销违法行政行为；针对政府或环保行政机关的违法不作为，起诉人有权提起给付之诉，请求法院要求政府或环保行政机关积极履行法定职责或给付义务；但当违法行为已经消灭、判决撤销或给付已经无意义或不可能的情况下，确认之诉则发挥补充性和宣示性的功能。

在法国，行政法院可基于以下原因确认行政行为违法或自始无效，如环保行政机关没有权限、行政行为严重违反法定程序或形式、环保行政机关滥用权力、行政行为的目的不符合法律规定、行政行为在内容上和理由上违反法律等。[3] 在德国，法院可以通过判决确定环保行政机关作出的以下行为违法或自始无效：不符合文件的形式要件、违反属地管辖、不可能执行以及违背善良风俗等情形。[4]

我国《行政诉讼法》规定的确认之诉包括确认违法之诉和确认无效之诉。确认违法之诉是指经法院审查后认为被诉行政行为违法但不宜或不需要作出撤销判决或给付判决，转而确认行为违法的诉讼类型。确认无

---

〔1〕 参见薛刚凌主编：《外国及港澳台行政诉讼制度》，北京大学出版社2006年版，第40页。

〔2〕 参见叶必丰主编：《行政法与行政诉讼法》（第4版），中国人民大学出版社2015年版，第313页。

〔3〕 参见王名扬：《法国行政法》，中国政法大学出版社1988年版，第172页。

〔4〕 参见［印］M. P. 塞夫：《德国行政法》，周伟译，山东人民出版社2006年版，第81页。

效之诉是指法院经审查后认为被诉行政行为具有重大且明显的违法情形而确认其无效的诉讼类型。[1]

社会主体提起环境行政公益诉讼确认之诉,以请求法院确认政府或环保行政机关实施的损害或可能损害环境公益的行为违法或自始无效。如社会组织或公民发现无行政审批权限的环保行政机关向第三人授予排污许可或开发许可证,而第三人利用该许可证从事的开发自然资源或向环境排放污染物的行为将损害环境公益的,在不需要提起撤销之诉或给付之诉的情况下,社会组织或公民有权提起确认之诉,请求法院确认无行政审批权限的环保行政机关将颁发的行政许可自始无效,及时对环保行政机关向第三人颁发行政许可的行政行为的效力作出否定性评价。

三、规范完善

我国现行的环境立法从某种程度上而言属于管理型法律,以环境行政授权和环境行政管制为立法目标,司法适用性不强,导致大量的环境案件(包括环境公益诉讼案件和环境私益诉讼案件)因缺乏明确的法律依据而被拒之于法院大门之外。社会主体提起的环境行政公益诉讼阻力重重的主要根源在于立法不足。一项制度的建立和顺利运行,必须同时有实体法和程序法作为依据和保障。因此,有必要从法律和司法解释层面明确和细化实体法和程序法的规范,为法院审理社会主体提起的环境行政公益诉讼案件提供可适用的司法准绳。

罗斯科·庞德曾指出,法律秩序所保护的是利益,法律是一种获得利益的手段。[2] 环境保护法的研究也应当从利益着手。在环境保护领域,利益关系包括权利、权力和义务关系,权利、权力和义务是利益的法学核

---

〔1〕 参见叶必丰主编:《行政法与行政诉讼法》(第4版),中国人民大学出版社2015年版,第313~314页。

〔2〕 参见[美]罗斯科·庞德:《通过法律的社会控制》,沈宗林译,楼邦彦校,商务印书馆1984年版,第19~34页。

心表达、阐述和展开。[1] 构建社会主体提起的环境行政公益诉讼制度规范,必须明确诉讼主体之间权利、权力、义务和法律责任关系,并通过程序规范予以保障。

具体而言,在实体法方面,运用解释论或立法论在《宪法》《环境保护法》以及各环境单行法中增加社会组织或公民的起诉权、国家环境保护义务、环境保护法律责任等条款;在程序法层面,可首先由司法机关出台司法解释规定社会主体提起环境行政公益诉讼的程序规则,其次进一步对《行政诉讼法》进行扩大解释或修改,为社会主体提起环境行政公益诉讼提供程序法层面的保障。

(一)实体规范

1. 社会组织或公民的起诉权

起诉权,又称起诉资格或司法救济请求权。在我国,目前检察机关是唯一有权提起环境行政公益诉讼的适格主体,这取决于我国的发展阶段并有赖于检察机关试点环境行政公益诉讼的成效以及其积累的经验。但从长远来看,我国未来的立法仍有必要扩大环境行政公益诉讼起诉主体范围。事实上,域外很多国家早已在立法或司法实践中承认社会主体提起环境行政公益诉讼的主体资格。例如,美国的环境公民诉讼,历经原告资格不断扩张的司法实践演绎后,《清洁空气法》《清洁水法》等与环境相关的立法均授权公民或社会组织提起环境公民诉讼,监督联邦环保署或环保行政机关依法履行环保监管职责。美国的环境公民诉讼扩张了环境公益诉讼原告的范围,其创新在于对原告的广泛授权。[2] 在英国,无论是代表官方的检察机关,还是作为公民代表的普通民众或公益组织等社会团体,均可以在得到授权之后提起诉讼。法国"越权之诉"的原告主体范围较为广泛:包括检察机关、公民、工会以及社团等社会主体。日本的

---

〔1〕 参见李启家:《中国环境保护法的代际发展——兼议环境功能的拓展》,载《上海法治报》2009年3月11日,B5版。

〔2〕 参见侯佳儒:《环境公益诉讼的美国蓝本与中国借鉴》,载《交大法学》2015年第4期。

行政诉讼主要包括当事人诉讼、抗告诉讼、机关诉讼和民众诉讼四种类型,其中当事人诉讼和抗告诉讼属于主观诉讼,机关诉讼和民众诉讼属于客观诉讼;日本多部法律规定,民众可以原告的身份、以维护公益为目标、就国家的违法行为向法院提起诉讼。由此可见,在公民权利意识相对较强的国家,如美国、德国、日本等,具有公益性质的社会组织几乎均有权利提起环境行政公益诉讼。随着经济社会的发展和变化,环境问题和纠纷越来越复杂。在未来的环境行政公益诉讼立法中,明确其他社会组织的参与方式是十分必要的。[1]

一方面,环保社会组织具有代表环境公共利益的正当性。环境问题复杂多样,环境公共利益难以通过单一的途径获得保护。"公地悲剧"的效应显示,环境公共利益的保护不宜通过单一途径或方式来实现,而通过多元途径或方式来实现保护是必然选择。因此,有必要让环保社会组织参与到环境行政公益诉讼中,建立环境公益保护多重监督机制。另一方面,我国环境行政公益诉讼的立法和司法实践的发展至今并未赋予公民个人起诉的资格。然而,从国际成熟经验来看,公民成为环境行政公益诉讼的起诉主体是时代发展的一种趋势,更是法律不断发展完善的现实需求。虽然环保行政机关自律有助于纠正偏倚,但公共利益涉及许多利益的平衡,行政机关必须考虑其决定影响的所有不同的利益,尤其是政府积极行政必须有个人和利益代表的参与,因此,不偏不倚最可靠的保障是不同利益获得同等的表达、主张和获得考虑的机会。[2] 作为客观诉讼的环境行政公益诉讼的起诉主体范围,取决于一国宪法体系对行政监督权的分配,因此,环境行政公益诉讼在我国的确立,需要权衡不同权力主体和社会主体之间的监督权限。

环境公共利益是不特定多数公众所享有的多层次环境利益的组合,

---

〔1〕 参见秦前红:《检察机关参与行政公益诉讼理论与实践的若干问题探讨》,载《政治与法律》2016年第11期。

〔2〕 参见[美]理查德·B.斯图尔特:《美国行政法的重构》,沈岿译,商务印书馆2002年版,第21~27页。

其实现的前提是各种环境利益诉求得到充分代表和有效表达，这就必然有赖于赋予不特定多数公众的最佳利益代表主体起诉资格以启动司法救济程序。单纯赋予检举权、监督权或举报权，不足以让社会主体（包括社会组织和公民）启动司法救济程序以监督环境行政权。在我国现行法律体系中，与社会组织或公民“起诉权”相似的“检举权、监督权、举报权”在几乎所有的综合性、单行性环境实体法律中都有所规定，如依据《宪法》第3条、第27条第2款以及第41条的规定，我国公民有监督国家机关的权利；《环境保护法》第57条第2款规定“公民、法人和其他组织发现地方各级人民政府、县级以上人民政府环境保护主管部门和其他负有环境保护监督管理职责的部门不依法履行职责的，有权向其上级机关或监察机关举报”；《海洋环境保护法》第4条规定“一切单位和个人都有保护海洋环境的义务，并有权对污染损害海洋环境的单位和个人，以及海洋环境监督管理人员的违法失职行为进行监督和检举”；《水污染防治法》第11条第1款规定“任何单位和个人都有义务保护水环境，并有权对污染损害水环境的行为进行检举”；等等。这些“检举权”“监督权”“举报权”相关的规定表明，任何单位和个人都有权对政府或环保行政机关实施的损害环境公益的违法行为向上级机关或监察机关进行检举、监督或举报。检举、监督或举报的目的在于督促上级机关或监察机关对环保行政机关的环境违法行为进行有效的制止及必要的惩处。但如果行政内部监督机制失效，那么，在现有法律未规定社会组织或公民提起环境行政公益诉讼的起诉权的情况下，作为检举人或举报人的任何单位或个人就难以借助司法公器对环境违法环保行政机关进行外部监督。而如果在我国现有“检举权”“举报权”等环境保护法律相关条文中增加“起诉权”的规定，如“如果被检举或举报的机关不采取措施制止违法行为，或检举人、举报人对被检举机关采取的措施不满意，则可以向人民法院提起诉讼”，则可以从立法上突破我国社会组织或公民无权提起环境行政公益诉讼的困局。具体而言，可以从解释论的角度，将现有宪法、环保相关法律等实体法中规定的“检举权或控告权”进行扩大解释，明确其包括“起诉权”；抑或在现行环保实体法律规定的“检举权、举报权”条款中相应地增设“起诉权”条款，降低我国创设社会主体提起环境行政公益诉讼制度的立法成本。

2. 具有可诉性的国家环境保护义务

诚如日本学者大须贺明提出：“不管公私之性质，国家和地方公共团体对于企业等所造成的环境破坏所施行的公法性规制，或者为改善已经恶化的环境所采取的积极性措施，都是基于国家的环境保护义务而实施的。”[1] 环境作为一种公共物品，为不特定多数人共同享有。这就要求政府或环保行政机关遵守消极的尊重义务，不得违法行使损害基本环境品质的行为。尊重义务既包含政府或环保行政机关不得直接从事损害环境的具体行政行为和事实行为，也包括不得实施不合理的、损害环境公益的抽象行政行为。而环境公益的公共物品属性则要求政府或环保行政机关除遵守消极义务外，还需履行积极义务，积极作为以保障和增进环境公益。国家环境保护积极义务包括管制第三者不得从事环境违法行为的保护义务、积极采取措施保证环境质量达标或满足公民环境权行使的需求（环境信息公开、支持形成社会环境权力、提供有效参与途径、积极及时回应等）的满足义务以及促进整体环境标准提升以满足不断增长的社会公众基本环境品质需求的促进义务。

政府或环保行政机关在环境保护领域的尊重义务、保护义务、满足义务以及促进义务在我国环境保护法律条文中已有不同程度的体现。例如，《环境保护法》第 60 条[2] 规定了县级以上人民政府环境保护主管部门对违法排污者进行管制的职责，从国家环境保护义务的角度来看，责令“采取限制生产、停产整治”等管制权力是为了履行环保主管部门在维护环境公益方面的保护义务而设置的。环保主管部门通过履行保护义务管

---

〔1〕［日］大须贺明：《生存权论》，林浩译，法律出版社 2001 年版，第 199 页。

〔2〕《环境保护法》第 60 条规定：“企业事业单位和其他生产经营者超过污染物排放标准或者超过重点污染物排放总量控制指标排放污染物的，县级以上人民政府环境保护主管部门可以责令其采取限制生产、停产整治等措施；情节严重的，报经有批准权的人民政府批准，责令停业、关闭。”

制违法排污者,避免损害不特定多数公众所非排他性享有的环境公益。但是并无相应条款规定在环境保护主管部门未积极采取管制措施或放纵违法排污者损害环境的情况下,社会组织或公民有权通过司法途径提起环境行政公益诉讼,以监督环保主管部门违反保护义务的行为。又如,《环境保护法》第29条第2款[1]规定了各级人民政府对具有代表性的各种类型的自然生态系统区域等采取措施予以保护的"满足义务"以及禁止破坏的"尊重义务"。但是并无对应条款赋予社会组织或公民就各级人民政府不履行满足义务以及尊重义务提起环境行政公益诉讼、以监督政府或环保行政机关维护环境公益的权利。虽然我国将环境保护作为基本国策,《环境保护法》第6条第2款也规定"地方各级人民政府应当对本行政区域的环境质量负责",但社会组织或公民不能以地方政府或环保行政机关不履行环境保护义务或未及时采取积极措施治理受损的环境和维护基本环境质量为由请求司法救济。

国家依据客观法应当承担的义务,因被具体明确化而可为公民请求。[2] 因此,有必要在具体国家环境保护义务条款后增加违反该条款的法律责任的相关规定,为社会组织或公民依法提起环境行政公益诉讼、追究政府或环保行政机关违法行为的法律责任提供明确的法律依据。例如,《环境保护法》第57条仅规定了地方各级人民政府、负有环境保护监督管理职责部门直接负责人员的内部行政责任,可在此款基础上增加"公民、法人或其他组织对政府或环保行政机关的环境违法行为进行举报后,对处理结果不服的,可以向人民法院起诉,请求政府或环保行政机关依法履行法定环保职责"规定。由此可见,结合具体环境保护相关法律中规定的国家环境保护义务条款,使国家环境保护义务

---

〔1〕《环境保护法》第29条第2款规定:"各级人民政府对具有代表性的各种类型的自然生态系统区域,珍稀、濒危的野生动植物自然分布区域,重要的水源涵养区域,具有重大科学文化价值的地质构造、著名溶洞和化石分布区、冰川、火山、温泉等自然遗迹,以及人文遗迹、古树名木,应当采取措施予以保护,严禁破坏。"

〔2〕参见菅从进:《权利制约权力论》,山东人民出版社2008年版,第303~307页。

具有可诉性。国家环境保护义务的可诉性范围越大,意味着国家的环境保护法治程度越高。根据我国不同阶段的国情和历史任务,阶段性、渐进性地拓展具有可诉性的国家环境保护义务的范围应当是环境立法不断完善的趋势。

3. 国家环境权力

权力是指职责范围内的指挥或支配力量。职责是指职务上应尽的责任或义务。由此可知,权力的行使范围由职责或义务范围决定。政府或环保行政机关的权力应随义务产生、变更或消灭。"职责是'体',职权是'用',职责是本位,职权是其衍生",[1]即义务(职责)是根本,权力(职权)是由义务(职责)的范围所决定的,是为履行义务(职责)所提供的手段和保证。需要履行多大程度的义务就应赋予多大程度的权力,以确保义务或职责的有效履行。

国家在环境保护领域负有尊重义务(如不得实施有损环境公益的违法行为)、保护义务(如积极管制环境污染者或破坏者)、满足义务(如积极采取措施治理环境以保证环境质量达标)和促进义务(如积极制定新的更符合公众需求的环境质量标准)。国家环境保护义务的切实履行离不开环境行政权力的有效行使。正如有美国学者指出:"宪政政体必须能有效地利用权力,制定政策、提供公民福利。"[2]为了履行国家环境保护义务,有必要赋予国家相应的环境行政权力。

我国长期以来受经济本位观念的影响,当经济利益与环境利益相冲突时,环境利益往往被迫让位于经济利益。与日益膨胀的经济管理权力相比,我国环境行政权力从经济管理权中剥离并独立于经济管理权。在政府管理体制中,环保行政机关处于弱势地位,环境行政权力较为孱弱。在环境管理职能与经济管理职能相冲突时,环境管理职能往

---

〔1〕 文正邦:《职责本位论初探——行政法理论基础试析》,载《法商研究》2001 年第 3 期。

〔2〕 [美]史蒂芬·L. 埃尔金、卡罗尔·爱德华·索乌坦编:《新宪政论——为美好的社会设计政治制度》,周叶谦译,生活·读书·新知三联书店 1997 年版,第 156 页。

往因为经济管理职能的强大而被边缘化。现阶段，决定企业“生死权”的权力仍牢牢掌握在地方政府手中，环保行政机关只拥有现场检查权、行政处罚权、查封扣押等具有较小威慑力的环境行政权力，难以直接有效管制环境污染者或破坏者的违法行为。《环境保护法》，以及《环境保护主管部门实施查封、扣押办法》《环境保护主管部门实施按日连续处罚办法》《环境保护主管部门实施限制生产、停产整治办法》等配套办法虽加大了环境管制权的强度，但仍不足以应对惩处环境污染者、破坏者的行为管制需求。环保执法不力是造成我国环境问题难以从根本上解决的重要原因。

不得不承认，环境行政权力因力量薄弱而不得不向司法借力的状况在美国也曾发生。然而，从机构设置和职能设置方面强化环境管制权力，从而使全面、经常的环境行政监督代替偶然、个案的环境诉讼才是控制环境污染的主要途径。[1] 政府或环保行政机关是环境行政管制的法定主体，政府或环保行政机关可以借助环境行政权力履行环境管制职责，或通过行政非诉执行申请法院采取强制措施制止环境违法行为。在通过现有行政管制或非诉执行途径仍无法弥补环境权力不足时，应通过立法赋予政府或环保行政机关与履行环境管制职责或国家环境保护义务相匹配的环境权力，而不应借助司法行使法律未授权的环境行政管制职能。现阶段，我国环保行政机关所拥有的环境行政权力仍不足以保证环境管制职责的有效实施。通过完善环境相关立法，赋予政府或环保行政机关足以履行国家环境保护义务的权力，才能确保环境行政的有效实施从而提供环境公共服务、维护环境公益。

维护公共利益是国家机关享有公权力的根本原因。[2] 因此，要达到环境质量修复和改善的目标，首先，明确地方政府的环境保护义务，将地

---

〔1〕 参见杜群：《中外环境行政管制之比较》，载《太平洋学报》1997 年第 3 期。

〔2〕 参见蔡志方：《行政救济与行政法学》（三），台北，学林文化事业有限公司 1998 年版，第 526 页。

方政府的经济建设职能逐步向环境治理职能转变，而经济发展责任主要由市场承担。其次，通过立法理顺环境管理体制，逐步实现环保行政机关垂直管理的体制，切断环保行政机关的地方限制，同时依据国家环境保护义务相应地赋予环保行政机关更大的环境行政管制权力，减少地方政府和其他环保行政机关的不当干预。最后，赋予社会组织或公民以第三方社会力量借助司法介入监督地方政府依法维护环境公益的权利，弥补行政内部监督的局限性。

4. 环境标准

有权利必须有救济，但救济必须以实体法中规定的权利或义务为依据。借助环境标准体系完善环境行政公益诉讼的法律责任体系，可以最大限度地为督促政府或环保行政机关履行可诉性的国家环境保护义务提供保障。

基于环境行政公益诉讼具备预防性功能，社会主体提起环境行政公益诉讼的对象既包括已经损害环境公益的行政行为，也包括可能损害环境利益的行政行为，但如何判断环境公益是否受到或可能受到损害呢？这就涉及环境公益损害的判断标准认定问题。我国最高人民法院颁布的《最高人民法院关于审理环境民事公益诉讼案件适用法律若干问题的解释》，虽已将“具有损害社会公共利益重大风险的污染环境、破坏生态的行为”划入环境公益诉讼的适用范围，但对于如何判定重大风险，并无具体的标准。环境品质的确定性体现在数量或指标上，而非实际物上。〔1〕以德国为代表的一些发达国家开始承认将传统上只具有内部效力或间接外部效力的环境标准作为法院裁判案件的依据。〔2〕在我国，国家和地方环保行政机关根据环境保护目标和法律规定制定环境标准体系，包括环境质量标准以及污染物排放标准等环境标准。根据“纳入其中即为组成”的

---

〔1〕 参见王蓉：《环境法总论：社会法与公法共治》，法律出版社2010年版，第71页。

〔2〕 参见栾志红：《论环境标准在行政诉讼中的效力——以德国法上的规范具体化行政规则为例》，载《河北法学》2007年第3期。

法学逻辑,环境保护法所援引的环境标准能够产生法律上的强制实施效果,[1]即具有法的效力的环境标准能够产生约束力。被环境保护法等相关法律援引的环境标准应具有法的强制效力,对法院产生约束力。法律所援引的环境标准体系不仅对环境污染者或破坏者产生法的效力,对负有环境保护义务的政府和环保行政机关同样具有强制力。法院在审理社会主体提起的环境行政公益诉讼案件时,应充分尊重国家和地方环保行政机关依法制定的具有专业判断属性的环境标准体系,并借助我国现行有效的环境标准体系以判断损害环境公益的可能性或风险性。我国的环境标准不同于环境健康标准,前者主要由行政法规等规范性文件予以规定,主要适用于环境行政管制领域,而后者主要适用于传统的民事损害赔偿领域。达标排污的行为并不排除环境民事责任的承担,但可免除环境行政责任。我国仍处于经济社会发展的初级阶段,在不突破生态环境阈值的限度范围内大力发展经济仍具有阶段性的战略意义。根据忍受限度论和国家环境保护义务论,达标排污或符合环评标准的行为,即使对环境造成一定程度的污染或破坏,由此而导致环境质量不达标的后果,行为人也不需承担环境修复责任。而由此产生区域环境质量不达标或生态破坏的后果,应由区域内的地方政府负责。这样的制度设计,可以使企业的经营行为具有可预见性,有利于促进企业从根本上杜绝超标排污、破坏生态等环境违法行为,也有利于对政府或环保行政机关的管制行为产生约束力,同时督促政府或环保行政机关制定符合环境保护目标的环境标准体系。因此,有必要将环境保护法援引的环境标准作为国家环境保护义务可诉性和司法追责的认定标准,即使企业的经营行为未对环境造成实际的损害,但由于政府或环保行政机关制定的环境标准体系不合理,社会主体也可提起环境行政公益诉讼请求法院予以监督。

目前我国判断环境是否适宜人类生存的依据主要是环境标准体系以

---

[1] 参见常纪文:《环境标准的法律属性和作用机制》,载《环境保护》2010 年第 9 期。

及国家颁布的相关法律规定。而制定环境标准体系的首要主体为政府或环保行政机关。国务院环境保护行政主管部门制定国家环境标准,省、自治区、直辖市人民政府则依法定授权和程序制定地方环境标准。被法律援引的环境标准具有法的强制效力,对政府和环保行政机关同样产生约束力。用具有法的效力的环境标准体系约束政府和环保行政机关依法履行国家环境保护义务具有正当性和合理性。根据《环境保护法》第 15 条第 1 款、第 2 款的规定[1],我国采行由国务院环境保护主管部门制定全国统一的环境底线标准、各地人民政府在此基础上制定更为严格的地方标准的立法规则。初衷在于鼓励各地因地制宜出台更严格的环保标准以提升环境品质。但如果国家制定的环境标准过低,旨在期待各地制定更为严格的环境标准,那么,在现实中难免遭遇“囚徒困境”。早在 20 世纪 90 年代,Daniel C. Esty 对“囚徒困境”(Prisoner's Dilemma)作出阐述:“如果政府制定环境政策的过程类似于囚徒困境,随之而来的结果可能不佳。如果政府制定环境标准的过程类似于在完全竞争的市场中定价的过程,那么,可能就难以形成最佳的环境标准。政府只是为了获得经济利益,不会追求理想的环境标准,那么,环境标准可能会不断降低。”[2]环境问题具有广泛性、同源性的特点。“囚徒困境”同样适用于我国。在以经济指标为主要绩效指标的当下,作为“理性经济人”的地方政府有可能不但不会制定更严格的地方环境标准,反而因地方保护主义而试图规避对当地经济发展不利的国家环境标准,以低环境标准来吸引更多的污染企业。在此情况下,为克服或减缓因地方环境标准过低的困境,国务院环保主管部门应积极履行促进义务,根据公众环保水平的基本底线来不断提

---

〔1〕《环境保护法》第 15 条第 1 款、第 2 款规定:“国务院环境保护主管部门制定国家环境质量标准。省、自治区、直辖市人民政府对国家环境质量标准中未作规定的项目,可以制定地方环境质量标准;对国家环境质量标准中已作规定的项目,可以制定严于国家环境质量标准的地方环境质量标准……”

〔2〕 Daniel C. Esty, *Revitalizing Environmental Federalism*, 54 Michigan Law Review 629(1996).

升全国普遍适用的国家环境标准,以满足人民日益增长的环保需求。将环境标准的制定是否符合科学依据作为具有可诉性的国家环境保护义务的准绳,有利于社会组织或公民借助司法督促政府和环保行政机关根据当下国情和公众环保需求不断改善环境品质标准,以维护和增进环境公益。正如美国最高法院强调:"法院对科技法规的审查应当表现自我克制的精神,最大限度地尊重环保行政机关的事实裁定。只要环保行政机关的判断不是出于臆断,而是在其专业知识范围内作出的判断,都应认为是合理的。"〔1〕对于政府或环保行政机关基于科学依据作出的环境质量标准,只要是在专业范围内作出的判断,都应当认为是合理的,法院对国家履行促进义务的行为进行审查应当保持一定的克制精神,最大限度地尊重政府和环保行政机关的专业判断。

(二)程序规范

行政诉讼除具有保护相对人合法权益的功能外,还具有保障客观公法秩序、维护社会公益的作用。行政诉讼的具体规则设计应同时兼顾主观诉讼和客观诉讼的定位。〔2〕行政诉讼所衍生出的客观诉讼的属性不仅决定了社会主体提起环境行政公益诉讼制度和规则的特殊性,也直接影响了行政诉讼具体规范的制定,如起诉资格、受案范围、举证责任、审理程序及判决方式等。我国《行政诉讼法》第25条仅增设了条款授权检察机关提起环境行政公益诉讼,社会主体提起环境行政公益诉讼暂无法律依据。但根据国外经验,通过运用法解释学方法对现有行政诉讼条文进行扩大解释,并从立法上增加必要条款,我国现行的行政诉讼法体系是可以为社会主体提起环境行政公益诉讼提供制度空间的。〔3〕在程序规范

---

〔1〕王名扬:《美国行政法》(下),中国法制出版社1995年版,第716~717页。

〔2〕参见薛刚凌、杨欣:《论我国行政诉讼构造:"主观诉讼"抑或"客观诉讼"?》,载《行政法学研究》2013年第4期。

〔3〕根据德国、日本的经验,在作为客观诉讼的行政公益诉讼制度从以主观诉讼为核心的传统行政诉讼中衍生初始,这些国家并未直接对行政诉讼制度进行改造,而是通过在现有的行政诉讼制度框架内增加相应的特殊法律条款的方式,将行政公益诉讼作为特殊的法定行政诉讼制度予以规制。

缺位的情况下，有必要立足于现行行政诉讼程序，明确社会组织或公民的起诉资格、诉前告知义务、政府或环保行政机关的勤勉执行义务、受案范围、举证责任分配等内容，为社会主体提起环境行政公益诉讼提供程序法保障。

1. 起诉资格的认定

传统的“诉的利益”理论认为，只有法定权利或权益受到侵害的利害关系当事人才具备起诉资格。这与环境公益诉讼的目的并不相符。环境公益诉讼的直接目的在于维护和促进环境公益。传统的“诉的利益”理论难以解决环境公益受损却无法通过诉讼途径予以救济的问题。因此，各国对环境公益诉讼起诉资格的认定逐步摆脱了传统的“诉的利益”理论的束缚，以法定原则来认定环境公益诉讼的起诉资格。

基于社会主体提起的环境行政公益诉讼属于客观之诉，原告起诉资格应突破传统的“诉的利益”的制约，依具体法律予以特别规定。根据法律规定方式的不同，原告起诉资格认定方式可分为“排除说”和“限定说”两种。前者是指除法律明确排除的情况外，任何人均可以针对违法行政行为提起环境行政公益诉讼。后者是指只有符合法律规定的特定资格的公民或社会组织才可以针对违法行政行为提起环境行政公益诉讼。现笔者以美国、澳大利亚、德国为例，予以辩证性借鉴。美国为典型的采行“排除说”的国家。如美国的环境公民诉讼条款中关于原告起诉资格的规定，是对美国法律关于一般原告起诉资格规则的重大创新和突破。《清洁空气法》(1970 年)中第 304 条规定，任何人(any person)都可以提起环境公民诉讼。《清洁水法》(1972 年)第 505 条(a)项亦规定，任何公民(any citizen)都可以以自己的名义提起环境公民诉讼。美国相关法律对环境公民诉讼起诉资格的要求较之于传统“事实上受到损害的”的严格要求而言，大为放宽。美国国会在环境保护相关法律中作出如此的创新和突破，目的就在于最大限度地赋予公众参与环境公共治理、监督环境行政执法的权利，鼓励各种类型的法律主体借助环境公民诉讼的手段来督促政府执法以及企业守法。澳大利亚亦采用“排除说”，即任何人都具备提起环境公益诉讼的起诉资格，除非被告能够证明原告仅仅是“为了骚扰”或“管闲事”才提起诉讼。[1] 以维护公共利益、监督依法行政为行政诉讼的主导思想的法国，也认为只有法律明文规定不得提起越权之诉时，原告的起诉资格才受到限制。[2] 而德国构建的行政诉讼以保障人的合法权益为主导思想，坚持主观诉讼为主、客观诉讼为例外，为了防止滥诉，则相对谨慎地采用“限定说”。依托于德国悠久的团体诉讼的历史以及良好的环境公益社会团体基础，德国利他性环保团体诉讼得以迅速发展。

综观英美法系国家以及大陆法系国家及地区关于环境行政公益诉讼的立法体例和司法实践发现，无论是美国的“事实损害”标准、英国的“足够利益”标准，还是德国的“具备法律所认定利益”标准，各国在确认环境行政公益诉讼的原告起诉资格时，均采取了比较宽松的立场，通过放宽传统的“严格的、原告遭受损害或者享有利益”的原告起诉资格条件，赋予公民或环保社会团体提起环境行政公益诉讼的资格。[3] 以德国为例，《德国联邦自然保存法》(Federal Nature Conservation Act)(2009 年)第 64 条规定，受到许可的自然保护团体可以对依据本法第 63 条第 1 款第2～4 项，以及第 2 款第 5～7 项所作出的决定，针对《行政法院法》所规定的情形提起诉讼，而无须其权利遭受事实侵犯。根据《德国环境救济法》(2013 年)，依据请求，德国或外国的社会团体在满足下列要求时，应当被许可，从而可以依据《环境救济法》提起诉讼：(1)应当依据其章程，以环境保护作为显著的、长久的目的；(2)该社会团体在申请许可时至少已成立 3 年，并且在该成立期间依据上述章程的目的从事活动；(3)具备适当的履行其环保相关职责的能力，需结合其之前所从事活动涉及的类型与领域、成员组成以及该团体的社会影响力进行考量；(4)符合《德国税法》第 52 条的

---

〔1〕 See Brian J. Preston, *Public Enforcement of Envrionmental Laws in Australia*, 6 Journal of Environmental Law and Litigation 39, p. 54－60 (1991).

〔2〕 参见王名扬主编：《外国行政诉讼制度》，人民法院出版社 1991 年版，第 82 页。

〔3〕 参见王曦、章楚加：《完善我国环境公益诉讼制度的思考》，载《中州学刊》2016 年第 3 期。

规定,可以促进公共利益的实现;(5)接受支持该团体成立目的的任何人作为其成员,一旦加入,该成员在团体会议上享有完整的投票权。在其成员构成中有3/4以上是法人,且其大多数的法人成员促进了公共利益的实现时,第4项的要求才可以被豁免。[1] 在对环境行政公益诉讼的起诉资格要求方面,英美法系国家主要依据实质性条件进行判断;而大陆法系国家则多采用认许制或者注册制进行认定,只有获得认许或者注册的社会团体才有资格提起环境行政公益诉讼。如将实质性条件纳入认许或者注册的审查中,就多了一道形式审查的程序。实质性审查和形式性审查的本质性区别在于对起诉资格的认可主体不同,前者依据实质性条件判定的认可主体主要是法院,后者采用形式判断,认可主体以环保行政机关为主。这与英美法系和大陆法系国家的理论体系和国家传统相适应。例如,根据英美法系国家的判例法传统,主要依赖法院来判定原告有无起诉主体的资格;相对而言,大陆法系国家则排斥法官造法,法院法官往往只能适用法律。

我国《环境保护法》第58条第1款规定:“对污染环境、破坏生态,损害社会公共利益的行为,符合下列条件的社会组织可以向人民法院提起诉讼:(一)依法在设区的市级以上人民政府民政部门登记;(二)专门从事环境保护公益活动连续五年以上且无违法记录。”由此可见,我国对社会组织提起环境公益诉讼的起诉资格的认定,并没有采用大陆法系国家普遍采用的认许制或者注册制,即社会组织是否具有起诉资格,主要由法院审查其是否符合法律所规定的实质性要件。这种以制定法律的形式直接规定有权提起环境公益诉讼的社会组织的起诉资格,进而由法院加以认定的做法比较符合我国国情。如果照搬大陆法系国家惯用的认许制或者注册制,由环保行政机关依照法律程序进行认许或注册,在一定程度上会限制社会组织提起环境行政公益诉讼的可能性。因为如果由环保行政

[1] 参见胡静、姜真:《环保组织提起公益诉讼的条件研究》,载《环境经济》2014年第5期。

机关决定社会组织的生存权和发展权，那么，在我国，环保社会组织极有可能会考虑，如其提起环境行政公益诉讼，可能会导致其注册资格被取消的后果，进而在主观上不敢或不愿以司法公器监督环保行政机关的违法行为。从起诉主体和监督主体多元化的角度来看，授权环保社会组织提起环境行政公益诉讼的起诉资格，主要用意在于突破作为公权力主体的检察机关借助司法监督环境行政公权力行使的垄断格局。此外，若对社会组织的起诉资格要求过于严格，致使符合条件提起环境行政公益诉讼的社会组织的数量过少，会使建立社会主体提起环境行政公益诉讼的目的大打折扣。因此，起诉资格条件的限定既要考虑社会组织的成立宗旨、专业能力，又要确保符合条件的环保社会组织的数量不至于过少或分布不均衡。

依据目前我国的相关法律规定可得出，我国的环境行政公益诉讼已经从立法层面予以确立，但是现阶段仅赋予检察机关作为唯一适格的起诉主体，并未对社会组织和公民的原告资格予以确认。由公权力主体检察机关垄断起诉资格存在较多的局限性和不足。作为代表环境公共利益的重要力量，环保社会组织具备其独特的天然优势，可以多途径地监督环境公权力、规制环境行政权，实现公众积极、有效地参与。社会组织除能够补足公权力主体作为环境行政公益诉讼的单一起诉主体这一局限性外，还能够有效地凝聚社会公众的力量，反映公众的现实环保诉求，填补我国现阶段公民个人在提起环境行政公益诉讼中可能遇到的包括环保专业知识匮乏、获取证据信息渠道有限以及诉讼能力欠缺等“瓶颈”。从我国环境行政公益诉讼的渐进式演变趋势来看，我国在建立检察环境行政公益诉讼制度的进程中，应积极填补现有法律的空白，首先以立法的形式明确赋予社会组织提起环境行政公益诉讼的起诉资格，待制度发展较为成熟后，其次将公民纳入环境行政公益诉讼起诉主体范畴。这一举措是我国保护生态环境、维护环境公共利益、监督违法环境行政行为的内在要求，符合我国可持续发展的环保立法理念和推动环保法治化建设的现实诉求，而且这也有利于进一步完善和发展我国的环境行政公益诉讼制度。

我国社会主体提起的环境行政公益诉讼尚处于理论探讨阶段,且公民意识仍有待提高,可以借鉴大陆法系“限定说”的经验,明确任何社会组织或公民可依据法律特别规定提起环境行政公益诉讼。运用解释论或立法论,对现有综合性或单行性环境保护法律进行解释或修改,在规定任何单位或公民有检举权或控告权的基础上增加起诉权的内容,为社会组织或公民针对环境违法行为提起环境行政公益诉讼提供明确的规范性依据。我国《环境保护法》第6条第1款规定:“一切单位和个人都有保护环境的义务。”《环境保护法》第57条第1款、第2款规定:“公民、法人和其他组织发现任何单位和个人有污染环境和破坏生态行为的,有权向环境保护主管部门或者其他负有环境保护监督管理职责的部门举报。公民、法人和其他组织发现地方各级人民政府、县级以上人民政府环境保护主管部门和其他负有环境保护监督管理职责的部门不依法履行职责的,有权向其上级机关或者监察机关举报。”在环境行政公益诉讼制度中,这种“举报权”不仅可以再次得到承认,而且可以发展成为对政府或环保行政机关提起环境行政公益诉讼的权利。另外,可以采取扩大解释的方式完善相关司法解释,逐步扩大环境公益诉讼的受案范围,使《环境保护法》第58条所规定的“污染环境、破坏生态、损害社会公共利益的行为”拓宽至涵盖地方政府和环保行政机关的环境违法行政行为,授权包括社会组织和公民在内的社会主体通过环境行政公益诉讼来监督政府或环保行政机关依法履行环保监督管理职责。此外,应在《行政诉讼法》中增加以维护社会公共利益和客观法秩序为直接诉讼目的的客观诉讼的类型,并明确提起客观诉讼的原告不需与被诉行为具有利害关系,社会组织或公民均可针对实体法中明确规定的可诉性违法行为提起诉讼。我国《行政诉讼法》第2条第1款规定:“公民、法人或者其他组织认为行政机关和行政机关工作人员的行政行为侵犯其合法权益,有权依照本法向人民法院提起诉讼。”在社会主体提起的环境行政公益诉讼制度中,《行政诉讼法》中使用的“公民、法人或者其他组织”的概念可得以继续沿用。在设置社会主体提起的环境行政公益诉讼的起诉资格法定条件时,可考虑法律业务、经济能力、参与程度等因素,以保障诉讼的顺利进行。

2. 被告

在环境公共治理事务中,社会主体是一股重要的力量,也是重要的监督者。社会主体监督的对象包括政府、环保行政机关和企业。其中,政府和环保行政机关应当成为社会主体优先监督的重要对象。其原因至少体现在以下几个方面:一是我国宪法和环境保护相关法律规定"地方人民政府对本辖区的环境质量负责"。地方人民政府被法律赋予保护环境公共利益的行政公权力,是环境公益的法定监管者,承担着保护环境公共利益的法定职责和义务。二是地方人民政府往往会由于环境决策的失误、违法行政作为或不作为而成为环境问题的制造者。由此导致的环境问题或环境风险损害常常具有影响范围更广、时间更长、补救的经济代价更大的特点。三是政府天然拥有解决环境问题或预防环境风险所需要的专业知识、政治资源和财政能力,这些环境行政公权力优势为其他主体所难以具备。四是政府所开展的环境保护和监督管理工作,具有规范性、统一性、强制性和稳定性等特点。五是监督政府的成本往往比监督企业的成本要低,且监督政府的效益比监督企业的效益要高。因此,在环境公共治理的问题上,经济学和政治学的基本原理启发我们,社会主体的监督应当首先选择政府和环保行政机关;社会主体应当通过监督政府和环保行政机关依法积极、及时履行环保监管职责以管制企业严格遵守环境保护相关法律法规,进而实现环境公共治理的目标。

欧美等地的环境公益诉讼制度,几乎都将政府及其环保主管机构作为被告。在美国,环境公益诉讼被称为"环境公民诉讼"。该制度源于美国《清洁空气法》(1970 年)第 304 条所规定的"公民诉讼条款"。该条款所规定环境公民诉讼的被告,包括联邦政府及其环保机构等公共主体以及企业等私权利主体。美国环境公民诉讼制度的目的在于敦促政府勤勉执法以及企业严格遵守环境保护相关法律。当政府怠于履行法定环保监管职责时,任何人都可以通过环境公民诉讼督促其积极依法履行法定职责。针对环境公益诉讼的被告问题,欧洲国家环境公益诉讼的规定和美国环境公民诉讼的规定有异同之处。相同的地方在于大多数欧洲国家都将行政机关甚至政府纳入环境公益诉讼的被告范围。欧洲国家的环境公益诉讼制度尤以德国为典型代表。德国的环境公益诉讼被称为“利他性环保团体诉讼”,这种“利他性环保团体诉讼”的本质是我国所称的“环境行政公益诉讼”,其被告是政府或环保行政机关。我国台湾地区的环境行政公益诉讼制度受美国、德国立法的影响,在多部环境保护相关法规中规定,环境行政公益诉讼只能以行政主管机关为被告。

政府或环保行政机关无论是在有关环境保护和社会经济发展的决策上出现偏差,还是在环境管制方面出现诸如违法作为或不作为等失误,均会不可避免地给当地的经济、社会和环境发展带来大范围、长时间的不利影响。为了确保地方政府和环保行政机关能够切实依法履行环保监管职责,《环境保护法》进行了一系列创新性和突破性的规定,如规定环保行政机关内部监督、政府信息公开、人大监督以及公众参与等内容。但遗憾的是,至今我国的相关法律均没有为社会主体(包括社会组织和公民)借助司法公器对地方政府和环保行政机关依法履行环保监管职责进行监督的制度设计作出任何规定。缺少社会主体提起环境行政公益诉讼这一制度,社会主体就缺少了最直接、最有力、最后的监督地方政府和环保行政机关依法履行环保监管职责的重要手段。因此,立法在扩大环境行政公益诉讼起诉主体范畴的同时,应明确且详细地将地方政府和环保行政机关纳入环境行政公益诉讼的被告范畴。只有这样,才能将国家环境保护义务论等基本理论以及“地方政府对本辖区的环境质量负责”等相关法律规定落到实处。

从相关立法规定来看,环境行政公益诉讼的被告至少应包含三种类型:(1)我国《环境保护法》第 10 条所规定的环境保护主管部门。如《环境保护法》第 10 条规定:“国务院环境保护主管部门,对全国环境保护工作实施统一监督管理;县级以上地方人民政府环境保护主管部门,对本行政区域环境保护工作实施统一监督管理。县级以上人民政府有关部门和军队环境保护部门,依照有关法律的规定对资源保护和污染防治等环境保护工作实施监督管理。"该规定中所提及的环境保护主管部门均承担着法律明确规定的环境保护监管职责。若以上这些环境保护主管部门违反环境保护相关法律规定实施法律所禁止的行政行为,或怠于依法及时履行环保监管职责,则有可能成为社会主体提起环境行政公益诉讼的被告。(2)根据我国《环境保护法》第6条第2款"地方各级人民政府应当对本行政区域的环境质量负责"的规定以及第60条等相关条款关于地方人民政府批准权的规定,地方人民政府有职权亦有职责,当所管辖行政区域内的环境质量不达标,或者当地方人民政府未依法履行法定的环境管制或审批职责时,地方人民政府也可能成为社会主体提起环境行政公益诉讼的被告。(3)相关法律中所涉及的如建设、健康卫生、海关、市场监督等与环境保护相关的其他行政主管部门。这些部门虽然不直接管理环境保护工作,但其法定职责与环境保护工作紧密联系。如这些相关部门在履行法定职责时违反环境保护相关的法律或怠于履行与环境保护密切相关的法定职责,那么,其也可能成为社会主体提起环境行政公益诉讼的被告。

3. 前置程序和勤勉义务

环境问题具有复杂性、专业性等特点,拥有环境行政执法优势的政府和环保行政机关在环境保护方面发挥重要作用,且环境公益受损与政府或环保行政机关执法不力有直接或间接的关系,在预防环境公益损害发生方面应首先发挥政府或环保行政机关及时、高效的专业优势。社会主体提起环境行政公益诉讼的诉讼目的是督促政府或环保行政机关维护和促进环境公益,而并非"执意与主管机关竞赛"。[1] 如果政府或环保行政机关能够及时、合理地纠正违法行政行为、积极采取措施维护和救济环境公益,那么维护和促进环境公益的目的即可实现,诉讼进程没有必

〔1〕 参见叶俊荣:《环境政策与法律》,中国政法大学出版社2003年版,第249页。

要继续。因此,将前置程序作为社会主体提起环境行政公益诉讼的诉前必经程序以确保政府或环保行政机关勤勉履行义务可以发挥过滤性功能,更有效地维护环境公益。在社会主体提起环境行政公益诉讼之前设置相关程序,发挥纠错的功能,可以起到“不战而屈人之兵”的司法威慑功效。

我国立法没有赋予社会主体提起环境行政公益诉讼的起诉资格,其中一个很重要的原因,就是担心授权社会主体起诉,会出现滥诉的情况而给司法机关带来不必要的负担。所以,为了避免出现滥诉现象,可以在制度程序设计上明确一个合理的诉讼前置程序,从而达到对社会主体提起环境行政公益诉讼的有效限制,同时有助于政府或环保行政机关自觉依法履行环保监管职责,发挥环境行政权的优先作用。具体而言,当社会主体发现政府或环保行政机关具有环境违法作为或者不作为并使生态环境或可能遭受损害时,应当先向政府或环保行政机关发出书面的意见或者建议书,要求政府或环保行政机关积极履行其法定的内在职责,纠正其侵害或可能侵害生态环境的违法作为或者不作为,并且只有政府或环保行政机关在合理期限内仍拒绝依法履行职责的情况下,社会主体才能够向法院提起环境行政公益诉讼。在社会主体提起的环境行政公益诉讼制度中设定合理的诉讼前置程序,主要是为了能给违法的政府或环保行政机关一次自我纠错的机会,并能最大限度地减少司法诉讼的成本,节约司法资源,避免司法机关额外产生不必要的负担和压力。所以,社会主体提起环境行政公益诉讼时,需要设置合理的书面告知前置程序,从而以最小的成本实现保护环境公益的最佳效果。

我国可辩证性地借鉴国外成熟的经验。为了有效地发挥政府或环保行政机关在环境行政执法中的主导作用,充分尊让行政权,给予政府或环保行政机关一次积极纠错、依法履行职责的机会,同时避免诉累,部分国家在环境行政公益诉讼中设置前置程序以督促政府或环保行政机关勤勉履行法定义务。在环境领域开启诉诸司法之门的《奥胡斯公约》第 9 条第 2 款规定了缔约国对公众诉诸司法可以设置环境救济前置程序,甚至要求公众必须穷尽行政救济才能提起诉讼。[1] 美国环境公民诉讼相关的条款均规定有诉前通知前置程序。诉前通知前置程序是美国环境公民诉讼的必经程序。美国遵循穷尽行政救济原则,所有环境公民诉讼条款都规定了60日(一般环境保护相关法律)或90日(如《资源保护和再生法》)的诉前通告期,要求任何人在法定诉前通告期内应将起诉事由告知违法行为者、被诉行为发生地所在的州政府以及环保署署长。[2] 依照具体法律规定,除涉及有毒性污染物或紧急环境事件外,经过诉前通告期,如政府或环保行政机关仍未积极履行法定勤勉义务,环境公民诉讼才能继续;若政府或环保行政机关已经或正在勤勉地执行法律(diligently enforcement),环境公民诉讼就被阻止。[3] 例如,按照《美国清洁水法》第505条(b)款(1)项的规定,公民必须在向法院提起环境公民诉讼的前60日内,将拟起诉的违法行为告知联邦环保局局长、违法行为所在地的州政府有关部门以及违反环境标准、环境管制或环境命令的违法实施者。[4] 若在诉前程序的60日内,联邦环保局局长、违法行为所在地的州政府已对拟被起诉的违法行为实施了处罚、起诉或其他环境保护相关法律规定的措施,那么,公民就不能在60日后针对同一违法行为向法院提起环境公民诉讼。综观美国环境公民诉讼的相关法律得知,原告必须在提起环境公民诉讼的起诉前60日(一般环境保护相关法律)或90日(如《资源保护和再生法》等特别法律)书面告知联邦政府、州政府及排污者,指出即将遭受起诉的环境违法行为。遇到有关毒性污染物或者紧急事件时,可为了争取时效而免除告知的前置程序。诉前程序通知期间,州政府或联邦政府对于被

---

〔1〕 参见颜运秋、余彦:《〈奥胡斯公约〉司法救济条款及其对我国的启示》,载《净月学刊》2015年第4期。

〔2〕 See David G. Samuels, *Precluding Preclusion: A Proposal for a New Way of Addressing Citizen Suit Overfiling*, 26 Tulane Environmental Law Journal 259(2013).

〔3〕 See Steven Russo, *States, Citizens, and the Clean Water Act: State Administrative Enforcement and the Diligent Prosecution Defense*, 4 N. Y. U. Envtl. L. J 213(1995).

〔4〕 See Clean water Act of 1972, 505(b)-(1), Federal Water Pollution Control ACT (33 U. S. C. 1251 et. seq.).

告知的行政违法行为已经采取或正在采取执法措施的,公民便不得再提起公民诉讼,让位于政府执法。[1] 美国环境公民诉讼的核心,是给政府和排污者有充足的时间采取防止污染的措施,而不是放任滥诉。[2] 因此,在环境公民诉讼中设置前置程序实有必要。《德国联邦自然保护法》以及《德国环境损害预防及救济法》等相关法律规定,环保团体在提起利他性环保团体诉讼之前必须参与相关行政程序且在参与过程中必须就起诉的相关问题发表过意见,否则,不得提起利他性环保团体诉讼。[3] 此外,在环保团体提起利他性环保团体诉讼之前必须申请行政救济,首先向环保行政机关提出履行法定义务的请求。若环保行政机关在 3 个月的期限内没有采取任何行动,环保团体才可以向法院起诉,要求判令环保行政机关依法责令经营者采取环境损害预防措施或者进行环境损害赔偿。这突出了环境行政公益诉讼作为最后司法保障手段的谦让地位,有关环境行政执法的问题应尽量发挥行政权的优势,通过行政过程解决。德国的利他性环保团体诉讼无疑定位于监督执行之诉[4],即行政救济是德国利他性环保团体诉讼的前置程序。日本民众诉讼相关法律也规定,居民在提起民众诉讼之前,应向监察委员会提出监察请求,只有对监察委员会或公共团体采取的措施不服时,才能提起民众诉讼,即监察请求程序是民众诉讼的前置程序。

我国现有环境保护法律中普遍规定了社会组织或公民对环境违法行为的检举权或举报权,如《水污染防治法》第 11 条第 1 款规定,“任何单位和个人都有义务保护水环境,并有权对污染损害水环境的行为进行检举”。然而,检举权或举报权虽不等于起诉权,但通过立法将现有法律中对

---

〔1〕 参见王曦、张岩:《论美国环境公民诉讼制度》,载《交大法学》2015 年第 4 期。

〔2〕 参见[美]乔纳森·特利:《私人总检察官在环境执行过程中的作用》,邓海峰、黎明译,载汤欣主编:《公共利益与私人诉讼》,北京大学出版社 2009 年版,第 142 页。

〔3〕 参见陶建国:《德国环境行政公益诉讼制度及其对我国的启示》,载《德国研究》2013 年第 2 期。

〔4〕 参见[德]艾卡·雷宾德:《欧盟和德国的环境保护集体诉讼》,王曦译,载《交大法学》2015 年第 4 期。

社会组织或公民检举权或举报权的规定,作为社会组织或公民提起环境行政公益诉讼的前置条件,可以实现新建制度与现有法律体系的有效衔接,同时避免诉权的滥用,减轻法院审理环境行政公益诉讼案件的负担。

此外,根据我国《环境保护法》第 57 条第 2 款的规定,“公民、法人和其他组织发现地方各级人民政府、县级以上人民政府环境保护主管部门和其他负有环境保护监督管理职责的部门不依法履行职责的,有权向其上级机关或者监察机关举报”。第 58 条规定,对污染环境、破坏生态,损害社会公共利益的行为,符合条件的社会组织可以向人民法院提起诉讼。如能将这两个条文有效衔接,将社会组织或公民行使举报权作为提起环境行政公益诉讼的前置程序,并规定相应的勤勉义务条款,则能充分发挥行政纠错的功效和避免司法权对行政权的过度、提前干预。社会主体提起环境行政公益诉讼是手段而非目的。比如,在《行政诉讼法》及相关环保法律中规定,社会组织或公民在提起环境行政公益诉讼前,应将起诉事由,即政府或环保行政机关损害或有损环境公益之虞的环境违法行为,向实施违法行为的环保行政机关及其上级机关、监察机关举报,督促违法行政机关制止损害环境公益的行为、积极履行环境管制职责或其他国家环境保护义务。若违法行政机关在法定通告期内积极、真实、有效地履行了“勤勉义务”,则不启动环境行政公益诉讼。若违法行政机关未在法定通告期内执行勤勉义务,纠正其损害环境公益的违法行为,则社会组织或公民可向法院提起环境行政公益诉讼。社会组织或公民起诉后,可以通知检察机关,检察机关应当支持社会组织或公民提起环境行政公益诉讼。此外,对于诉前通告期间的界定,建议参照我国《行政诉讼法》第 47 条中“两个月”复议期限的规定,将环境行政公益诉讼诉前通告期原则上规定为两个月。

4. 受案范围

受案范围是法院受理诉讼案件的范围。在作为客观诉讼的环境行政公益诉讼领域,大陆法系国家和地区,如德国、日本等往往通过立法明确规定环境行政公益诉讼的受案范围;即使是作为判例法国家的美国,也通过成文法明文规定环境公民诉讼的受案范围。

“在法治条件下，‘行政行为’应当是可诉的。”[1]在大陆法系国家，行政行为原则上均可诉，并且可诉性行政行为的范围甚至扩大到一切可能产生公权力影响的行为。如作为行政法母国的法国，将包括具体行政行为和普遍性行政条例在内的行政行为均作为行政法院受案范围；德国、日本也将环保行政机关行使公权力的一切行为纳入行政诉讼受案范围，包括行政行为和事实行为。具体而言，如德国《联邦自然保护法》第 61 条规定，利他性环保团体可以针对行政决定提起诉讼。受案范围具体包括以下三种情形：一是规划或者建设工程的环境影响评价审批决定；二是政府或环保行政机关撤销、解除自然与风景保护区的禁令的特许行政行为；三是《设施许可条例》《联邦污染防治法》等法律规定的、必须申请行政许可的建设运营项目规划。德国利他性环保团体诉讼始终围绕政府或环保行政机关的环境行政行为展开，采用列举模式将诸如建设运营项目规划等抽象行政行为也一并纳入司法审查的范畴，以司法权对政府的环境行政行为进行监督与制约，有效防止在环境保护领域里“政府失灵”的现象。

由于抽象行政行为具有普遍适用性、对象广泛性等特点，因此，相对于具体行政行为而言，其损害环境公益的可能性和严重性更大，有必要将抽象行政行为纳入环境行政公益诉讼的可诉范围。诚然，抽象行政行为的可诉性问题将牵扯我国行政权与司法权的权力分配和政治架构问题，但由于行政公益诉讼属于客观诉讼类型，依据法律明确规定方可提起，因此，立法机关从立法层面确定抽象行政行为的可诉性范畴则可为社会主体通过司法监督抽象行政行为提供法律保障，且可避免司法过度干预行政的乱象。在我国行政诉讼法制建设和完善的过程中，应在逐步增加客观行政诉讼类型的同时，将政府或环保行政机关实施的有损公益的行政

---

〔1〕 茅铭晨：《行政行为可诉性研究：理论重构与制度重构的对接》，北京大学出版社 2014 年版，第 54 页。

行为(包括具体行政行为和抽象行政行为)和事实行为逐步纳入行政公益诉讼的诉讼标的范畴。具体而言,社会主体提起环境行政公益诉讼以监督政府和环保行政机关依法勤勉地履行环保监管职责为目的。相应地,社会主体提起环境行政公益诉讼的受案范围应包括地方人民政府、环境保护主管部门以及其他环保行政机关违反环境保护相关法律所规定的行政行为(包括具体行政行为和抽象行政行为),尤其是导致重大生态环境风险或生态环境损害的行政行为。

在立法模式上,可以参照我国《环境保护法》《行政诉讼法》等相关立法,采取"概括+列举"的方式来界定社会主体提起环境行政公益诉讼的受案范围。相关规则可以设计为:符合法律规定条件的公民、法人和其他组织可以对违反环境保护法律法规所实施的或怠于履行环境保护监督管理职责的行政行为提起环境行政公益诉讼。纳入受案范围的环境行政行为涵盖如下几类:其一,国务院相关组成部门、县级以上地方人民政府及其相关部门组织编制和审批城乡规划、土地利用总体规划、(区域、流域、海域)的建设开发利用规划等综合性规划,以及工业、农业、林业、畜牧业、能源、水利、城市建设、交通、旅游、自然资源开发等有关专项规划[1];其二,县级以上地方人民政府和有关部门环境保护目标的制定和执行;其三,政府环保、海洋等部门审批相关建设项目的环境影响评价报告书(表);其四,县级以上地方人民政府及其相关部门审批建设项目;其五,县级以上地方人民政府及其相关部门的生态保护监督管理;其六,县级以上地方人民政府及其相关部门的环境污染防治监督管理;其七,政府及其环保相关部门依法公开政府环境信息;其八,其他法律规定的环境行政行为。这几类有关受案范围的具体规则设计符合我国社会主体提起环境行政公益诉讼制度的特点。一方面,该受案范围既涵盖具体环境行政行为,又包括抽象环境行政行为。国内外的环境执法和司法发展历程表示,抽象环境行政行为一旦造成生态环境风险或损害,其时间更长、范围更广,

---

〔1〕 参见韩德培主编:《环境保护法教程》(第8版),法律出版社2018年版,第74页。

往往较之于具体环境行政行为造成的危害更大。例如,城乡规划、土地利用总体规划、自然资源开发利用规划、区域流域开发利用规划等抽象环境行政行为,一旦决策失当,通常会产生“多米诺”连锁反应,造成更严重的环境问题。而我国环境立法以及环境执法实践中,对这类抽象环境行政行为的监督机制相对缺失。所以,建议把抽象环境行政行为纳入社会主体提起的环境行政公益诉讼的受案范围中。另一方面,该受案范围的具体规则设计,将“怠于”或“疏于”履职的情形包括在内,即政府或环保行政机关应当为而不为的环保行政行为,也属于社会主体提起环境行政公益诉讼的受案范围。将“怠于”或“疏于”履行环保职责的行政行为也纳入社会主体提起环境行政公益诉讼的受案范围,可以赋予社会主体借助司法公器实施社会权力,使政府和环保行政机关时时刻刻不敢怠于或疏于履行其应尽的环保监管职责和国家环保义务。

在立法技术层面,我国环境保护综合性法律和单行性法律中有大量国家环境保护义务的条款,但目前大多数涉及国家环境保护义务的条款缺乏对应的法律责任。社会组织或公民难以依据这些条款对政府或环保行政机关未依法履职的行为提起诉讼,因此,需要立法机关将可诉性国家环境保护义务条款予以明确。建议由全国人大常委会或者最高人民法院通过立法解释或司法解释的方式,对《环境保护法》第58条规定的“对污染环境、破坏生态,损害社会公共利益的行为”的表述作出扩大解释,从解释论的角度将其扩大解释为政府或环保行政机关实施的违反国家环境保护义务的环境违法行政行为(包括乱作为和不作为、包括具体环境行政行为和抽象环境行政行为),并以“概括+列举”的方式,纳入社会主体提起环境行政公益诉讼的受案范围。此外,结合我国《环境影响评价法》等法律法规的相关规定,以及《行政诉讼法》第12条第2款兜底条款[1]有关受案范围的规定,将政府或环保行政机关的环境违法行为纳入行政诉讼

〔1〕《行政诉讼法》第12条第2款规定:“除前款规定外,人民法院受理法律、法规规定可以提起诉讼的其他行政案件。”

的受案范围,可以包括但不限于下列行为:违法编制或审批环境规划;违法制订或执行环境保护目标计划;未依法履行环境污染防治或生态保护监管职责;不依法公开政府环境信息等。

5. 检察机关、社会主体提起环境行政公益诉讼的顺位

从长远来看,社会主体提起环境行政公益诉讼制度的功能优势毋庸置疑且不可忽视,其在环境公益诉讼制度体系中的地位值得充分肯定和重视。同时,不难发现,现阶段我国极力推行的检察机关提起的环境行政公益诉讼制度具有阶段性的成效,并为我国未来建构社会主体提起环境行政公益诉讼奠定了坚实的基础。这一点也不容忽视。同时,在检察机关提起环境行政公益诉讼司法实践如火如荼发展的当下,我们必须清醒地意识到,仅凭检察机关单一主体垄断环境行政公益诉讼,难免会使其在面对多元、庞杂的违法行政行为时应接不暇。检察机关提起的环境行政公益诉讼制度和社会主体提起的环境行政公益诉讼制度均有其独特的制度优势。例如,检察机关相对于社会主体而言,是法定的法律监督机关,能够掌握丰富的司法资源,而且更易获得行政机关在收集、调查与环境违法行为相关证据方面的配合和协助;而社会主体相比检察机关更易了解公众的现实需求和救济诉求,在公众的支持下能够更及时、更全面地发现环境行政违法行为,且其作为相对独立的第三方,可以充分运用社会权力监督行政公权力,避免公权力的渎职或滥用,有利于推动形成环境公共治理格局。同时,作为社会主体的主要代表,社会组织往往具有专业的环保学者或专家,可以敏锐地捕捉环境违法行为的证据链,排查与案件关联度不大的信息。总体而言,检察机关和社会主体在提起环境行政公益诉讼中各有所长,协同合作可以达到扬长避短的效果。

从实现国家环境保护义务和环境公共治理目标的角度来看,赋予社会主体提起环境行政公益诉讼具有不可替代的重要意义。在社会主体提起环境行政公益诉讼制度得以逐步构建的过程中,需进一步理顺检察机关提起的环境行政公益诉讼与社会主体提起的环境行政公益诉讼之间的顺位关系。

由于检察机关是我国的法律监督机关,并在长期的环境行政公益诉讼司法实践中积累了大量的经验,因此,在构建社会主体提起环境行政公益诉讼制度的初期,可加快形成以检察机关为主导、社会主体为辅的环境行政公益诉讼模式,发挥检察机关的经验优势,扶持社会主体积极参与环境行政公益诉讼。当检察机关怠于发出检察建议或提起环境行政公益诉讼时,授权社会主体提起环境行政公益诉讼,以借助司法督促政府或环保行政机关积极履职。

但是,不可否认,以"公权力监督或制衡公权力"存在天然的劣势,从环境公共治理的角度看,以"社会权力监督公权力"更符合国际发展趋势。从长远来看,待检察机关提起环境行政公益诉讼的司法实践和制度经验成熟,环境行政公益诉讼的诉前程序、诉讼机制以及诉后执行的制度框架形成后,社会主体和检察机关在提起环境行政公益诉讼中的顺位应适机调整,形成以社会主体提起环境行政公益诉讼为主流、辅之以检察机关提起环境行政公益诉讼为补充的制度模式。检察机关应在社会主体提起环境行政公益诉讼中充当支持起诉的角色,进而创设以社会权力监督行政公权力的新格局,推动环境公共治理目标的实现。

6. 举证责任分配

举证责任分配规则是影响社会主体提起环境行政公益诉讼制度构建的重要因素。举证责任分配涉及价值考量的问题。行政行为合法性审查是行政诉讼的核心。环保行政机关应当按照"先取证、后决定"的行政程序作出相应的行政行为,即环保行政机关作出的行政行为应当有足够的事实根据和法律依据作为支撑,否则,相应行政行为就会被认定为不合法。因此,由政府或环保行政机关承担举证责任是依法行政原则在行政诉讼中的延伸。对此,《行政诉讼法》第 34 条第 1 款明确规定"被告对作出的行政行为负有举证责任,应当提供作出该行政行为的证据和所依据的规范性文件"。

社会主体提起的环境行政公益诉讼作为行政诉讼的客观诉讼类型,其直接目的在于维护环境公益而不是行政相对人的合法权益。举证责任分配规则的设计亦是创设社会主体提起环境行政公益诉讼制度中的一个重难点。社会主体提起的环境行政公益诉讼是一种特殊的客观诉讼，原告、被告分别是社会主体与公权力主体。较之于政府或环保行政机关来说，社会主体在调查取证方面仍处于相对弱势的地位。相对而言，政府或环保行政机关作为环境公益产品和服务的提供者和维护者，其所实施的行为需要严格依据足够的专业性事实和法律作出，否则，行为则会被认为违法或偏离维护环境公益的目的。被告作为环境污染或生态破坏的监管者，其拥有更雄厚的资源以及掌握着专业技能的人才。此外，在环境行政公益诉讼案件中，政府或环保行政机关掌握着更多、关联性更强的证据材料，举证能力亦占据优势地位。从这个意义上讲，社会主体提起环境行政公益诉讼，作为被告的环保行政机关应当证明其环境行政作为或不作为的合法性，而作为原告的社会组织或公民只需要对部分环境损害事实和程序性违法事项承担举证责任。由被告承担举证责任，不仅有利于还原案情事实，也能够更大地提高司法审判效率，节约司法诉讼成本，进而推动社会主体提起的环境行政公益诉讼制度的顺利运行。

此外，法院在审理社会组织或公民提起的环境行政公益诉讼案件过程中，要充分尊重政府或环保行政机关在自由裁量权范围内基于其专业性所作出的事实判断。同时，要对行政行为的实体和程序上的合法性和合目的性作出实质性司法审查，审查行政行为的作出是否考虑环境影响因素、作出的流程是否按照公正的程序实施、是否受到实质民主的监督等，保障环境公益得以实现。虽然法院难以对环保行政机关自由裁量范围内的行政判断作出合理性审理，但当社会组织或公民认为政府或环保行政机关作出的行政行为存在不公正或非民主的事实导致环境公益受损而提起诉讼时（如政府或环保行政机关在作出环境规划或环境影响评价前，虽然形式上举行了听证会，但实质上完全不考虑公众的意见，只是变相地单方面将事先既定的规划或环评强加于人），政府或环保行政机关应当对其作出的行政行为具有合理性和正当性负举证责任，如举证不能，法院有权要求政府或环保行政机关重新考虑以其他方式变更原先的行政决定。只有法院采取积极的态度对行政行为的实质合法性进行审查,才能一方面避免司法过度干预行政的自由裁量权,另一方面促使环保行政机关在作出行政行为的过程中重视资料和证据的收集,以保障行政合理性、正当性和民主性,使公民或社会力量借助司法途径真正参与环境共治。社会主体提起的环境行政公益诉讼与其说是为公民监督行政提供平台,不如说是为民主力量介入环境公共治理、保障环境公益提供契机。

7. 诉讼费用和律师费分担机制

美国的环境公民诉讼适用特殊的诉讼费用和律师费分担机制。美国联邦国会在建立环境公民诉讼制度的诉讼费用和律师费分担机制时,突破了传统“美国规则”[1]的束缚,设置了“诉讼费用和律师费的转移条款”,允许法院在一定条件下,判决诉讼的任一方(包括政府)承担大部分的诉讼费用和律师费用,只要法院有理由认为“合适”即可。[2] 如此创新性地突破传统诉讼费用承担机制的原因在于:环境公民诉讼的目标在于维护环境公益,倘若不减轻原告为维护环境公益而提起诉讼的经济负担,就相当于让作为原告的社会组织或公民牺牲其经济利益来换取环境公益,显失公正。在传统诉讼领域,美国诉讼费用和律师费的计算标准居高,若照搬传统的收费标准来收取环境公民诉讼原告的诉讼费用和律师费,难免会打击社会组织或公民提起环境公民诉讼的积极性。借鉴和引入“诉讼费用和律师费用转移条款”则在一定程度上可以减轻这种担忧,为公众提起环境公民诉讼提供有益的支持。

由于我国目前大多数的环保社会组织缺乏稳定的资金来源,导致其在环境公共治理中借助环境行政公益诉讼监督政府依法履职的能力不足。因此,针对社会主体提起环境行政公益诉讼的特殊性,应当调整相应

---

〔1〕 美国规则(American rule)指无论诉讼结果如何,诉讼当事人均需各自承担己方的律师费用。

〔2〕 参见王曦、张岩:《论美国环境公民诉讼制度》,载《交大法学》2015 年第 4 期。

诉讼费用机制。可以借鉴国外类似的环境行政公益诉讼制度，设立一个环境公益诉讼基金，从中支付社会主体（包括社会组织和公民）提起环境行政公益诉讼的诉讼费用，从而降低社会组织或公民因代表环境公益而承受的经济负担，进而提高其监督政府依法履行环保监管职责、实现环境公共治理的积极性。

第二节　保障机制完善

为克服立法不足的阻碍，有必要从构建原则、诉讼类型以及法律规范方面进行司法规范构建，为社会主体提起环境行政公益诉讼提供立法保障。此外，还需要完善相关的保障机制，以确保该制度运行顺畅。

一、运行资金保障机制

由于社会组织具有公益性、非营利性特征，在缺乏资金保障的情况下，社会组织往往因不能自足而难以独立地行使社会监督权。"这也决定了社会组织虽独立于国家而存在，但不可避免地具有一种自我削减的趋势，需要国家救济其非正义缺陷并将其所含的特殊利益融进一个代表着普遍利益的政治共同体之中。"[1]基于环境公共治理理论，国家应给予社会组织物质和资金上的支持以及政策上的扶持，使社会组织能够内生出独立于国家环境行政权力之外的社会监督权。

国家培育和扶持社会组织成长的主要措施包括税收优惠政策和财政补贴政策。对这两种政策措施进行比较可以发现，税收优惠政策对社会组织发展的直接干预和控制力度较小，可以为社会组织迈向独立提供更好的保障，有利于发挥税收杠杆的调解功能。国际层面，很多国家较重视为激发社会组织活力、推动社会组织的健康发展提供有力的财政保障。有学者对34个国家政府扶持社会组织的状况进行研究发现，各国政府对社会组织的财政支持已经达到相关社会组织总收入的34%，发达国家甚

〔1〕 邓正来：《市民社会理论的研究》，中国政法大学出版社2002年版，第39～40页。

至达到48%，相对而言，我国政府对社会组织的财税支持力度相当有限。[1] 为此，我国中共中央办公厅、国务院办公厅印发《关于改革社会组织管理制度促进社会组织健康有序发展的意见》，从重要性和紧迫性、指导思想、基本原则、总体目标以及具体措施等方面对加强社会组织建设以及激发社会组织活力提出重要意见。该意见指出："落实国家对社会组织各项税收优惠政策，符合条件的社会组织按照有关法律法规享受相关税收优惠政策。"因此，在社会组织运行资金保障方面，有关部门应当根据该意见的要求，进一步科学界定符合享受相关税收优惠的社会组织的类型和条件，明确并进一步扩大税收减免优惠的种类和幅度，相应地开展类型化扶持。例如，基于现有的所得税优惠政策，可以为社会组织提供房产税、财产税等方面的优惠政策。此外，仍有必要通过立法规范政府为社会组织提供税收优惠政策的相关审批及监管程序，从实体法和程序法层面提供有力的立法保障。

国家可以加大环境公共服务财政投入，设立一定比例的环保专项资金，将一部分资金通过购买社会环境公益服务、申请项目等方式用于社会组织建设，确保社会组织运行的稳定性。如由全国人大通过安排一定比例的环保专项经费预算，为环保社会组织的稳定运行提供经费支持，减轻社会组织受限于地方政府的程度，从而减少政府或环保行政机关对其不当的影响和干预。将原属于社会所有的权力部分回归社会，相应地，将全体纳税人上缴的财政税收剥离出一定比例用于确保社会权力的稳定运行，用以维护和促进环境公益，具有合理性和必要性。只有国家环境行政权力和社会环境权力共同合作、相互制衡，确保国家环境保护义务的真实有效履行，才能有效维护和促进环境公益。

此外，为了保障社会主体（包括社会组织和公民）足以积极、有效地参与环境公共治理活动，持续推动我国环境行政公益诉讼制度的发展，建议在减免必要的诉讼费用的同时，创设环境行政公益诉讼专项基金，为适格

[1] 参见鲍绍坤：《社会组织及其法制化研究》，载《中国法学》2017年第1期。

的社会主体提供稳定、有效的资金保障。该诉讼专项基金可以源自社会性公益捐助、政府财政拨款、资金补贴及诉讼补偿款等。为筹集诉讼专项基金,可以从以下几方面着手:首先,国家层面,采取措施大力宣传关于社会主体提起环境行政公益诉讼制度的重要性和必要性,进而增强公众的环保维权意识,鼓励公众积极为环保社会主体借助司法公器监督环境行政权提供社会公益资助。其次,环保社会主体为了督促政府和环保行政机关依法履行环保监管职责而提起环境行政公益诉讼,其本质目的是更好地实现环境公共治理的终极目标。政府作为环境保护的首要监管者,难免会出现“政府失灵”的窘境,社会主体通过诉前告知程序或提起环境行政公益诉讼,可以辅助政府更好地实现环境监管目标。因此,政府作为受益者应当为社会主体提起环境行政公益诉讼提供财政拨款和资金补贴,确保社会主体在环境公共治理中更好地发挥作用。最后,为了确保社会主体提起环境行政公益诉讼的诉讼专项基金专款专用,在规范设计上应遵循公开、公正、透明的理念,进而保障社会公众的知情权、表达权和监督权,以有效监督该项诉讼专项基金的管理、使用情况。诉讼专项基金的建立和完善,有利于增进社会主体提起环境行政公益诉讼的积极性,更好地推动环境行政公益诉讼制度的发展。

二、能力保障机制

社会环境权力是公民环境权的派生性权力,目的在于代表公民行使对国家环境行政权力的监督,督促政府或环保行政机关积极运用国家环境行政权力履行国家环境保护义务,维护环境公益并最终实现公民环境权。我国现阶段环保社会组织的政治附属性决定了我国社会环境权力的属性更多的是环境行政职能在社会领域的延伸,本质上仍属于国家环境行政权力的一部分。社会环境权力难以在环境行政权力之外发挥与环境行政权力相互制衡、合作共治的效用。只有将社会环境权力从环境行政权力中分离出来,去除政治附属性,使社会环境权力与环境行政权力并行运行,才可能具有合作共治的基础和前提。去除政治附属性是为了使环保社会组织以相对独立的第三方的形式介入环境公共治理领域,确保环境公共治理的有效性。环境行政权力应当成为保障社会环境权力得以实现的力量,而非控制、干预甚至是替代。同时,赋予环保社会组织独立性并不意味着环保社会组织不受任何约束。社会环境权力的行使同样受到合目的性的约束和限制。为避免社会组织在环境行政公益诉讼中因利益错位或行为异化而偏离合目的性的轨道,同时避免社会组织借助司法公器与国家环境行政权力进行非理性的对抗,过度干预国家环境行政权力的正当行使,有必要从立法和制度层面规范社会组织的设立、运行和管理。

我国《宪法》明确赋予公民结社自由权,即意味着我国公民在不违反法律相关规定的前提下,享有基于共同的需求而自由集结成一个社会组织的权利。这从公民权利的角度保障了社会组织的相对独立性。此外,仍需通过一系列的改革措施,持续推进政府职能转变,辅助社会组织去除政治附属性并突破长期以来受到的双重管理的制约,进而推动社会组织在登记管理以及能力发展等方面的改革和创新,为社会组织创造一个独立的、自由的发展空间。

要使社会组织从政治附属性向独立性过渡,除制定民间组织法等法律法规,用以确保民间组织成立方式、法律地位、业务范围、权利义务、经费筹集使用、工资待遇、管理模式等方面的发展进入合法化轨道外,还需要国家政策的扶持和引导,使社会组织去行政化、政治化,逐步向民主化、专业化、规模化方向发展。在登记管理制度上,应依结社自由原则,将现有的“双重管理”的登记制度改为“分类登记”制度,区分政府支持的社会组织和独立成立的社会组织,前者因涉及国家资助问题而需要经过国家严格审核,可以沿用双重管理登记制度,后者可直接登记成立。为避免环保社会组织的设立受到区域限制,应允许同一行政区域内成立业务相关或相似的环保社会组织,促进以维护不特定多数人所共享的环境公益为目的的环保社会组织之间的共同合作,取长补短,使独立于政府和市场的第三方社会力量不断发展壮大。此外,为避免社会组织偏离代表社会诉求的目标与国家形成非理性冲突和对抗,有必要构建社会组织诚信管理体系,对违反诚信管理的社会组织予以法律制裁。

此外,应当增强社会组织和当地律师协会之间的互动与协作,可以在当地律师协会的参与下成立专门的环境公益诉讼律师团队,加强社会主体提起环境行政公益诉讼的能力。同时,司法主管部门可通过对积极参与环境行政公益诉讼的社会组织或公民予以表彰奖励,调动社会主体提起环境行政公益诉讼的积极性,增强社会主体的社会可信度。

三、胜诉激励和滥诉惩罚机制

根据公共选择理论,每个人都是理性经济人,都有趋利避害的本能。在行为选择前会本能地进行成本效益分析和价值选择。当成本小于收益时,个人总会乐于积极主张;当成本大于收益时,个人总会倾向于选择放弃。在不特定多数人非排他性共享的环境公益受损的情况下,如个人私益并未受到明显损害且缺乏相关的激励机制来降低因维护环境公益而带来的成本时,个人通常就会选择"搭便车"的方式等待他人去主张。"公地悲剧"的历史经验告诉我们,公众使用具有非排他性的公共资源时往往缺乏必要的自我抑制,而救济受损的公共资源的欲望也远低于救济受损的私益所产生的欲望。

社会主体提起环境行政公益诉讼的目的是维护和促进环境公益,而非保障个人的人身权、财产权等合法权益,因此,即便社会组织或公民获得胜诉,也难以获得在传统诉讼中所能够获得的个人私益。反之,环境问题涉及大量高科技性专业问题,社会组织或公民为了维护不特定多数人所共享的环境公益,不仅要花费大量的时间、金钱、精力去调查取证、参与诉讼,还要冒着与政府或环保行政机关对抗的风险,其所需付出的代价并非普通公众所能承受的。而社会组织或公民针对政府或环保行政机关违法行使环境行政权力、怠于履行国家环境保护义务的行为提起环境行政公益诉讼,经法院审理判决胜诉,则意味着社会环境权力有效制约和监督国家环境行政权力,帮助国家矫正违背环境公共治理目标的行为,维护和救济环境公益。对此,应确立胜诉激励机制给予社会组织或公民一定的奖励,调和环境公益诉讼中的“利他主义”与私益诉讼中“利己主义”的冲突,促使社会组织和公民积极行使监督权以保障政府或环保行政机关行为的合法性和合目的性,实现多元环境公共治理。

胜诉激励机制目的在于降低诉讼成本,鼓励社会组织和公民积极借助环境行政公益诉讼敦促政府或环保行政机关积极实施法定环境保护职责。胜诉激励机制包括诉讼费用减免、法律援助以及胜诉奖励等方面。其中,减免诉讼费用对社会主体提起环境行政公益诉讼产生至关重要的影响。对于环境行政公益诉讼中诉讼费用的分担,普遍存在三种不同的主张:(1)无偿原则。该主张极为鼓励国家以开放的姿态构建社会主体提起的环境行政公益诉讼制度,认为公民、法人或其他组织为维护不特定多数人所共享的环境公益而针对政府或环保行政机关提起环境行政公益诉讼,是督促依法行政的公益行为,原则上不应收取任何诉讼费用。(2)限制原则。该主张认为,为了避免滥诉和弥补司法经费的不足,可以预先向社会组织或公民收取少量的诉讼费用。(3)被告补偿原则。该主张认为,社会主体作为提起环境行政公益诉讼的原告不需要预先支付诉讼费用,如原告胜诉,由被告支付原告为提起环境行政公益诉讼所实际支出的所有诉讼费用。甚至在因原告诉前书面通知政府或环保行政机关及时履行国家环境保护法定义务,而促使政府或环保行政机关在诉前已勤勉履行法定义务的情况下,原告撤诉使诉讼终止的,鉴于维护环境公益的目的已经实现,被告也应补偿原告为督促其履行职责所实际支出的调查取证、鉴定等相关费用。

针对胜诉激励机制,各个国家和地区存在不同的做法。在法国,公民提起越权之诉前,不需要预交诉讼费用,只有在判决败诉后,才按照法律规定缴纳标准的诉讼费用。美国为了鼓励公民提起环境公民诉讼督促行政执法,在诉讼费用规则制定上突破了“胜诉一方不得向败诉一方索要律师费用”的原则,授予法院极大的自由裁量权,法院在认为适当的情况下,可判处败诉一方当事人向胜诉一方支付律师费用,此外,法院还可以适当给予原告金钱奖励。[1] 美国环境公民诉讼中的奖励机制获得立法和社会的认可，即如果原告环保社会组织或公民胜诉，可以向法院主张由被告赔偿部分金钱作为奖励，同时，国家也可以适当给予环保社会组织或公民相应的奖励。基于环境公民诉讼实质上起着“催化剂”的作用，在因政府或环保行政机关诉前勤勉执行、实现环境公民诉讼的目的的情况下，被告也应补偿原告为督促其勤勉执行所实际支出的调查取证、鉴定等相关费用。[2] 澳大利亚规定，任何提起公益诉讼的人都有权利要求被告支付已经发生的诉讼成本和费用。[3] 我国台湾地区环境行政公益诉讼在诉讼费用负担上还体现鼓励性原则，即规定法院作出判决时可以要求被告机关向维护环境品质作出贡献的原告支付适当的律师费、监测鉴定费或其他诉讼费用。[4]

在优化社会主体提起环境行政公益诉讼的保障机制方面，除在运行资金保障机制、能力保障机制等方面采取措施外，还可以根据我国诉讼费用规则的实际情况，辩证性地借鉴域外有益的制度经验，建立符合我国国情的诉讼激励机制。在制定相关制度规则时，增加激励机制条款，可以允许社会主体在提起环境行政公益诉讼的过程中获取一定的经济收益。这样可以达到鼓励社会主体积极借助环境行政公益诉讼以监督政府或环保行政机关依法履职的效果，进而促进我国环境行政公益诉讼制度的良性发展。当然，社会主体并不能随意处置或利用该笔奖励，更不能挪用，而应当将该笔奖励用于环境公益保护活动的开展上，实行奖励使用的透明化、阳光化。

此外，我国在确立社会主体提起环境行政公益诉讼的诉讼费用规则

---

[1] See Kerry D. Florio, *Attorneys' Fees in Environmental Citizen Suits: Should Prevailing Defendants Recover?*, Boston College Environmental Affairs Law Review, p. 707(2000).

[2] See David G. Samuels, *Precluding Preclusion: A Proposal for a New Way of Addressing Citizen Suit Overfiling*, 26 Tulane Environmental Law Journal 259(2013).

[3] See Brian J. Preston, *Public Enforcement of Environmental Laws in Australia*, 6 Journal of Environmental Law and Litigation 39(1991).

[4] 参见王小钢：《透视环境基本法中的公益诉讼》，载《环境保护》2010 年第 9 期。

时,可适当降低环境行政公益诉讼的受理费用计算标准,并规定社会组织或公民提起环境行政公益诉讼可不预交诉讼费用。经法院审理判决,若原告胜诉,则诉讼费用(包括原告聘请律师的费用、调查取证费用、鉴定费用等所有实际支付费用)由被告所辖范围内的国家财政负担;若原告败诉,则区分原告是否存在滥诉的主观故意而适用不同的诉讼费用负担规则。在原告败诉的情况下,如原告不存在主观恶意,法院可适当降低诉讼费用征收标准,如按件收费,或从当地环境公益诉讼基金中支付必要的诉讼费用以给予原告必要的支持;如经审查发现原告存在滥诉的主观恶意,则由原告承担包括被告在内所有实际支出的诉讼费用,并对其恶意行为进行惩罚,此外,还要纳入个人或社会组织的环保诚信体系。当社会组织或公民偏离维护环境公益的价值目标而滥用起诉权、利用司法公器影响环境行政的有效运行时,应要求恶意起诉方赔偿国家相应的损失,对滥诉行为予以惩罚,并纳入诚信档案或列入失信黑名单。

四、环境整治资金保障机制

世界银行研究报告显示,当一个国家的环保资金投入占 GDP 的比例达到 1% ~1.5% 时,环境恶化趋势可以得到控制;当国家的环保资金投入占 GDP 的比例达到 2% ~3% 时,环境质量能够有所改善。[1]

政府或环保行政机关的国家环境保护义务包括尊重义务、保护义务、满足义务和促进义务。其中,对区域环境质量负责、及时治理环境则是国家环境保护满足义务的应有之义。一般情况下,在发生重大环境污染、生态破坏事件后,政府或环保行政机关有权责令具体环境违法者及时制止环境损害行为并采取措施治理环境。环境违法者不能及时治理受损环境的,政府或环保行政机关有权依法委托专业环境治理机构代为履行,由此产生的费用可依据"损害者担责"原则向具体环境违法者追偿。但在重大环境污染或生态破坏事件发生后,如果污染者不明或污染者没有能力采

---

〔1〕 参见世界银行主编:《世界银行 1997 年度报告》,中国财政经济出版社 1997 年版,第 184 页。

取措施治理环境,为防止环境损害进一步恶化,负有环境监管职责的政府或环保行政机关应当及时积极代履行,尽快执行紧急应变措施及时消除有害污染物、治理和恢复环境。

为避免地方政府和环保行政机关因财政问题入不敷出而难以最终实现环境整治的目标,根据公平原则,国家应设置环境整治专项资金,明确资金款项来源(如可以部分来自财政税收、污染者支付的排污费等)、资金申请使用的前提(如污染源不明或污染者无支付能力整治环境,且政府或环保行政机关已履行监管职责但必须采取紧急措施应对环境损害的进一步扩大或恶化等)和资金监管程序(如由中央政府监督地方政府等),使已履行监管职责的地方政府和环保行政机关在"污染源不明或环境违法者无能力及时治理环境"等情况下,可以向环境整治专项资金申请资金支持,以及时清除有害污染物或使环境尽可能恢复到环境承载能力范围,确保地方政府对区域环境质量负责的义务得到落实。此外,根据损害者担责原则,应当赋予环境整治专项资金负责人独立的求偿权。在损害环境的违法者重新具备支付能力的情况下,环境整治专项资金负责人有权追偿先行支付的用于整治环境的费用。

五、依法独立行使审判权保障机制

法院审判具有行政依附性是我国社会主体提起环境行政公益诉讼发展的阻力之一。在我国现有司法体制中,法院的人、财、物往往受限于地方政府,法院在受理公民依据明确法律规定提起的以维护自身合法权益为目的的环境行政诉讼案件时都可能会左右为难,更何况受理社会组织或公民提起的以维护环境公益为目的的环境行政公益诉讼?美国著名法学家德沃金曾指出,法治的建立不是靠政府,而是靠独立自治的有权作出终极司法审查的法院。法院是法律帝国的首都。[1] 环境公益诉讼应以社会主体提起的环境行政公益诉讼为应然主流和方向,对失当行政权力

---

〔1〕 参见[美]R. 德沃金:《法律帝国》,李常青译,中国大百科全书出版社1996年版,第361~362页。

进行制约,促进政府或环保行政机关通过自我补足和纠错的方式充分发挥其在环境治理领域的作用,而非依附于环境行政、为环境行政执法服务。为公正、有效地维护和救济环境公益,法院应遵守诉讼原理,始终恪守司法中立、司法公正的原则,减少受到政府或环保行政机关等外界政治因素的干预,为能动性地受理社会组织或公民提起的环境行政公益诉讼、为公众参与环境公共治理提供公平、有效的司法途径。

为确保社会主体提起的环境行政公益诉讼制度得以顺利运行,必须建立保障法院依法独立行使环境司法审判权的机制。一方面,从法院结构和经费设置上进行改革,摆脱司法行政化的局限性,确保法院在受理和审判社会组织或公民提起环境行政公益诉讼案件过程中秉持司法公正、司法中立和司法谦抑的原则,不受政府或环保行政机关的外部干预。另一方面,要建立司法评价和惩罚机制,完善人大监督和民主监督机制,对法院审理社会组织或公民提起的环境行政公益诉讼案件过程中存在的违背司法理性的行为进行制裁。

第三节 与其他诉讼制度的衔接

社会主体提起的环境行政公益诉讼具有其他诉讼制度所不可取代的功能和价值,但不能脱离我国现有的诉讼体系。考虑到诉讼体系的互补性和完整性,有必要建立社会主体提起的环境行政公益诉讼制度与其他相关诉讼制度(主要包括环境行政诉讼制度、环境民事公益诉讼制度和检察机关提起的环境行政公益诉讼制度)的衔接,减少对现有诉讼制度的干扰。

一、与环境行政诉讼制度的衔接

社会主体提起的环境行政公益诉讼是在环境行政诉讼制度的基础上,根据客观诉讼的特殊规则演变而来的。两者在起诉资格、诉讼标的、诉讼目的、诉讼性质、救济方式和受益主体方面存在差异,同时,两者在程序上和效果上均具有互补性,为制度衔接提供可能。

（一）两者区别

1. 起诉资格不同

社会主体提起的环境行政公益诉讼属于客观诉讼，旨在维护不特定多数人所非排他性享有的环境公益和客观环境保护法秩序。环境损害具有潜伏性、流动性、滞后性、扩散性等特点，环境公益一旦受损，不特定的公众均不可避免地成为潜在的受害者。因此，作为环境行政公益诉讼的原告，不需要受"诉的利益"制约（甚至不需要证明其环境利益受到事实上的损害），只要符合法律规定的资格，任何社会组织或公民都可以提起诉讼。而传统的环境行政诉讼属于主观诉讼，旨在救济行政相对人与环境相关的人身权、财产权等合法权益。在认定起诉资格时，需要以"是否与损害行为所侵害的合法权益具有利害关系"为前提。行政相对人在受到环境行政违法行为侵害后，只有证明其受到损害或实质影响的环境权益与行政行为之间存在因果关系，才具备起诉资格。

2. 诉讼标的不同

社会主体提起的环境行政公益诉讼旨在维护环境公益、督促政府或环保行政机关履行国家环境保护义务以实现生态环境共治。因此，只要是法律规定的有责任履行具有可诉性的国家环境保护义务的政府或环保行政机关所实施的损害环境公益的行为均可以成为被起诉的对象，包括行政行为（法定的可诉性具体行政行为和抽象行政行为）以及政府或环保行政机关违反尊重义务而实施的损害环境公益的事实行为。而传统环境行政诉讼旨在保护行政相对人的合法权益，只有侵害行政相对人合法环境权益的行政行为，才能成为被起诉的对象。

3. 诉讼目的不同

社会主体提起的环境行政公益诉讼以维护和促进环境公益以及客观环境保护法秩序为直接目的，而传统的环境行政诉讼以维护和救济行政相对人的合法环境权益为直接目的。社会主体提起的环境行政公益诉讼虽然在维护环境公益的同时也保护了不特定多数人的环境私益，但保护环境私益是维护和促进环境公益的附带性结果，并非社会主体提起的环境行政公益诉讼的直接目的。而传统环境行政诉讼所救济和保护的行政相对人的环境私益可能在一定程度上要以牺牲不特定多数人所可享有的更高品质的环境公益为代价。如行政相对人依法达标排污的行为被环保部门作出行政处罚,行政相对人提起环境行政诉讼以救济其合法的排污权,如果原告胜诉,那么原告则可继续排放符合水污染物排放标准的污染物,环境公益则在环境自净能力范围以及公众可容忍的限度内受到侵害。因此,在传统的环境行政诉讼中,行政相对人以救济环境私益为目的,往往以牺牲一定程度的环境公益为代价。

4. 诉讼性质不同

以诉讼性质为标准,行政诉讼可划分为主观诉讼和客观诉讼。主观行政诉讼旨在维护和救济行政相对人的个人合法权益,客观行政诉讼旨在维护社会公益和监督依法行政。在环境行政诉讼领域,亦可按照诉讼性质的不同,相应地划分为主观的环境行政诉讼和客观的环境行政公益诉讼。传统的环境行政诉讼以保护和救济行政相对人的私益性环境权益为目的,属于主观诉讼的范畴。社会主体提起的环境行政公益诉讼以维护环境公益和督促政府或环保行政机关依法行政为目的,属于客观诉讼的范畴。

5. 救济方式不同

社会主体提起的环境行政公益诉讼以督促政府或环保行政机关积极履行国家环境保护义务、维护环境公益为主要目的,体现较为明显的预防性功能,其救济方式是判决政府或环保行政机关积极履行可诉性的国家环境保护义务(包括停止侵害环境公益的违法事实行为、依法管制环境污染者或破坏者、采取环境治理措施满足环境质量达标、制定环境政策或规划时考虑环境影响因素甚至提升不符合公众环境品质需求的环境标准等),以行为之诉为特征,不包括环境损害赔偿之诉。而传统的环境行政诉讼以救济行政相对人合法权益为目的,受行政违法行为侵害的行政相对人可以请求人民法院撤销违法行政行为、判决行政主体履行给付义务、确认行政行为违法等,包括请求违法环保行政机关承担赔偿损失的责任[1]。

6. 受益主体不同

合法环境权益受到损害并不必然导致环境公益受损,以救济合法环境权益为目的的环境行政诉讼的受益主体仅是行政相对人。如行政主体不依法颁发行政相对人申请的符合法律规定的排污许可证、采矿许可证,行政相对人的排污权、采矿权受到怠于履行职责的违法行政行为的侵害,但环境公益并未因此受损。行政相对人因排污权、采矿权受到违法行政行为侵害而提起环境行政诉讼,若获得胜诉,受益主体仅为行政相对人。而最低限度的环境公益受损,则不特定多数人的环境利益均会受到损害,以救济环境公益为目的的社会主体提起的环境行政公益诉讼的受益主体为包括原告在内的不特定多数的社会公众。

(二)两者衔接

对于损害个人合法环境权益的违法行政行为,具体行政相对人可依法提起环境行政诉讼;而对于损害环境公益的违法行政行为,符合法定条件的社会组织或公民可依照特别的法律规定,以维护和救济环境公益为目的提起环境行政公益诉讼。

环境行政诉讼与环境行政公益诉讼可以同时进行,不相冲突。环境行政诉讼的私益救济功能不能替代环境行政公益诉讼的公益救济功能,环境行政公益诉讼的公益救济功能亦不能涵盖环境行政诉讼的私益救济功能。因此,针对同一个环境行政违法行为造成的损害,环境权益受到直接损害的行政相对人可以其主观权益受到损害为诉由,在环境行政公益诉讼之外同时另行提起环境行政诉讼,不属于重复起诉的情形。同样,受到直接损害的行政相对人在提起环境行政诉讼之虞,也可以为维护和救济受损的环境公益另行提起环境行政公益诉讼;其他符合法定条件的社会组织或公民也可以依法提起环境行政公益诉讼。

---

[1] 如《行政诉讼法》第76条的规定。

此外,客观诉讼的判决既判力可以及于第三人。由于环境行政公益诉讼以维护和救济不特定多数人所非排他性享有的环境公益为目的,因此,提起主观行政诉讼的行政相对人可援引环境行政公益诉讼中对己有利的判决作为证据,以救济个人受损的环境权益。同样,在环境行政诉讼中得到法院认可的有关事实和法律方面的证据,也可以在社会主体提起环境行政公益诉讼中得以采纳。

二、与环境民事公益诉讼制度的衔接

社会主体提起的环境行政公益诉讼和环境民事公益诉讼同属于环境公益诉讼的范畴,均以维护和救济环境公益为目的。但两者在诉讼被告、诉讼标的、诉讼功能和诉讼请求方面存在差异。同时,环境损害通常是环境违法行政行为和环境违法民事行为竞合下共同作用的结果,建立社会主体提起的环境行政公益诉讼与环境民事公益诉讼的制度衔接以追究相关违法者的法律责任具有必要性。

(一)两者区别

社会主体提起的环境行政公益诉讼主要指法律规定的公民、法人或其他组织,针对政府或环保行政机关违反国家环境保护义务、实施损害或可能损害环境公益的行为,依据法律规定向法院提起的请求政府或环保行政机关撤销环境违法行为、履行国家环境保护义务的行政诉讼。而我国司法实践中出现的环境民事公益诉讼主要指检察机关、环保行政机关、公民或其他组织,针对环境污染者、破坏者实施的损害或可能损害环境公益的违法民事行为,向法院提起的请求环境污染者或破坏者实施停止侵害、排除妨碍、消除危险、赔偿环境损失用于修复受损环境等诉求的民事诉讼。两种诉讼类型主要在诉讼被告、诉讼标的、诉讼功能以及诉讼请求方面存在差别。

1.诉讼被告不同

社会主体提起的环境行政公益诉讼以违反具有可诉性的国家环境保护义务的政府或环保行政机关为诉讼被告,旨在从宏观上制约和监督环境行政公权力,具有典型的“私人对公权”的特征。环境民事公益诉讼以违法实施损害或可能损害环境公益的环境污染者或破坏者为诉讼被告，旨在微观层面对具体污染者或破坏者进行制约，具有典型的“私人对私权或公权对私权”的特征。

2. 诉讼标的不同

社会主体提起的环境行政公益诉讼属于环境行政诉讼的客观诉讼类型，其诉讼标的为政府或环保行政机关的违法行政行为（包括具体行政行为和部分抽象行政行为）和因违反尊重义务而实施的损害环境公益的事实行为。由于抽象环境行政行为（如颁布环境规划、制定环境标准等）对环境公益的影响远大于具体环境行政行为（如排污许可、采矿许可等），且环境损害具有难以逆转性、影响广泛性等特征，因此，逐步将抽象环境行政行为纳入可诉性行政行为的范畴应成为社会主体提起的环境行政公益诉讼发展的趋势。此外，政府或环保行政机关作为实施主体，在违反尊重义务的情形下实施的损害环境公益的事实行为亦对环境公益具有重大危害性，如2004年内蒙古自治区阿拉善右旗人民政府在未依法进行环评和可行性研究的背景下，盲目引进新物种导致大面积土壤彻底沙化，严重损害了当地的土壤环境。在迈向环境保护法治国家的进程中，亦应将此类事实行为渐进式地纳入社会主体提起环境行政公益诉讼的诉讼标的范畴。社会主体提起的环境行政公益诉讼的诉讼标的主要针对政府或环保行政机关依法能为而不为或不能为而为之的有损害环境公益之虞的行政行为或事实行为。

环境民事公益诉讼以辅助政府或环保行政机关制约违法污染者或破坏者、从而以维护环境公益为目的，其诉讼标的指向环境污染者或破坏者损害或可能损害环境公益的违法民事行为。此外，作为环境行政的补充，环境民事公益诉讼的诉讼标的主要针对政府或环保行政机关依法定职权难以直接管制的损害环境公益的违法民事行为。

3. 诉讼功能不同

环境公益诉讼的目的在于维护环境公益，但社会主体提起的环境行政公益诉讼与环境民事公益诉讼的诉讼功能定位存在差异。社会组织或公民可通过提起环境行政公益诉讼,禁止政府或环保行政机关实施损害环境公益的行为、积极管制环境污染者或破坏者、从宏观上制定符合环境与经济可持续发展总体目标的政策或规划并不断提升环境质量标准以满足公众日益增长的最低环境品质需求等。其主要功能在于监督政府或环保行政机关依法行政,积极运用环境行政权力履行国家环境保护义务,为公民提供最基本的环境公共服务。

而环境民事公益诉讼则以具体环境污染者或破坏者为起诉对象,通过请求法院制止其环境违法行为、赔偿生态环境损害或采取生态修复措施等方式,从微观上达到维护环境公益的目的。

4. 诉讼请求不同

在社会主体提起的环境行政公益诉讼案件中,原告提出的诉讼请求主要包括"撤销规划许可""依法履行行政职责""信息公开""恢复用途",由此对应两种类型的诉讼,即不作为之诉和作为之诉,前者要求环保行政机关不得作出违法行政行为,后者要求环保行政机关积极依法作为。而在环境民事公益诉讼司法实践中,原告提出的诉讼请求主要包括"停止侵害、排除妨碍、消除影响""恢复原状""支付环境损害赔偿金",由此在环境民事公益诉讼中对应三种类型的诉讼,即制止行为之诉、恢复原状之诉以及环境损害赔偿之诉。

(二)两者衔接

政府和环保行政机关负有保护和增进环境公益的义务,当环境污染者或破坏者损害环境公益时,社会组织或公民有权向政府或环保行政机关举报,要求政府或环保行政机关予以管制,政府或环保行政机关亦有进行环境管制的法定义务,当社会组织或公民对经举报后政府和环保行政机关所采取的管制措施不满意或政府和环保行政机关怠于管制的,社会组织或公民可对政府或环保行政机关提起环境行政公益诉讼。

因政府或环保行政机关的环境行政管制效率高于环境司法裁判、执行效率,督促政府或环保行政机关管制环境违法者比直接借助司法制裁环境违法者更符合环境效率原则。此外,环境损害通常是环境民事违法行为和环境行政违法行为竞合的结果。政府或环保行政机关负有依法管制污染者或破坏者的义务,污染者或破坏者损害环境公益的违法行为在很大程度上是由于政府或环保行政机关的怠于管制或管制失当导致,是政府或环保行政机关未依法履行环境保护管制义务的结果。因此,就这个意义而言,环境行政公益诉讼更具有现实和理论意义,环境民事公益诉讼应作为环境行政公益诉讼的补充。以环境违法者为起诉对象时,向环境违法者及相应的分管环保行政机关发出书面建议,若均不纠错,可以环保行政机关为第三人附带提起环境行政公益诉讼;反之,以政府或环保行政机关为被告,法定期间不履行勤勉义务的,且在具体环境违法者明确的情况下,可附带提起环境民事公益诉讼。

三、与检察机关提起的环境行政公益诉讼制度的衔接

社会主体提起的环境行政公益诉讼和检察机关提起的环境行政公益诉讼都旨在借助司法公器来监督环境行政权、督促政府或环保行政机关积极履行国家环境保护义务,但两者在起诉主体和法理依据层面存在差异。同时,应建立两者之间的制度衔接,使检察机关提起的环境行政公益诉讼作为社会主体提起的环境行政公益诉讼的补充,在特定适用条件下发挥作用。

(一)两者区别

1. 起诉主体不同

以起诉主体是社会主体还是公权力主体为主要划分标准,可将环境行政公益诉讼划分为社会主体提起的环境行政公益诉讼和检察机关提起的环境行政公益诉讼。

社会主体提起的环境行政公益诉讼的起诉主体为真正非排他性享有环境公益的社会组织或公民,该诉讼呈现“私权对公权,私人为公益”的特征;而检察机关提起的环境行政公益诉讼的起诉主体为依法代表国家环境利益、行使法律监督权的检察机关,该诉讼呈现“公权对公权,公权为公益”的特征。

2. 法理依据不同

同样是以督促政府或环保行政机关依法履行国家环境保护义务、维护环境公益为目的,社会主体提起的环境行政公益诉讼的法理依据在于国家环境保护义务论和环境公共治理理论,即赋予社会组织或公民通过司法途径监督或预防政府失灵,督促政府或环保行政机关积极履行国家环境保护义务以实现生态环境共治;而检察机关提起的环境行政公益诉讼的法理依据在于检察机关的法律监督权和国家职权理论,通过国家司法公权力对行政公权力的监督,实现国家权力间的有效制衡。

(二)两者衔接

检察机关在履行法定刑事公诉职责或诉讼监督职责过程中,发现在生态环境和资源保护领域负有环境保护监督管理职责的环保行政机关因违法作为或不作为而损害环境公益,且经发出检察建议仍未能督促违法环保行政机关依法履行环境保护职责,可以向人民法院提起环境行政公益诉讼。为最大限度地避免检察机关起诉权与法律监督权的矛盾和冲突,应当严格限定检察机关提起环境行政公益诉讼的适用条件和范围。检察机关提起环境行政公益诉讼的案件应当是在履行法定职责过程中发现的,非履行法定职责过程中发现的政府或环保行政机关损害环境公益的违法行为应当由适格的社会组织或公民依法提起环境行政公益诉讼,检察机关可以作为支持起诉方参与该诉讼。

在立法为社会主体提起的环境行政公益诉讼制度提供明确的实体法和程序法依据且相关保障机制得以建立和完善的情况下,环境行政公益诉讼应以社会主体提起为主,检察机关提起为辅。检察机关提起的环境行政公益诉讼是社会主体提起的环境行政公益诉讼的补充。

本章小结:社会主体提起的环境行政公益诉讼制度构建

本章在辩证地借鉴美国环境公民诉讼、德国利他性环保团体诉讼、日本民众诉讼以及我国台湾地区环境行政公益诉讼的成熟经验和制度规范的基础上,提出社会主体提起的环境行政公益诉讼的构建需遵循穷尽行政救济原则、有益补充原则、合法性和合目的性审查原则以及法定原则。遵循穷尽行政救济原则,即社会主体提起的环境行政公益诉讼制度的构建应建立在现有一系列环境行政救济机制得以完善并穷尽的基础上;遵循有益补充原则,意味着社会主体提起的环境行政公益诉讼既是环境行政执法的有益补充,又是主观诉讼的有益补充;遵循合法性和合目的性审查原则,即法院对政府或环保行政机关违反具有可诉性的国家环境保护义务、损害或有损害环境公益之虞的行为既要进行形式合法性审查,又要进行实质合目的性审查;遵循法定原则,即明确社会主体提起的环境行政公益诉讼属于客观诉讼,应以"法律明确规定"为适用前提。

根据诉讼请求的不同,社会主体提起的环境行政公益诉讼可划分为撤销之诉、给付之诉和确认之诉。当社会组织或公民发现政府或环保行政机关实施损害或有损环境公益之虞的违法行为时,可向法院提起撤销之诉以排除政府或环保行政机关的违法状态。当社会组织或公民发现政府或环保行政机关不依法履行法定的环境保护给付义务时,则有权向人民法院提起给付之诉,但为了充分尊重行政自由裁量权,法院不应过度干预政府或环保行政机关实施的给付行为的具体内容,只需对给付行为进行合法性和合目的性审查。社会组织或公民有权针对政府或环保行政机关实施的违法或自始无效的有损环境公益的行为提起确认之诉。

立法不足是社会主体提起环境行政公益诉讼在现实中受阻的重要原因。因此,有必要完善立法,为社会主体起诉以及法院审判提供适法依据。在实体法层面,具体规定社会组织或公民的起诉权、具有可诉性的国家环境保护义务、国家环境权力以及环境标准等内容。在程序法层面,立足于现有行政诉讼程序,规定社会组织或公民提起环境行政公益诉讼的起诉资格、诉前告知程序、政府或环保行政机关勤勉执行义务、受案范围以及举证责任的分配等内容。此外,还应完善相关保障机制。

基于诉讼体系的互补性和完整性,建立社会主体提起的环境行政公益诉讼制度与环境行政诉讼制度、环境民事公益诉讼制度、检察机关提起的环境行政公益诉讼制度的衔接,使社会主体提起的环境行政公益诉讼不脱离现有诉讼体系,同时对现有诉讼体系干扰最少。

参考文献

（按作者姓氏排列）

一、中文著作类

［1］别涛主编：《环境公益诉讼》，法律出版社2007年版。

［2］蔡守秋主编：《环境资源法学教程》，武汉大学出版社2000年版。

［3］蔡志方：《行政救济与行政法学》，台北，学林文化事业有限公司1998年版。

［4］曹凤中、刘伟生、徐云：《环保风暴的理性回归》，中国环境科学出版社2011年版。

［5］陈慈阳：《环境法总论》，台北，元照出版有限公司2012年版。

［6］陈冬：《美国环境公民诉讼研究》，中国人民大学出版社2014年版。

［7］陈广胜：《走向善治——中国地方政府的模式创新》，浙江大学出版社2007年版。

［8］陈亮：《美国环境公益诉讼原告适格规则研究》，中国检察出版社2010年版。

［9］陈亮：《环境公益诉讼研究》，法律出版社2015年版。

[10]陈阳:《检察机关环境公益诉讼原告资格及其限制》,山东人民出版社 2009 年版。

[11]邓正来:《市民社会理论的研究》,中国政法大学出版社 2002 年版。

[12]董璠舆主编:《外国行政诉讼教程》,中国政法大学出版社 1988 年版。

[13]高家伟:《欧洲环境法》,中国工商出版社 2000 年版。

[14]何勤华、李秀清主编:《外国法制史》,复旦大学出版社 2002 年版。

[15]胡中华:《环境保护普遍义务论》,法律出版社 2014 年版。

[16]黄学贤、王太高:《行政公益诉讼研究》,中国政法大学出版社 2008 年版。

[17]菅从进:《权利制约权力论》,山东人民出版社 2008 年版。

[18]姜明安主编:《行政法与行政诉讼法》,北京大学出版社 2015 年版。

[19]蒋银华:《国家义务论——以人权保障为视角》,中国政法大学出版社 2012 年版。

[20]柯坚:《环境法的生态实践理性原理》,中国社会科学出版社 2012 年版。

[21]刘年夫、李挚萍主编:《正义与平衡:环境公益诉讼的深度探索》,中山大学出版社 2011 年版。

[22]罗豪才等:《软法与公共治理》,北京大学出版社 2006 年版。

[23]吕忠梅、[美]王立德主编:《环境公益诉讼:中美之比较》,法律出版社 2009 年版。

[24]马长山:《法治进程中的"民间治理":民间社会组织与法治秩序关系的研究》,法律出版社 2006 年版。

[25]马怀德主编:《行政法与行政诉讼法》,中国政法大学出版社 2012 年版。

[26]茅铭晨:《行政行为可诉性研究:理论重构与制度重构的对接》,北京大学出版社2014年版。

[27]庞正:《法治的社会之维:社会组织的法治功能研究》,法律出版社2015年版。

[28]朴光洙主编:《环境保护法与环境执法》(第3版),中国环境出版社2015年版。

[29]孙洪坤:《程序与法治》,中国检察出版社2008年版。

[30]孙洪坤:《检察机关参与环境公益诉讼的程序研究》,法律出版社2013年版。

[31]王立主编:《环保法庭案例选编》,法律出版社2012年版。

[32]王立主编:《环保法庭案例选编》,法律出版社2014年版。

[33]王名、刘培峰等:《民间组织通论》,时事出版社2004年版。

[34]王名扬:《法国行政法》,中国政法大学出版社1989年版。

[35]王名扬主编:《外国行政诉讼制度》,人民法院出版社1991年版。

[36]王名扬:《美国行政法》,中国法制出版社1995年版。

[37]王蓉:《环境法总论:社会法与公法共治》,法律出版社2010年版。

[38]翁岳生主编:《行政诉讼法逐条释义》,台北,五南图书出版股份有限公司2002年版。

[39]徐祥民、陶卫东主编:《生态文明建设与环境公益诉讼》,知识产权出版社2011年版。

[40]徐祥民等:《环境公益诉讼研究——以制度建设为中心》,中国法制出版社2009年版。

[41]薛刚凌主编:《外国及港澳台行政诉讼制度》,北京大学出版社2006年版。

[42]杨朝飞主编:《通向环境保护法治的道路:〈环境保护法〉修改思路研究报告》,中国环境出版社2013年版。

[43]杨春福等:《自由·权利与法治:法治化进程中公民权利保障机

制研究》,法律出版社 2007 年版。

[44]杨严炎等:《外国环境公益诉讼和集团诉讼案例评析》,法律出版社 2014 年版。

[45]颜运秋:《公益诉讼法律制度研究》,法律出版社 2008 年版。

[46]叶必丰主编:《行政法与行政诉讼法》(第 4 版),中国人民大学出版社 2015 年版。

[47]叶俊荣:《环境政策与法律》,中国政法大学出版社 2003 年版。

[48]应松年主编:《〈中华人民共和国行政诉讼法〉修改条文释义与点评》,人民法院出版社 2015 年版。

[49]应松年主编:《行政法与行政诉讼法》(第 2 版),中国政法大学出版社 2011 年版。

[50]于安审定:《行政法与行政诉讼法》,中国方正出版社 2003 年版。

[51]俞可平主编:《治理与善治》,社会科学文献出版社 2000 年版。

[52]俞可平:《增量民主与善治》,社会科学文献出版社 2005 年版。

[53]张式军:《环境公益诉讼原告资格研究》,山东文艺出版社 2012 年版。

[54]张建伟:《政府环境责任论》,中国环境科学出版社 2008 年版。

[55]章志远:《行政诉讼类型构造研究》,法律出版社 2007 年版。

[56]翟鸿祥主编:《行业协会发展理论与实践》,经济科学出版社 2003 年版。

[57]章剑生主编:《行政法与行政诉讼法》,北京大学出版社 2014 年版。

[58]赵国青主编,中新环境管理咨询有限公司编译:《外国环境法选编》(第 1 辑 · 上册),中国政法大学出版社 2000 年版。

[59]赵清林:《行政诉讼类型研究》,法律出版社 2008 年版。

[60]周枏:《罗马法原论》(下册),商务印书馆 1994 年版。

二、中文译著类

[1][德]奥托 · 麦耶:《德国行政法》,刘飞译,商务印书馆 2002 年版。

[2][德]弗里德赫尔穆·胡芬:《行政诉讼法》(第5版),莫光华译,法律出版社2003年版。

[3][德]尤尔根·哈贝马斯:《重建历史唯物主义》,郭官义译,社会科学文献出版社2000年版。

[4][法]孟德斯鸠:《论法的精神》(上册),张雁深译,商务印书馆1997年版。

[5][法]让·里韦罗、让·瓦利纳:《法国行政法》,鲁仁译,商务印书馆2008年版。

[6][古罗马]西塞罗:《论共和国 论法律》,王焕生译,中国政法大学出版社1997年版。

[7][美]埃莉诺·奥斯特罗姆:《公共事物的治理之道》,余逊达、陈旭东译,上海三联书店2000年版。

[8][美]E.博登海默:《法理学:法律哲学与法律方法》,邓正来译,中国政法大学出版社1999年版。

[9][美]戴斯·贾丁斯:《环境伦理学:环境哲学导论》,林官明、杨爱民译,北京大学出版社2002年版。

[10][美]道格拉斯·C.诺斯:《经济史中的结构与变迁》,陈郁、罗华平等译,上海三联书店、上海人民出版社1991年版。

[11][美]R.德沃金:《法律帝国》,李常青译,中国大百科全书出版社1996年版。

[12][英]弗里德利希·冯·哈耶克:《法律、立法和自由》(第1卷),邓正来等译,中国大百科全书出版社2000年版。

[13][美]杰弗里·C.哈泽德、米歇尔·塔鲁伊:《美国民事诉讼法导论》,张茂译,中国政法大学出版社1998年版。

[14][美]霍尔姆斯·罗尔斯顿:《环境伦理学:大自然的价值以及人对大自然的义务》,杨通进译,中国社会科学出版社2000年版。

[15][美]本杰明·卡多佐:《司法过程的性质》,苏力译,商务印书馆1998年版。

[16][美]理查德·B. 斯图尔特:《美国行政法的重构》,沈岿译,商务印书馆2002年版。

[17][美]马斯洛:《动机与人格》(第3版),许金声等译,中国人民大学出版社2007年版。

[18][美]迈克尔·D. 贝勒斯:《法律的原则:一个规范的分析》,张文显等译,中国大百科全书出版社1996年版。

[19][美]曼瑟·奥尔森:《集体行动的逻辑:公共物品与集团理论》,陈郁、郭宇峰、李崇新译,格致出版社、上海人民出版社2008年版。

[20][美]米尔伊安·R. 达玛什卡:《司法和国家权力的多种面孔:比较视野中的法律程序》,郑戈译,中国政法大学出版社2004年版。

[21][美]罗斯科·庞德:《通过法律的社会控制》,沈宗灵译,楼邦彦校,商务印书馆1984年版。

[22][美]斯蒂芬·L. 埃尔金、卡罗尔·爱德华·索乌坦编:《新宪政论——为美好的社会设计政治制度》,周叶谦译,生活·读书·新知三联书店1997年版。

[23][美]史蒂文·卢克斯:《权力:一种激进的观点》,彭斌译,江苏人民出版社2008年版。

[24][美]珍妮特·V. 登哈特、罗伯特·B. 登哈特:《新公共服务:服务,而不是掌舵》,丁煌译,中国人民大学出版社2004年版。

[25][美]朱莉·费希尔:《NGO与第三世界的政治发展》,邓国胜、赵秀梅译,社会科学文献出版社2002年版。

[26][日]大须贺明:《生存权论》,林浩译,法律出版社2001年版。

[27][日]谷口安平:《程序的正义与诉讼》,王亚新、刘荣军译,中国政法大学出版社1996年版。

[28][日]黑川哲志:《环境行政的法理与方法》,肖军译,中国法制出版社2008年版。

[29][日]美浓部达吉:《公法与私法》,黄冯明译,中国政法大学出版社2003年版。

[30][日]南博方:《行政法》(第6版),杨建顺译,中国人民大学出版社2009年版。

[31][日]盐野宏:《行政法》,杨建顺译,姜明安校,法律出版社1999年版。

[32][日]原田尚彦:《诉的利益》,石龙潭译,中国政法大学出版社2014年版。

[33][意]莫诺·卡佩莱蒂编:《福利国家与接近正义》,刘俊祥等译,法律出版社2000年版。

[34][意]托马斯·阿奎那:《阿奎那政治著作选》,马清槐译,商务印书馆1963年版。

[35][印]M. P. 赛夫:《德国行政法:普通法的分析》,周伟译,山东人民出版社2006年版。

[36][英]安东尼·吉登斯:《第三条道路:社会民主主义的复兴》,郑戈译,北京大学出版社、生活·读书·新知三联书店2000年版。

[37][英]丹宁勋爵:《法律的正当秩序》,李克强、杨百揆、刘庸安译,群众出版社1984年版。

[38][英]彼得·莱兰、戈登·安东尼:《英国行政法教科书》(第5版),杨伟东译,北京大学出版社2007年版。

[39][英]威廉·韦德:《行政法》,徐炳等译,中国大百科全书出版社1997年版。

[40][瑞士]托马斯·弗莱纳:《人权是什么?》,谢鹏程译,中国社会科学出版社2000年版。

三、中文期刊类

[1]别涛:《论环境公益与环境公诉》,载《科技与法律》2004年第3期。

[2]别涛:《环境公益诉讼的立法构想》,载《环境保护》2005年第12期。

[3]别涛:《中国环境公益诉讼的立法建议》,载《中国地质大学学报(社会科学版)》2006年第6期。

[4]别涛:《环境公益诉讼立法的新起点——兼论〈环境保护法〉修改应当纳入环境公益诉讼》,载《环境保护》2012 年第 21 期。

[5]别涛、王灿发、蔡彦敏、祝好师、廖荣辉、李和仁、孙永生、赵勇伟:《检察机关能否提起环境民事公益诉讼》,载《人民检察》2009 年第 7 期。

[6]蔡守秋:《论环境标准与环境法的关系》,载《环境保护》1995 年第 4 期。

[7]蔡守秋:《环境秩序与环境效率——四论环境资源法学的基本理念》,载《河海大学学报(哲学社会科学版)》2005 年第 4 期。

[8]蔡守秋:《论环境公益诉讼的几个问题》,载《昆明理工大学学报(社会科学版)》2009 年第 9 期。

[9]蔡守秋:《从环境权到国家环境保护义务和环境公益诉讼》,载《现代法学》2013 年第 6 期。

[10]曹和平、尚永昕:《中国构建环境行政公益诉讼制度的障碍与对策》,载《南京社会科学》2009 年第 7 期。

[11]曹明德、王凤远:《美国和印度 ENGO 环境公益诉讼制度及其借鉴意义》,载《河北法学》2009 年第 9 期。

[12]曹明德:《中美环境公益诉讼比较研究》,载《比较法研究》2015 年第 4 期。

[13]常纪文:《我国环境公益诉讼立法存在的问题及其对策——美国判例法的新近发展及其经验借鉴》,载《现代法学》2007 年第 5 期。

[14]常纪文:《环境标准的法律属性和作用机制》,载《环境保护》2010 年第 9 期。

[15]常纪文:《环境行政公益诉讼目前仍被搁置》,载《环境与生活》2015 年第 11 期。

[16]常纪文、郭顺禎:《环境公益诉讼面临哪些困惑?》,载《环境经济》2015 年第 Z7 期。

[17]陈承堂:《公益诉讼起诉资格研究》,载《当代法学》2015 年第 2 期。

[18]陈海嵩:《国家环境保护义务的溯源与展开》,载《法学研究》

2014 年第 3 期。

[19]陈海嵩:《国家环境危险防御义务的二元制度结构》,载《北方法学》2015 年第 3 期。

[20]陈海嵩:《环境民事公益诉讼程序规则的争议与完善》,载《政法论丛》2017 年第 3 期。

[21]陈亮:《环境公益诉讼"零受案率"之反思》,载《法学》2013 年第 7 期。

[22]陈霞明、同利平:《宪法财产权及国家义务》,载《理论前沿》2005 年第 21 期。

[23]陈真亮:《我国环境基本国策之检视与展望——基于法定主义的规范分析》,载《吉首大学学报(社会科学版)》2015 年第 3 期。

[24]陈杭平、周晗隽:《公益诉讼"国家化"的反思》,载《北方法学》2019 年第 6 期。

[25]杜群:《中外环境行政管制之比较》,载《太平洋学报》1997 年第 3 期。

[26]杜群:《论环境权益及其基本权能》,载《环境保护》2002 年第 5 期。

[27]杜群:《司法在中国环境法治中的作用　基于对典型环境污染侵权案件的观察》,载《法律适用》2012 年第 5 期。

[28]杜群:《法治生态化转型与生态文明法律制度研究(专题讨论)》,载《哈尔滨工业大学学报(社会科学版)》2015 年第 4 期。

[29]杜群、梁春艳:《我国环境公益诉讼单一模式及比较视域下的反思》,载《法律适用》2016 年第 1 期。

[30]范艳利:《台湾地区检察机关提起公益诉讼制度及其借鉴》,载《人民检察》2017 年第 14 期。

[31]高雁:《环境公益诉讼制度:美国的经验与中国的制度选择》,载《求索》2012 年第 9 期。

[32]高琪:《检察机关提起环境公益诉讼:历程与评价》,载《南京工

业大学学报(社会科学版)》2020 年第 1 期。

[33]葛卫民:《论司法公正与司法效率》,载《政法学刊》2005 年第 2 期。

[34]薄晓波:《三元模式归于二元模式——论环境公益救济诉讼体系之重构》,载《中国地质大学学报(社会科学版)》2020 年第 4 期。

[35]龚学德:《环境公益诉讼的角色解读与反思》,载《河南师范大学学报(哲学社会科学版)》2013 年第 2 期。

[36]龚学德:《论公法制裁后环境民事公益诉讼中的重复责任》,载《行政法学研究》2019 年第 5 期。

[37]巩固:《美国原告资格演变及对公民诉讼的影响解析》,载《法制与社会发展》2017 年第 4 期。

[38]巩固:《美国环境公民诉讼之起诉限制及其启示》,载《法商研究》2017 年第 5 期。

[39]巩固:《检察公益“两诉”衔接机制探析——以“检察公益诉讼解释”的完善为切入》,载《浙江工商大学学报》2018 年第 5 期。

[40]巩固:《环境民事公益诉讼性质定位省思》,载《法学研究》2019 年第 3 期。

[41]关倩:《构建我国环境行政公益诉讼的若干建议——由无锡市蠡湖惠山景区管委会占用林地一案切入》,载《中国环境法治》2014 年第 1 期。

[42]郭道晖:《论公民权与公权利》,载《政治与法律》2005 年第 6 期。

[43]郭道晖:《论社会权力——社会体制改革的核心》,载《中国政法大学学报》2008 年第 3 期。

[44]郭道晖:《论社会权力的存在形态》,载《河南省政法管理干部学院学报》2009 年第 4 期。

[45]郭道晖:《人权的国家保障义务》,载《河北法学》2009 年第 8 期。

[46]郭道晖:《社会权力:法治新模式与新动力》,载《学习与探索》2009 年第 5 期。

[47]郭道晖:《尊重公民的司法参与权》,载《国家检察官学院学报》2009 年第 6 期。

[48]郭立新:《新时代检察机关法律监督的任务》,载《中国检察官》2018 年第 23 期。

[49]韩德强:《环境资源审判工作的现状分析及建议》,载《人民司法》2014 年第 19 期。

[50]何兵、王轩:《印度的公益诉讼制度》,载《行政法学研究》2007 年第 3 期。

[51]胡卫列:《论行政公益诉讼制度的建构》,载《行政法学研究》2012 年第 2 期。

[52]胡卫列、迟晓燕:《从试点情况看行政公益诉讼诉前程序》,载《国家检察官学院学报》2017 年第 2 期。

[53]胡静:《环保组织提起的公益诉讼之功能定位——兼评我国环境公益诉讼的司法解释》,载《法学评论》2016 年第 4 期。

[54]黄金荣:《走在法律的边缘——公益诉讼的理念、困境与前景》,载《法制与社会发展》2011 年第 4 期。

[55]黄娜、杜家明:《社会组织参与环境公益诉讼的优化路径》,载《河北法学》2018 年第 9 期。

[56]黄锡生、林玉成:《构建环境公益行政诉讼制度的设想》,载《行政法学研究》2005 年第 3 期。

[57]江必新:《能动司法:依据、空间和限度——关于能动司法的若干思考和体会》,载《人民司法》2010 年第 1 期。

[58]江必新:《司法理念的辩证思考》,载《法学》2011 年第 1 期。

[59]江必新:《中国环境公益诉讼的实践发展及制度完善》,载《法律适用》2019 年第 1 期。

[60]江国华:《通过审判的社会治理——法院性质再审视》,载《中州学刊》2012 年第 1 期。

[61]江国华:《走向能动的司法——审判权本质再审视》,载《当代法

学》2012 年第 3 期。

[62]江国华:《论司法改革的五个前提性问题》,载《政治与法律》2015 年第 3 期。

[63]江国华、周海源:《〈司法基本法〉与中国司法改革》,载《哈尔滨工业大学学报(社会科学版)》2014 年第 1 期。

[64]蒋小红:《通过公益诉讼推动社会变革——印度公益诉讼制度考察》,载《环球法律评论》2006 年第 3 期。

[65]姜培永:《市民状告青岛规划局行政许可案——兼论我国建立公益诉讼制度的必要性与可行性》,载《山东审判》2002 年第 1 期。

[66]孔祥稳、王玎、余积明:《检察机关提起行政公益诉讼试点工作调研报告》,载《行政法学研究》2017 年第 5 期。

[67]李爱年:《中国环境公益诉讼的立法选择》,载《法学杂志》2010 年第 8 期。

[68]李爱年、龙海燕:《关于我国环境公益诉讼的立法思考——兼评〈民事诉讼法修正案〉第九条》,载《江西理工大学学报》2012 年第 6 期。

[69]李启家:《环境法领域利益冲突的识别与衡平》,载《法学评论》2015 年第 6 期。

[70]李艳芳:《美国的公民诉讼制度及其启示——关于建立我国公益诉讼制度的借鉴性思考》,载《中国人民大学学报》2003 年第 2 期。

[71]李艳芳:《从"马萨诸塞州等诉环保局"案看美国环境法的新进展》,载《中国人民大学学报》2007 年第 6 期。

[72]李艳芳、李斌:《论我国环境民事公益诉讼制度的构建与创新》,载《法学家》2006 年第 5 期。

[73]李艳芳、王春磊:《环境法视野中的环境义务研究述评》,载《中国人民大学学报》2015 年第 4 期。

[74]李义松、苏胜利:《环境公益诉讼的环保逻辑与法律逻辑》,载《青海社会科学》2011 年第 1 期。

[75]李义松、苏胜利:《环境公益诉讼的制度生成研究——以近年几

起环境公益诉讼案为例展开》,载《中国软科学》2011 年第 4 期。

[76]李义松:《检察机关在我国环境公益诉讼中的定位》,载《兰州学刊》2015 年第 1 期。

[77]李义松、王亚男:《论环境公益诉讼的司法推进——基于能动司法的视角》,载《江海学刊》2011 年第 1 期。

[78]李义松、陈昱晗:《论环境民事公益诉讼之原告胜诉奖励机制》,载《西部法学评论》2015 年第 1 期。

[79]李义松、朱强:《新〈环保法〉背景下的环境公益诉讼》,载《湖北社会科学》2015 年第 4 期。

[80]李义松、刘永丽:《我国环境公益诉讼制度现状检视及路径优化》,载《南京社会科学》2021 年第 1 期。

[81]李挚萍:《美国环境法上公民的原告资格》,载《环球法律评论》2006 年第 1 期。

[82]李挚萍:《欧洲环保团体公益诉讼及其对中国的启示》,载《中州学刊》2007 年第 4 期。

[83]李挚萍:《论政府环境法律责任——以政府对环境质量负责为基点》,载《中国地质大学学报(社会科学版)》2008 年第 2 期。

[84]李挚萍:《中国环境公益诉讼原告主体的优劣分析和顺序选择》,载《河北法学》2010 年第 1 期。

[85]李挚萍:《环境公益保护视野下的巴西检察机构之环境司法》,载《法学评论》2010 年第 3 期。

[86]李挚萍:《外国环境司法专门化的经验及挑战》,载《法学杂志》2012 年第 11 期。

[87]梁春艳:《社会组织提起环境公益诉讼基本问题研究》,载《青海社会科学》2015 年第 5 期。

[88]梁春艳:《我国环境公益诉讼的模式选择》,载《郑州大学学报(哲学社会科学版)》2015 年第 6 期。

[89]林燕、李明华:《构建环保 NGO 环境行政公益诉讼权利制度》,

载《法制与社会》2009 年第 14 期。

[90]卢超:《从司法过程到组织激励:行政公益诉讼的中国试验》,载《法商研究》2018 年第 5 期。

[91]刘超:《环保法庭在突破环境侵权诉讼困局中的挣扎与困境》,载《武汉大学学报(哲学社会科学版)》2012 年第 4 期。

[92]刘超:《环境行政公益诉讼受案范围之实践考察与体系展开》,载《政法论丛》2017 年第 4 期。

[93]刘超:《环境行政公益诉讼诉前程序省思》,载《法学》2018 年第 1 期。

[94]刘汉天、刘俊:《公民环境公益诉讼主体资格的法理基础及路径选择》,载《江海学刊》2018 年第 3 期。

[95]刘飞:《行政诉讼类型制度的功能》,载《法学研究》2013 年第 5 期。

[96]刘耀辉:《国家义务的可诉性》,载《法学论坛》2010 年第 5 期。

[97]刘艺:《检察公益诉讼的司法实践与理论探索》,载《国家检察官学院学报》2017 年第 2 期。

[98]栾志红:《印度的环境公益诉讼》,载《环境保护》2007 年第 18 期。

[99]栾志红:《论环境标准在行政诉讼中的效力——以德国法上的规范具体化行政规则为例》,载《河北法学》2007 年第 3 期。

[100]吕忠梅:《论公民环境权》,载《法学研究》1995 年第 2 期。

[101]吕忠梅:《环境公益诉讼辨析》,载《法商研究》2008 年第 6 期。

[102]吕忠梅:《环境公益诉讼:想说爱你不容易》,载《中国审判》2012 年第 10 期。

[103]吕忠梅:《环境行政司法:问题与对策——以实证分析为视角》,载《法律适用》2014 年第 4 期。

[104]吕忠梅:《环境司法,应实现专门化审理》,载《环境经济》2015 年 Z1 期。

[105]吕忠梅、张忠民、熊晓青:《中国环境司法现状调查——以千份环境裁判文书为样本》,载《法学》2011 年第 4 期。

[106]罗伟、徐以祥:《行政诉讼类型化:理论基础、立法构架和适用技术》,载《河北法学》2014 年第 12 期。

[107]潘世钦、潘小江、石维斌:《我国环境公益诉讼模式选择》,载《青海社会科学》2009 年第 3 期。

[108]齐树洁、李叶丹:《台湾环境公民诉讼制度述评》,载《台湾研究集刊》2010 年第 1 期。

[109]钱水苗、孙海萍:《论环境司法与执法协同保障的完善——以浙江省的实践为例》,载《中国环境法治》2013 年第 1 期。

[110]钱卫:《环境行政公益诉讼中环保 NGO 原告资格的 SWOT 分析》,载《中外企业家》2011 年第 10 期。

[111]强雨、周刚:《构建我国行政公益诉讼的理论思考》,载《人民司法》2002 年第 9 期。

[112]秦鹏、陈幸欢:《环境公益诉讼中的法院角色、逆向选择与社会结构——以泰州 1.6 亿赔偿案为样本的法社会学分析》,载《西南民族大学学报(人文社会科学版)》2015 年第 5 期。

[113]秦天宝:《中美公民环境诉讼比较研究》,载《城市环境与城市生态》2002 年第 5 期。

[114]秦天宝、段帷帷:《论我国环境行政公益诉讼制度的发展——以全国首例检察机关提起环境行政公益诉讼案为例》,载《环境保护》2015 年第 1 期。

[115]秦前红:《检察机关参与行政公益诉讼理论与实践的若干问题探讨》,载《政治与法律》2016 年第 11 期。

[116]覃慧:《检察机关提起行政公益诉讼的实证考察》,载《行政法学研究》2019 年第 3 期。

[117]裘璆、何琼:《环境行政公益诉讼——以美、印经验为借鉴》,载《中国环保产业》2006 年第 7 期。

[118]阮丽娟:《环境公益诉讼原告资格的司法实践分析》,载《江西社会科学》2013 年第 12 期。

[119]沈岿:《检察机关在行政公益诉讼中的请求权和政治责任》,载《中国法律评论》2017 年第 5 期。

[120]陶建国:《德国环境行政公益诉讼制度及其对我国的启示》,载《德国研究》2013 年第 2 期。

[121]陶蕾:《我国环境公益诉讼制度进程及其展望》,载《中国环境法治》2013 年第 1 期。

[122]滕宏庆、艾力亚尔·艾麦尔:《我国环境行政公益诉讼制度的嬗变与路向》,载《政法学刊》2017 年第 1 期。

[123]汪劲:《中国环境法治失灵的因素分析——析执政因素对我国环境保护法治的影响》,载《上海交通大学学报(哲学社会科学版)》2012 年第 1 期。

[124]汪劲:《新〈环保法〉公众参与规定的理解与适用》,载《环境保护》2014 年第 23 期。

[125]王灿发:《一起环境行政诉讼透视出的环境公益诉讼影响和作用》,载《世界环境》2006 年第 6 期。

[126]王灿发:《中国环境公益诉讼的主体及其争议》,载《国家检察官学院学报》2010 年第 3 期。

[127]王灿发:《环境公益诉讼的纠结与期望》,载《中华环境》2014 年第 1 期。

[128]王灿发、程多威:《新〈环境保护法〉下环境公益诉讼面临的困境及其破解》,载《法律适用》2014 年第 8 期。

[129]王灿发、程多威:《新〈环境保护法〉规范下环境公益诉讼制度的构建》,载《环境保护》2014 年第 10 期。

[130]王建国:《司法能动的正当性分析》,载《河北法学》2009 年第 5 期。

[131]王明远:《论我国环境公益诉讼的发展方向:基于行政权与司法

权关系理论的分析》,载《中国法学》2016 年第 1 期。

[132]王社坤:《我国环境公益诉讼司法实践与制度构建调查报告》,载《中国环境法治》2011 年第 1 期。

[133]王社坤:《民间环保组织在环境公益诉讼中的角色及作用》,载《中国环境法治》2013 年第 2 期。

[134]王社坤:《环保组织会不会力不从心》,载《环境经济》2014 年第 9 期。

[135]王申:《理念、法的理念——论司法理念的普遍性》,载《法学评论》2005 年第 4 期。

[136]王树义、罗吉:《论我国环境公益诉讼制度的构建——结合〈环境保护法〉修改的思考》,载《清华法治论衡》2012 年第 2 期。

[137]王树义:《论生态文明建设与环境司法改革》,载《中国法学》2014 年第 3 期。

[138]王树义:《环境治理是国家治理的重要内容》,载《法制与社会发展》2014 年第 5 期。

[139]王曦:《环保主体互动法制保障论》,载《上海交通大学学报(哲学社会科学版)》2012 年第 1 期。

[140]王曦:《〈环保法〉修改应为环保主体良性有效互动提供法制保障》,载《甘肃政法学院学报》2013 年第 1 期。

[141]王曦:《论规范和制约有关环境的政府决策之必要性》,载《法学评论》2013 年第 2 期。

[142]王曦:《论环境公益诉讼制度的立法顺序》,载《清华法学》2016 年第 6 期。

[143]王曦:《我国环境公益诉讼制度设计的弊端与改进》,载《昆明理工大学学报(社会科学版)》2021 年第 1 期。

[144]王曦、罗文君、张鹏、杨亚辉:《论创立中国环境公民诉讼制度》,载《上海交通大学学报(哲学社会科学版)》2010 年第 1 期。

[145]王曦、唐瑭:《对“环境权研究热”的“冷”思考》,载《上海交通

大学学报(哲学社会科学版)》2013 年第 2 期。

[146]王曦、张岩:《论美国环境公民诉讼制度》,载《交大法学》2015 年第 4 期。

[147]王小钢:《排除危害类公益诉讼理论、制度和实践》,载《当代法学》2006 年第 6 期。

[148]王小钢:《为什么环保局不宜做环境公益诉讼原告?》,载《环境保护》2010 年第 1 期。

[149]王小钢:《透视环境基本法中的公益诉讼》,载《环境保护》2010 年第 9 期。

[150]王小钢:《对环保部门当原告的些许疑虑——谈昆明小哨畜牧小区污染案环保局角色定位》,载《环境保护》2011 年 Z1 期。

[151]王小钢:《论环境公益诉讼的利益和权利基础》,载《浙江大学学报(人文社会科学版)》2011 年第 3 期。

[152]王小钢:《论法院在我国环保事业中的法律地位和作用》,载《上海交通大学学报(哲学社会科学版)》2012 年第 1 期。

[153]王万华:《完善检察机关提起行政公益诉讼制度的若干问题》,载《法学杂志》2018 年第 1 期。

[154]文正邦:《职责本位论初探——行政法理论基础试析》,载《法商研究》2001 年第 3 期。

[155]吴卫星:《环境权可司法性的法理与实证》,载《法律科学(西北政法大学学报)》2007 年第 6 期。

[156]吴卫星:《印度环境公益诉讼制度及其启示》,载《华东政法大学学报》2010 年第 5 期。

[157]吴卫星:《环境公益原告资格比较研究与借鉴——以美国、印度和欧盟为例》,载《江苏行政学院学报》2011 年第 3 期。

[158]吴勇:《环境公诉探析》,载《求索》2006 年第 11 期。

[159]夏云娇、尚将:《环境行政公益诉讼判决方式的检视及其完善》,载《南京工业大学学报(社会科学版)》2021 年第 3 期。

[160]肖晓春、蔡守秋:《论民间环保组织在环境法治建设中的作用》,载《求索》2009 年第 4 期。

[161]徐显明:《应以宪法固定化的十种权利》,载《领导决策信息》2002 年第 11 期。

[162]徐祥民:《告别传统,厚筑环境义务之堤》,载《郑州大学学报(哲学社会科学版)》2002 年第 2 期。

[163]徐祥民:《通过司法解释建立环境公益诉讼制度的可能性探讨》,载《中国环境法治》2012 年第 1 期。

[164]徐祥民、姜姗:《监督环境公益诉讼还远吗?》,载《中华环境》2014 年第 12 期。

[165]徐祥民、纪晓昕:《现行司法制度下法院受理环境公益诉讼的权能》,载《中国海洋大学学报(社会科学版)》2009 年第 5 期。

[166]徐祥民、凌欣、陈阳:《环境公益诉讼的理论基础探究》,载《中国人口·资源与环境》2010 年第 1 期。

[167]徐祥民、石欣:《当前我国建立环境公益诉讼制度的制约因素分析》,载《中州学刊》2010 年第 1 期。

[168]徐祥民、王丹:《笑迎环境公益诉讼制度——对新〈环境法〉的“积极”解释》,载《中国环境法治》2014 年第 1 期。

[169]徐祥民、张明君:《建立我国环境公益诉讼制度的便捷路径》,载《河北法学》2014 年第 6 期。

[170]薛刚凌:《行政诉讼法修订基本问题之思考》,载《中国法学》2014 年第 3 期。

[171]薛刚凌、杨欣:《论我国行政诉讼构造:“主观诉讼”抑或“客观诉讼”?》,载《行政法学研究》2013 年第 4 期。

[172]薛艳华:《论环境公益诉讼与环境行政执法之冲突与消解》,载《中国软科学》2020 年第 4 期。

[173]严励:《建构社会主义司法理念初论》,载《法学》2006 年第 7 期。

[174]颜运秋、李明耀:《论民行检察与公益诉讼的耦合性》,载《河北法学》2011 年第 10 期。

[175]颜运秋、李明耀:《"美丽中国"语境下塑造环境公益诉讼立法机制之策略》,载《法治研究》2014 年第 7 期。

[176]颜运秋、罗婷:《生态环境保护公益诉讼的激励约束机制研究》,载《中南大学学报(社会科学版)》2013 年第 6 期。

[177]颜运秋、余彦:《生态环境保护公益诉讼机制的存在基础及司法实践》,载《河北科技大学学报(社会科学版)》2014 年第 3 期。

[178]颜运秋、余彦:《民间环保组织的诉讼资格与地位比较研究——兼评新〈环境保护法〉第 58 条》,载《福建江夏学院学报》2014 年第 6 期。

[179]颜运秋、余彦:《〈奥胡斯公约〉司法救济条款及其对我国的启示》,载《净月学刊》2015 年第 4 期。

[180]颜运秋、张金波:《构建完整的生态环境保护公益诉讼制度——兼论新民事诉讼法第 55 条》,载《江西社会科学》2013 年第 12 期。

[181]颜运秋、张金波、李明耀:《环境行政公益诉讼的逻辑和归位》,载《环境保护》2015 年 Z1 期。

[182]杨朝霞:《论环保部门在环境民事公益诉讼中的作用——起诉主体的正当性、可行性和合理性分析》,载《太平洋学报》2011 年第 4 期。

[183]杨朝霞:《论环境公益诉讼的权利基础和起诉顺位——兼谈自然资源物权和环境权的理论要点》,载《法学论坛》2013 年第 3 期。

[184]杨朝霞、张晓宁:《论我国政府环境问责的乱象及其应对——写在新〈环境保护法〉实施之初》,载《吉首大学学报(社会科学版)》2015 年第 4 期。

[185]姚腾越:《德、日、法行政诉讼性质浅析——以主观诉讼和客观诉讼的二分为视角》,载《研究生法学》2014 年第 3 期。

[186]杨建顺:《公共利益辨析与行政法政策学》,载《浙江学刊》2005 年第 1 期。

[187]杨建顺:《〈行政诉讼法〉的修改与行政公益诉讼》,载《法律适

用》2012 年第 11 期。

[188]杨雪:《国家应承担的自然环境义务》,载《开封教育学院学报》2013 年第 5 期。

[189]杨岳涛:《公益组织提起环境行政公益诉讼的原告资格探析——以中华环保联合会诉国家海洋局案等案例为视角》,载《中国环境法治》2014 年第 1 期。

[190]叶志军、蔡鹏:《最大环境公益诉讼案二审进行时》,载《中国审判》2014 年第 12 期。

[191]于安:《行政诉讼中的公益诉讼和客观诉讼问题》,载《法学》2001 年第 5 期。

[192]于博:《略论环境行政公益诉讼中的 NGO——基于一个案例的联想》,载《山东科技大学学报(社会科学版)》2007 年第 4 期。

[193]张海燕:《论环境公益诉讼的原告范围及其诉权顺位》,载《理论学刊》2012 年第 5 期。

[194]张明华:《环境公益诉讼制度刍议》,载《法学论坛》2002 年第 6 期。

[195]张忠民:《检察机关试点环境公益诉讼的回溯与反思》,载《甘肃政法学院学报》2018 年第 6 期。

[196]张鲁萍:《检察机关提起环境行政公益诉讼功能定位与制度建构》,载《学术界》2018 年第 1 期。

[197]张伟华、裴章艺:《环境行政公益诉讼的困境及解决进路——台湾地区环境行政公益诉讼借鉴》,载《中国检察官》2019 年第 9 期。

[198]张福坤:《检察机关法律监督运行机制及进阶方向研究》,载《中国检察官》2019 年第 3 期。

[199]章志远:《我国不宜建立行政公诉制度》,载《河南省政法管理干部学院学报》2001 年第 3 期。

[200]章志远:《我国行政复议与行政诉讼程序衔接之再思考》,载《现代法学》2005 年第 4 期。

[201]章志远:《行政诉讼类型化模式比较与选择》,载《比较法研究》

2006 年第 5 期。

[202]章志远:《行政公益诉讼中的两大认识误区》,载《法学研究》2006 年第 6 期。

[203]章志远:《行政公益诉讼热的冷思考》,载《法学评论》2007 年第 1 期。

[204]章志远:《行政诉讼法修改:观念革新与共识凝练》,载《江汉论坛》2014 年第 11 期。

[205]章礼明:《检察机关不宜作为环境公益诉讼的原告》,载《法学》2011 年第 6 期。

[206]章楚加:《德国环境团体诉讼权能演变之解析》,载《南京大学学报(哲学·人文科学·社会科学)》2018 年第 4 期。

[207]郑少华:《试论美国环境法中非政府组织的法律地位》,载《法学评论》2005 年第 3 期。

[208]郑少华:《从"管控论"到"治理论":司法改革的一个面向》,载《法学杂志》2015 年第 5 期。

[209]朱谦:《美国环境法上的公民诉讼制度及其启示》,载《世界环境》1999 年第 3 期。

[210]朱谦:《公众环境行政参与的现实困境及其出路》,载《上海交通大学学报(哲学社会科学版)》2012 年第 1 期。

[211]周珂、腾延娟:《论协商民主机制在中国环境保护法治中的应用》,载《浙江大学学报(人文社会科学版)》2014 年第 6 期。

[212]周珂、于鲁平:《论加强环境司法体制的理论构建》,载《法律适用》2014 年第 9 期。

四、中文学位论文类

(一)博士学位论文

[1]陈冬:《环境公益诉讼研究——以美国环境公民诉讼为中心》,中国海洋大学 2004 年博士学位论文。

[2]关丽:《环境民事公益诉讼研究》,中国政法大学 2011 年博士学

位论文。

[3]黄金荣:《经济和社会权利的可诉性问题研究》,中国社会科学院法学所2004年博士学位论文。

[4]孙洪坤:《环境公益诉讼立法研究》,山东大学2015年博士学位论文。

[5]张式军:《环境公益诉讼原告资格研究》,武汉大学2005年博士学位论文。

(二)硕士学位论文

[1]陈新:《中国环保非政府组织环境行政公益诉讼原告资格问题研究》,上海交通大学2014年硕士学位论文。

[2]蒋丽霞:《环保NGO参与环境行政公益诉讼法律问题研究》,中国地质大学(北京)2009年硕士学位论文。

[3]赖薇:《论NGO在环境行政公益诉讼中的法律地位》,中国政法大学2006年硕士学位论文。

[4]李国奇:《环保NGO参与环境行政公益诉讼法律问题研究》,石家庄经济学院2011年硕士学位论文。

[5]李小玲:《环保NGO在环境行政公益诉讼中的原告资格探究》,新疆大学2015年硕士学位论文。

[6]张焕:《社会组织提起环境行政公益诉讼研究》,安徽大学2020年硕士学位论文。

五、中文报纸类

[1]别涛:《环保组织:环境公益诉讼的主力军——〈民诉法〉修正案评析与〈环保法〉修改建议》,载《中国环境报》2012年10月12日,第3版。

[2]常纪文、孙宝民:《检察院如何盘活公益诉讼僵局》,载《经济参考报》2015年7月28日,第8版。

[3]常纪文、郭顺禛:《体现环境公益诉讼制约和监督作为》,载《中国环境报》2015年9月25日,第2版。

[4]何晓慧:《南平宣判一环境公益诉讼案为新环保法实施后首例由

社会组织提起的诉讼》,载《人民法院报》2015 年 10 月 30 日,第 3 版。

[5]胡芳泰:《首例大气污染环境公益诉讼法院正式立案》,载《山东法制报》2015 年 3 月 26 日,第 1 版。

[6]胡晓光、向永:《四川阆中:检察院提起环境公益诉讼胜诉》,载《检察日报》2003 年 12 月 19 日,第 8 版。

[7]蒋德:《有关部门要在紫金山的最高峰建“观景台”。此举在南京市民中引起强烈反应,群众认为:谁也无权破坏紫金山》,载《法制日报》2001 年 10 月 23 日,第 1 版。

[8]金煜:《“康菲溢油”重大事故环境公益诉讼首立案》,载《新京报》2015 年 7 月 26 日,A9 版。

[9]马原:《以环境保护优化经济增长　促进转型发展　提升生活质量》,载《人民日报》2011 年 12 月 21 日,第 1 版。

[10]李启家:《中国环境保护法的代际发展——兼议环境功能的拓展》,载《上海法治报》2009 年 3 月 11 日,B5 版。

[11]刘百军、徐向良:《破解环境公益诉讼难题亟待制度支持》,载《法制日报》2014 年 4 月 8 日,第 3 版。

[12]郄建荣:《全国已建立环保法庭 95 个——环境损害赔偿立法缺乏导致环境司法落后》,载《法制日报》2012 年 11 月 20 日,第 6 版。

[13]田舍郎、游情天:《检察院当起公益诉讼案件原告,昨以和解告终——违规倒污泥的企业赔偿 54 万》,载《钱江晚报》2011 年 12 月 17 日,A7 版。

[14]王灿发:《环境公益诉讼难在哪儿》,载《人民日报》2013 年 5 月 18 日,第 10 版。

[15]王昆婷:《石家庄市民因空气污染状告环保局》,载《中国环境报》2014 年 2 月 26 日,第 8 版。

[16]王旅东:《状告大连日迁电机有限公司违法排污　大连首例环境公益诉讼案立案》,载《中国环境报》2015 年 7 月 21 日,第 7 版。

[17]姚雯:《陕西韩城:黄河岸边“破冰之诉”》,载《检察日报》2012

年 10 月 23 日,第 4 版。

[18]章武生:《公益诉讼的诉讼请求与裁判》,载《人民法院报》2009 年 1 月 7 日,第 5 版。

六、英文著作类

[1]Baier & Lowell E. ,*Inside the Equal Acess to Justice Act*:*Environmental Litigation and the Crippling Battle over Amer*,Rowaman & Littlefield,2020.

[2]Bruce T. Wallace & William J. Stapleton, *Environmental Litigation*, Wiley Law Publications,1994.

[3]Ibrahim Abdullahi, *Civil Litigation in Nigeria*, African Books Collective,2018.

[4]Jona Razzaque, *Public Interest Environmental Litigation in India, Pakistan, and Bangladesh*, Kluwer Law International,2004.

[5]Lee Paddock, Du Qun & Louis Kotze, *Compliance and Enforcement in Environmental Laws*: *Toward More Effective Implementation*, Edward Elgar Publishers,2010.

[6]Micheael D. Axline,*Environmental Citizen Suits*,Butterworth Legal Publishers,1995.

[7]Rachel E. Stern, *Environmental Litigation in China*: *A Study in Political Ambivalence*,Cambridge University Press,2013.

[8]Reid,*Civil Litigation*,Oxford University Press,2013.

[9]Riesel & Daniel, *Environmental Enforcement*: *Civil and Criminal*, Law Journal Press,1988.

[10]Shinkle & Florence,*A Force for Nature*: *The Environmental Litigation of Lewis C. Green*,Gashouse Books,2009.

[11]The Commission on Global Governance,*Our Global Neighborhood*, Oxford University Press,1995.

[12]Thomas F. Goldman, *Civil Litigation*: *Process and Procedures*, Prentice Hall,2011.

[13]Tim Stephens, *International Courts and Environmental Protection*, Cambridge University Press, 2009.

七、英文论文类

[1]Ann E. Carlson, *Standing for the Environment*, 45 UCLA L. Rev. (1998).

[2]Antonio A. Oposa Jr., *Setting the Course for Environmental Citizen Suits in the Philippines*, Lawasia J. (1998).

[3]Brian J. Preston, *Public Enforcement of Environmental Laws in Australia*, 6 Journal of Environmental Law and Litigation 39(1991).

[4]Brian Reilly, *The Public Right-to-Know on a Need-to-Know Basis: Striking the Balance between National Security and Environmental Protection*, 41 B. C. Envtl. Aff. L. Rev. (2014).

[5]Cassandra Stubbs, *Is the Environmental Citizen Suit Dead? An Examination of the Erosion of Standards of Justiciability for Environmental Citizen Suits*, 26 N. Y. U. Rev. L. & Soc. Change (2000).

[6]Charles C. Steincamp, *Citizenship: A Discussion of Environmental Citizen Suits*, 39 Washburn L. J. 72(1999).

[7]Charles H. Koch, *Judicial Review of Administrative Discretion*, 54 Geo. Wash. L. Rev. 469(1986).

[8]Christine L. Rideout, *Where are All the Citizen Suits?: The Failure of Safe Drinking Water Environment in the United States*, 21 Health Matrix Clevel(2011).

[9]Christopher Brown, *A Litigious Proposal: A Citizen's Duty to Challenge Climate Change, Lessons from Recent Federal Standing Analysis, and Possible State-Level Remedies Private*, 25 J. Envtl. L. & Litig. 385 (2010).

[10]Daniel C. Esty, *Revitalizing Environmental Federalism*, 629 Michigan Law Review (1996).

[11]Daniel J. Dunn, *Environmental Citizen Suits Against Natural Resource Companies*,17 Nat. Resources & Env't(2003).

[12]David G. Samuels, *Precluding Preclusion: A Proposal for a New Way of Addressing Citizen Suit Overfiling*, 26 Tulane Environmental Law Journal 259(2013).

[13]David Kimo Frankel, *Enforcement of Environmental Laws in Hawaii*,16 U. Haw. L. Rev. 85(1994).

[14]Douglas Naftz, *The Environmental Litigation Bond: An Illegal and Shortsighted Limitation on Environmental Litigation in Utah*, Utah Environmental Law Review (2014).

[15]Frank B. Cross, *Rethinking Environmental Citizen Suits*, 8 Temp. Envtl. L. & Tech. J. (1989).

[16]Heather A. Heilman, *Building & Construction Trades Council of Buffalo v. Downtown Development: The Interest and Purpose of a Labor Union as Plaintiff an Environmental Citizen's Suit*, 20 Tul. Envtl. L. J. (2006).

[17]James R. May, *Now More than Ever: Trends in Environmental Citizen Suits at* 30,10 Widener L. Rev. 1(2003).

[18]James R. May, *The Availabilty of State Environmental Citizen Suits*, Nat. Resources & Env't. (2004).

[19]Jeffrey A. Keithline, *Emergency Planning and Community Right-to-Know Citizen Suits: Should the Supreme Court Extend Gwaltney?*, Washington & Lee Law Review(1997).

[20]Jeffrey G. Miller, *The Constitutionality of Citizen Suit Provisions in Federal Environmental Statutes*, Journal of Environmental Law and Litigation (2012).

[21]Jenny R. Rubin, *Rule 68: A Red Herring in Environmental Citizen Suits*,12 Geo. J. Legal Ethics(1999).

[22]John C. Dernbach, *Citizen Suits and Sustainability*, 10 Widener Law Review (2004).

[23]John E. Bonine, *Private Public Interest Environmental Law: History, Hard Work, and Hope*, 26 Pace Envtl. L. Rev. (2009).

[24]John H. Knox & David L. Markell, *Evaluating Citizen Petition Procedures: Lessons from an Analysis of the NAFTA Environmental Commission*, Texas International Law Journal(2012).

[25]Joseph DiMento, *Asking God to Solve Our Problems: Legislation in the Western States* , UCLA Journal of Environmental Law & Policy (1982).

[26]Joseph T. Phillips, *Fridends of the Earth v. Laidlaw Environmental Services: Impact, Outcomes, and the Future Viability of Environmental Citizen Suits*, 68 University of Cincinnati Law Review(2000).

[27]Julie Anne Ross, *Citizen Suits: California's Proposition* 65 *and the Lawyer's Ethical Duty to the Public Interest*, 29 U. S. F. L. Rev. (1994).

[28]Karl S. Coplan, *Citizen Litigants Citizen Regulators: Four Cases Where Citizen Suits Drove Development of Clean Water Law*, 25 Colorado Natural Resources, Energy & Environmental Law (2014).

[29]Karl S. Coplan, *Is Citizen Suit Notice Jurisdictional and Why does it Matter* ?, 10 Widener L. Rev. (2003).

[30]Kenneth J. Pokalsky, *Citizen Suits: A Bad Answer to a Misconception*, 2 Alb. L. Envtl. Outlook (1996).

[31]Kenton M. Bednarz, *Should the Public Trust Dcotrine Interplay with the Bottling of Michigan Groundwater? Now is the Appropriate Time for the Michigan Supreme Court to Decide*, 53 Wayne L. Rev. 733 (2007).

[32]Kerry D. Florio, *Attorneys' Fees in Environmental Citizen Suits: Should Prevailing Defendants Recover?*, Boston College Environmental Affairs Law Review, p. 707(2000).

[33]Kristi M. Smith, *Who's Suing Whom?: A Comparison of Government*

and Citizen Suit Environmental Enforcement Action Brought Under EPA-Administered Statutes, 1995 – 2000, 29 Columbia Journal of Environmental Law (2004).

[34] Lesley K. Mcallister, *Environmental Advocacy Litigation in Brazil and the United States* ,6 J. Comp. L. (2011).

[35] Margot J. Pollans, *A Blunt Withdrawal? Bars on Citizen Suits for Toxic Site Cleanup*, Harvard Environmental Law Review(2013).

[36] Marisa L. Ugalde, *The Future of Environmental Citizen Suits after Buckhannon Board & Care Home, INC. v. West Virginia Department of Health & Human Resources*, 8 Enviornmental Law(2002).

[37] Markus G. Puder & John A. Veil, *The Discrete Charm of Cooperative Federalism: Environmental Citizen Suits in the Balance* , 27 Vermont Law Review(2002).

[38] Michel Lee, *Attorney's Fees in Environmental Citizen Suits and the Economically Benefited Plaintiff: When are Attorneys' Fees and Costs Appropriate?*, 26 Pace Envtl. L. Rev. 495(2009).

[39] Patti Goldman, *Public Interest Environmental Litigation in China: Lessons Learning from the U. S. Experience*, 8 Vt. J. Envtl. L. (2007).

[40] Ray Vaughan J. D. , *Proof of Standing in Environmental Citizen Suits*, 35 Am. Jur. Proof of Facts (1996).

[41] Robin Kundis Craig, *Notice Letters and Notice Pleading: The Federal Rules of Civil Procedure and the Sufficiency of Environmental Citizen Suit Notice*, 78 Or. L. Rev. (1999).

[42] Scott Foster, *Breaking the Transsubstantive Pleading Mold: Public Interest Environmental Litigation after Ashcroft v. Iqbal*, 35 Wm. & Mary Envtl. L. & Poly Rev. (2011).

[43] Scott L. Cummings & Deborah Rhode, *Public Interest Litigation Insights from Theory and Practice* , Fordhan Urban Law Journal(2009).

[44] Stephen M. Johnson, *Private Plaintiffs, Public Rights: Article* Ⅱ *and Environmental Citizen Suits*, 49 U. Kan. L. Rev. (2000).

[45] Stephen M. Johnson, *Sue and Settle: Demonizing the Environmental Citizen Suit*, 37 Seattle U. L. Rev. (2014).

[46] Steven C. Russo & Elizabeth A. Read, *Defense Perspectives on Environmental Citizen Suits*, 10 Widener L. Rev. (2004).

[47] Steven Russo, *States, Citizens, and the Clean Water Act: State Administrative Enforcement and the Diligent Prosecution Defense*, 4 N. Y. U. Envtl. L. J. (1995).

[48] Susan D. Susman, *Distant Voices in the Courts of India Transformation of Standing in Public Interest Litigation*, 13 Wis. Int'l L. J. (1994).

[49] Susan George, William J. Snape & Rina Rodriguez, *The Public in Action: Using State Citizen Suit Statutes to Protect Biodiversity*, 6 U. Balt. J. Envtl. L. (1997).

[50] Timothy A. Wilkins, *Mootness Doctrine and the Post-Compliance Pursuit of Civil Penalties in Environmental Citizen Suits*, 17 Harv. Envtl. L. Rev. (1993).

[51] Timothy Belevetz, *The Impact on Standing Doctrin in Environmental Litigaition of the Injury in Fact Requirement in Lujan v. National Wildlife Federation*, 17 Doklady Biochemistry & Biophysics(1992).

[52] Trevor W. Morrison, *Private Attorneys General and the First Amendent*, 103 Mich. L. Rev. (2005).

[53] Vawter Parker, *The Increasing Role of Citizen Antipollution Suits*, 15 St. B. Tex. Envtl. L. J. (1985).

[54] Wallace E. Oates, *On Environmental Federalism-Commentary*, 83 Virginia Law Review(1997).

[55] W. Earl Webster, *How Can Mother Nature Get to Court? The Status of the Standing Docrine in a Post Laidlaw Landscape*, 27 J. Land

Resources & Envtl. L. (2007).

[56] William A. Fletcher, *The Structure of Standing*, 98 Yale Law Journal (1988).

附　表

一、截至2020年12月，法院审理的部分典型环境公益诉讼案件统计表

类型	序号	年份	案例
公权力主体提起的环境民事公益诉讼	1	2003	乐陵市人民检察院诉金鑫化工厂环境污染责任案
	2	2003	四川省阆中市人民检察院诉群发骨粉厂环境污染案
	3	2007	贵阳市“两湖一库”管理局诉贵州天峰化工公司水污染责任案
	4	2008	湖南省长沙市望城县人民检察院诉湖南长沙坪塘水泥有限公司环境污染案
	5	2008	新余市渝水区人民检察院诉李某、曾某夫妇水污染责任案
	6	2008	广州市海珠区人民检察院诉新中兴洗水厂厂主陈某明环境污染责任案
	7	2008	贵阳市人民检察院诉熊某志、雷某、陈某雨等生态破坏案
	8	2009	广州市番禺区人民检察院诉东涌东泰皮革染整厂水污染责任案

续表

类型	序号	年份	案例
	9	2009	无锡市锡山区人民检察院诉李某、刘某盗伐杨树案
	10	2009	星子县人民检察院诉某石材厂水污染责任案
	11	2009	重庆市南川区人民检察院诉双赢化工厂环境污染责任案
	12	2009	佛山市南海区丹灶镇政府(检察院支持起诉)诉广东天乙集团有限公司、苏某华、郭某由、江某环境污染责任案
	13	2010	昆明市环保局(检察院支持起诉)诉三农农牧有限公司、羊甫联合牧业有限公司水污染责任案
	14	2010	广州市白云区人民检察院诉白云区养猪场经营者杜某华、梁某强水污染责任案
	15	2010	广州市番禺区人民检察院诉广州市番禺博朗五金厂水污染责任案
	16	2010	重庆市璧山县人民检察院诉重庆欧某畜禽养殖专业合作社水污染责任案
	17	2011	安宁市国土资源局诉戴某相等人生态破坏案
	18	2011	平湖市人民检察院诉嘉兴市绿谊环保服务有限公司及四家皮革公司水污染责任案
	19	2011	赤壁市检察院诉周某发水污染责任案
	20	2012	东营市环保局诉东营市双河村村民吴某、淄博市周村华益溶剂化工厂水污染责任案
	21	2012	宜良县国土资源局(检察院支持起诉)诉赵某龙非法占用农用地案
	22	2012	清镇市人民检察院诉张某匀生态破坏案
	23	2012	贵州省清镇市环境保护局、清镇市人民检察院诉某上市公司贵州分公司水污染责任案
	24	2012	上海市松江区叶榭镇人民政府诉蒋某祥等水污染责任案
	25	2012	嘉兴南湖区人民检察院诉鑫程再生资源有限公司环境污染责任案

续表

类型	序号	年份	案例
	26	2012	漳州市南靖县人民检察院诉沈某洪、沈某喜生态破坏案
	27	2012	广州市番禺区人民检察院诉新造食品有限公司大气污染责任案
	28	2012	海南东寨港国家级自然保护区管理局(检察院支持起诉)诉李某生态破坏案
	29	2013	韩城市环保局(检察院支持起诉)诉韩城市白矾矿业有限责任公司水污染责任案
	30	2013	江阴市环境保护局诉王某峰、马某勇等人环境污染责任案
	31	2013	贵州省清镇市人民检察院诉贵州西电龙腾铁合金有限公司清镇公司大气污染责任案
	32	2015	江苏省常州市人民检察院诉许某惠、许某仙环境污染案
	33	2015	江苏省徐州市人民检察院诉徐州市鸿顺造纸有限公司水污染责任案
	34	2016	山东省聊城市人民检察院诉河南省濮阳市盛源石油化工有限公司、杨某照等土壤污染责任纠纷案
	35	2016	广东省韶关市人民检察院诉郑某雄、邓某加环境污染责任案
	36	2016	广东省广州市人民检察院诉张某山、邝某尧水污染责任案
	37	2017	北京市人民检察院第三分院诉赵某赞环境污染责任案
	38	2017	山东省聊城市人民检察院诉路某太环境污染责任案
	39	2017	山东省青岛市人民检察院诉青岛海来运冷轧薄板有限公司水污染环境案
	40	2018	北京市人民检察院第四分院诉北京多彩联艺国际钢结构工程有限公司大气污染责任案
	41	2018	广东省汕头市人民检察院诉汕头市金平区升平杏花屠宰场环境污染责任案

续表

类型	序号	年份	案例
	42	2018	广东省广州市人民检察院诉广州市花都区卫洁垃圾综合处理厂、李某强固体废物污染责任案
	43	2019	广东省广州市人民检察院诉郭某成、梁某艮、郭某勋固体废物污染责任案
	44	2019	广东省汕头市人民检察院诉汕头市潮阳区谷饶耿鸿织造厂环境污染责任案
	45	2019	重庆市人民检察院第五分院诉四川隆昌红动玻璃有限公司环境污染责任案
	46	2019	郑州市人民检察院诉刘某民环境污染责任案
	47	2019	重庆市人民检察院第五分院诉重庆市永川区杰顺防水材料厂、陆某杰环境污染责任案
	48	2019	广西壮族自治区玉林市人民检察院诉衢州迅通物流有限公司环境污染公益诉讼案
	49	2019	吉林省白城市人民检察院诉陈某杰环境污染责任案
	50	2019	吉林省白城市人民检察院诉陈某海环境污染责任案
	51	2020	重庆市人民检察院第五分院诉顺泰公司、瑜煌公司与鹏展公司环境污染责任纠纷案
	52	2020	吉林省通化市人民检察院诉李某玉破坏生态公益案
	53	2020	北京市人民检察院第四分院诉朱某涛等土壤污染责任案
	54	2020	吉林省松原市人民检察院诉于某超生态环境侵权案
	55	2020	重庆市人民检察院第三分院诉黄某明、谷某军环境公益诉讼侵权责任案
	56	2020	白城市人民检察院诉于某超环境污染责任纠纷公益诉讼案
社会主体提起的环境民事公益诉讼	1	2009	朱某茂、中华环保联合会诉江苏江阴港集装箱有限公司水污染责任案
	2	2010	中华环保联合会、贵阳公众环境教育中心诉贵阳市乌当区定扒造纸厂水污染责任案

续表

类型	序号	年份	案例
	3	2012	蔡某海(与贵阳公众环境教育中心签订《河流认证责任书》而获得起诉资格)诉龙某光(系清镇市屋面防水胶厂负责人)水污染环境公益诉讼案
	4	2012	中华环保联合会、贵阳公众环境教育中心诉贵阳好一多乳业股份有限公司水污染责任案
	5	2013	贵阳公众环境教育中心诉修文县扎佐镇大丫口煤矿环境污染案
	6	2014	江苏省泰州市环保联合会(检察院支持起诉)诉江苏常隆农化有限公司等6家公司水污染环境公益诉讼案
	7	2014	常州市环境公益协会(常州市人民检察院支持起诉)诉储某清及常州博世尔物资再生利用有限公司等土壤污染民事诉讼案
	8	2014	连云港赣榆区环境保护协会(连云港市人民检察院支持起诉)诉王某杰环境污染损害赔偿公益诉讼案
	9	2014	中华环保联合会诉宜兴市江山生物制剂有限公司环境污染公益诉讼案
	10	2015	中华环保联合会诉德州晶华集团振华有限公司大气污染民事公益诉讼案
	11	2015	中华环保联合会诉昆山君汉电子材料有限公司、胡某德等环境污染责任案
	12	2015	自然之友和福建绿家园(检察院、国土资源局、林业局支持起诉)诉谢某锦、倪某香、郑某姜、李某槊破坏林地民事公益诉讼案
	13	2015	中华环保联合会诉新安化工厂下属建德化工二厂等4家企业及李某、李某福案
	14	2015	中华环保联合会诉东营市津瑞联电子材料有限公司及李某强污染环境案
	15	2015	大连市环保志愿者协会(大连市人民检察院支持起诉)诉大连日牵电机有限公司环境污染公益诉讼案
	16	2015	常州环境公益协会(常州市人民检察院支持起诉)诉常州长江公司环境污染公益诉讼案

续表

类型	序号	年份	案例
	17	2016	河南省企业社会责任促进中心诉洛阳市吉利区辉鹏养殖专业合作社、关某高、河南省国有孟州林场环境污染责任案
	18	2016	广东省环境保护基金会诉焦某水污染责任案
	19	2016	中国生物多样性保护与绿色发展基金会诉重庆长安汽车股份有限公司大气污染责任案
	20	2016	中国生物多样性保护与绿色发展基金会诉深圳市速美环保有限公司、浙江淘宝网络有限公司大气污染案
	21	2016	中华环保联合会诉江苏顺驰拉链有限公司、游某豹等环境污染责任案
	22	2017	中国生物多样性保护与绿色发展基金会诉马鞍山市玉江机械化工有限责任公司环境污染案
	23	2017	中华环保联合会诉浙江新安化工集团股份有限公司建德化工厂二厂环境污染责任案
	24	2017	中国生物多样性保护与绿色发展基金会诉新郑市薛店镇花庄村民委员会、新郑市薛店镇人民政府非法采伐古枣树案
	25	2017	重庆两江志愿服务发展中心、广东省环境保护基金会诉广东世纪青山镍业有限公司等环境污染责任案
	26	2017	中华环保联合会诉阳城县富宁化工有限责任公司环境污染纠纷案
	27	2018	中国生物多样性保护与绿色发展基金会诉中国铝业股份有限公司公益诉讼案
	28	2018	山东环境保护基金会诉郑州新力电力有限公司大气污染责任案
	29	2018	东莞市环境科学学会诉何某朝、陈某江水污染责任案
	30	2018	北京市丰台区源头爱好者环境研究所诉镇江茂源化工有限公司环境民事公益诉讼案

续表

类型	序号	年份	案例
	31	2018	北京市丰台区源头爱好者环境研究所诉石柱土家族自治县临港经济开发有限公司、石柱土家族自治县鸿盛经济发展有限公司、石柱土家族自治县工业园区管理委员会及第三人重庆市石柱土家族自治县林业局环境公益诉讼纠纷案
	32	2019	北京市丰台区源头爱好者环境研究所、金华市绿色生态文化服务中心诉合山市海盛纸业有限公司环境污染公益诉讼案
	33	2019	北京市朝阳区自然之友环境研究所诉江西省鄱湖低碳环保股份有限公司水污染责任案
	34	2019	北京市丰台区源头爱好者环境研究所诉大同市新荣区污水处理厂环境污染公益诉讼案
	35	2019	重庆两江志愿服务发展中心诉萍乡萍钢安源钢铁有限公司等环境污染案
	36	2019	北京市丰台区源头爱好者环境研究所诉湖南煤化新能源有限公司环境污染公益诉讼案
	37	2019	北京市丰台区源头爱好者环境研究所诉深圳市长园特发科技有限公司环境污染民事公益诉讼案
	38	2019	中国生物多样性保护与绿色发展基金会、北京市丰台区源头爱好者环境研究所诉山西兆丰铝业有限公司环境污染责任案
	39	2019	北京市丰台区源头爱好者环境研究所诉潍坊振兴焦化有限公司环境污染责任案
	40	2019	中华环保联合会、金华市绿色生态文化服务中心诉湖北新明珠绿色建材科技有限公司等大气污染责任案
	41	2019	中华环保联合会、金华市绿色生态文化服务中心诉湖北雄陶陶瓷有限公司等大气污染责任案
	42	2019	中华环保联合会诉昆山市周市永纯水处理设备贸易部、黄某国等环境污染责任案
	43	2019	北京市朝阳区绿家园环境科学研究中心诉山东泰山生力源玻璃有限公司环境公益诉讼案

续表

类型	序号	年份	案例
	44	2019	中华环保联合会诉许某江、王某叶环境污染责任案
	45	2019	山东环境保护基金会诉湖北三峡新型建材股份有限公司大气污染责任纠纷公益诉讼案
	46	2019	中华环保联合会诉左某兵环境污染责任纠纷案
	47	2020	重庆两江志愿服务发展中心诉安徽淮化集团有限公司大气污染案
	48	2020	金华市绿色生态文化服务中心诉孟津县汇兴供排水有限公司水污染责任案
	49	2020	金华市绿色生态文化服务中心诉马鞍山钢铁股份有限公司环境污染责任纠纷案
公权力主体提起的环境行政公益诉讼	1	2014	贵州省金沙县人民检察院诉贵州省金沙县环保局不依法履行行政职责案
	2	2015	山东省庆云县人民检察院诉庆云县环保部门不依法履职案
	3	2015	贵州省锦屏县人民检察院诉锦屏县环保局行政公益诉讼案
	4	2015	福建省清流县人民检察院诉清流县环保局行政公益诉讼案
	5	2016	苏尼特左旗人民检察院诉苏尼特左旗生态环境保护局公益诉讼案
	6	2016	武山县人民检察院诉武山县滩歌镇人民政府不履行环境卫生管理法定职责案
	7	2016	贵州省黔西县人民检察院诉贵州省黔西县国土资源局、第三人贵州省黔西县华宇商品混凝土有限公司不履行行政职权案
	8	2016	正蓝旗人民检察院诉正蓝旗生态保护局不履行行政职责案
	9	2016	湖北省十堰市郧阳区人民检察院诉郧阳区林业局行政公益诉讼案
	10	2016	福建省清流县人民检察院诉清流县环保局行政公益诉讼案

续表

类型	序号	年份	案例
	11	2016	贵州省锦屏县人民检察院诉锦屏县环保局行政公益诉讼案
	12	2017	通江县人民检察院诉通江县至诚镇人民政府未依法履行行政管理职责案
	13	2017	常州市钟楼区人民检察院诉常州市环境保护局怠于履职案
	14	2017	定西市安定区人民检察院诉定西市安定区巉口镇人民政府不履行法定职责案
	15	2017	甘肃省岷县西寨镇人民政府诉岷县西寨镇人民政府不履行法定职责案
	16	2017	泾川县人民检察院诉泾川县水务局怠于履行监管法定职责案
	17	2017	渭城区人民检察院诉永寿县甘井镇人民政府不履行法定职责案
	18	2017	新城区检察院诉蓝田县国土资源局不履行法定职责案
	19	2017	册亨县人民检察院诉册亨县环保局行政不作为行政公益诉讼案
	20	2017	敖汉旗人民检察院诉敖汉旗林业局未履行法定职责行政公益诉讼案
	21	2017	贵阳市花溪区人民检察院诉贵阳市花溪区城市管理局违法行政案
	22	2018	福安市人民检察院诉福安市环境保护局未依法履职案
	23	2018	西安铁路运输检察院诉西安市环境保护局不履行法定职责案
	24	2018	鄂州市华容区人民检察院诉广水市余店镇人民政府未依法履职案
	25	2018	大安市人民检察院诉大安市林业局不履行法定职责案
	26	2018	宿州市埇桥区人民检察院诉宿州市埇桥区国土资源局不履行法定职责案

续表

类型	序号	年份	案例
	27	2018	淄博市淄川区人民检察院诉淄博市环境保护局淄川分局不履行环保法定职责案
	28	2018	湖北省南漳县人民检察院诉南漳县九集镇人民政府未依法履行农村垃圾治理法定职责案
	29	2018	安康铁路运输检察院诉利县三阳镇人民政府不履行垃圾治理职责案
	30	2018	利津县人民检察院诉利津县环境保护局怠于履行监管职责案
	31	2018	保康县人民检察院诉歇马镇政府不履行法定职责案
	32	2018	西安铁路运输检察院诉西安市鄠邑区玉蝉街道办事处不履行法定职责案
	33	2018	广饶县人民检察院诉广饶县环境保护局未全面履行环境保护监督管理法定职责案
	34	2018	安义县人民检察院诉安义县国土资源局不履行矿山地质环境保护职责案
	35	2018	莘县人民检察院诉莘县水务局不履行法定职责案
	36	2019	开阳县人民检察院诉开阳县楠木渡镇人民政府未依法履行职责案
	37	2019	咸丰县人民检察院诉咸丰县城市管理执法局未依法履职公益诉讼案
	38	2019	枣阳市人民检察院诉枣阳市杨垱镇人民政府未依法履职案
	39	2019	江口县人民检察院诉江口县自然资源局未依法履行环保管理职责案
	40	2019	嘉鱼县人民检察院诉嘉鱼县自然资源和规划局未依法履行职责案
	41	2019	清水县人民检察院诉清水县畜牧兽医局不履行水资源环境保护监督管理的法定职责案
	42	2019	监利县人民检察院诉荆州市长江河道管理局监利分局不依法履行河道监管法定职责案

续表

类型	序号	年份	案例
	43	2019	惠州市惠阳区人民检察院诉龙门县林业局未依法履行资源管理职责案
	44	2019	天长市人民检察院诉天长市自然资源和规划局怠于履行地质矿产监管法定职责案
	45	2019	奇台县人民检察院诉奇台县自然资源局不履行法定职责案
	46	2019	安康铁路运输检察院诉旬阳县水利局不履行河道监管职责案
	47	2019	利川市人民检察院诉利川市汪营镇人民政府未履行法定职责案
	48	2019	伊通满族自治县人民检察院诉伊通满族自治县马鞍山镇人民政府不履行法定职责案
	49	2019	贵阳市云岩区人民检察院诉贵阳市云岩区城市管理局不履行行政管理职责案
	50	2019	贵阳市乌当区人民检察院诉贵阳市乌当区水务管理局不履行行政管理职责案
	51	2019	湖北省天门市人民检察院诉拖市镇政府不依法履行职责行政公益诉讼案
	52	2020	安徽省临泉县人民检察院诉临泉县城市管理行政执法局不履行法定职责案
	53	2020	威海市环翠区人民检察院诉威海市生态环境局不履行法定职责案
	54	2020	西安铁路运输检察院诉西安市鄠邑区甘亭街道办事处不履行法定职责案
	55	2020	楚雄市人民检察院诉楚雄市林业和草原局不履行法定职责案
	56	2020	黄石市黄石港区人民检察院诉黄石市水利和湖泊局不依法履行法定职责案
	57	2020	普洱市思茅区人民检察院诉普洱市思茅区农业农村局不履行监管职责案

续表

类型	序号	年份	案例
	58	2020	宣城市宣州区人民检察院诉宣城市宣州区自然资源和规划局不履行林业监管职责案
	59	2020	泸县人民检察院诉泸县水务局怠于履行职责案
	60	2020	重庆市武隆区人民检察院诉重庆市武隆区规划和自然资源局不履行地矿行政监管法定职责案
	61	2020	荆门市掇刀区人民检察院诉荆门市掇刀区城市管理执法局不履行建筑垃圾处理监管法定职责案
	62	2020	抚顺市东洲区人民检察院诉抚顺市生态环境局未依法履行法定职责案
	63	2020	进贤县人民检察院诉进贤县林业局不履行林业监管法定职责案
	64	2020	竹山县人民检察院诉十堰市生态环境局竹山分局未履行环境污染隐患监管法定职责案
	65	2020	文山市人民检察院诉平坝区人民政府怠于履行环境保护监管职责案
	66	2020	四川省美姑县人民检察院诉美姑县牛牛坝乡人民政府怠于履行监管职责违法案
	67	2020	张家川回族自治县人民检察院诉张家川回族自治县住房和城乡建设局环境保护水污染防治不履行监管职责案
	68	2020	大方县人民检察院诉大方县水务局怠于履行环境保护行政管理职责案
	69	2020	长白朝鲜族自治县人民检察院诉长白朝鲜族自治县林业局不履行森林资源保护法定职责案
社会主体提起的环境行政公益诉讼	1	2009	中华环保联合会诉清镇市国土资源管理局不依法履行法定职责案
	2	2012	中华环保联合会诉贵州省修文县环保局环境信息公开案
	3	2012	中华环保联合会诉无锡市蠡湖惠山景区管理委员会生态环境损害赔偿纠纷案

续表

类型	序号	年份	案例
	4	2013	贵阳公众环境教育中心诉贵州省龙里县人民政府不履行环境保护法定职责案
	5	2013	陈某雯诉广州市环保局信息公开案

二、法院未受理或未完全胜诉的部分典型环境公益诉讼案件统计表

类型	序号	年份	案例
公权力主体提起的环境民事公益诉讼	无		
社会主体提起的环境民事公益诉讼	1	2005	北大三位教授、三位研究生与自然物(鲟鳇鱼、松花江、太阳岛)诉中国石油天然气集团公司吉林分公司案
	2	2013	中华环保联合会诉潍坊乐港食品股份有限公司水污染侵权案
	3	2013	中华环保联合会诉重庆市双庆硫酸钡有限公司环境污染责任纠纷案
	4	2013	中华环保联合会诉河南省灵宝金源矿业有限公司环境污染案
	5	2013	中华环保联合会诉海南天工生物工程有限公司水污染责任案
	6	2013	中华环保联合会诉海南罗牛山种猪育种有限公司水污染责任案
	7	2013	民间组织邯郸冬泳协会诉山西天脊化工集团水污染公益诉讼案
	8	2015	北京市朝阳区自然之友环境研究所追诉泰州其他污染企业案
	9	2015	中国生物多样性保护与绿色发展基金会诉雅砻江流域水电开发有限公司环境民事公益诉讼案

续表

类型	序号	年份	案例
	10	2016	北京市朝阳区自然之友环境研究所、中国生物多样性保护与绿色发展基金会诉江苏常隆化工有限公司、常州市常宇化工有限公司等环境污染责任案
	11	2016	重庆两江志愿服务发展中心、广东省环境保护基金会等诉广东世纪青山镍业有限公司等环境污染责任案
	12	2017	北京市朝阳区自然之友环境研究所诉中石油云南石化有限公司环境污染责任案
	13	2018	重庆两江志愿服务发展中心诉安徽淮化集团有限公司大气污染责任案
	14	2018	北京市朝阳区自然之友环境研究所诉荣成伟伯渔业有限公司水域污染损害责任案
	15	2019	中国生物多样性保护与绿色发展基金会诉秦皇岛方圆包装玻璃有限公司环境污染责任案
	16	2019	中国生物多样性保护与绿色发展基金会诉云南泽昌钛业有限公司环境污染责任案
	17	2019	中国生物多样性保护与绿色发展基金会诉浙江淘宝网络有限公司大气污染责任案
	18	2019	中国生物多样性保护与绿色发展基金会诉河南豫能新能源有限公司、南阳市环境保护科学研究所有限公司毁坏文物、破坏林地公益诉讼案
	19	2019	山东环境保护基金会、金华市绿色生态文化服务中心诉晋州市城市污水处理厂环境污染责任案
	20	2019	北京市丰台区源头爱好者环境研究所、北京市朝阳区环友科学技术研究中心等与湖北鼎龙控股股份有限公司水污染责任案
	21	2019	中国生物多样性保护与绿色发展基金会诉云南建投第十一建设有限公司、弥渡县住房和城乡建设局生态破坏公益诉讼案
	22	2020	中国生物多样性保护与绿色发展基金会诉青海珠峰宏源商贸有限公司环境污染责任案

续表

类型	序号	年份	案例
	23	2020	金华市绿色生态文化服务中心诉广西贵港钢铁集团有限公司环境污染责任案
	24	2020	金华市绿色生态文化服务中心诉广西贵港市昌翔木业有限公司大气环境污染案
公权力主体提起的环境行政公益诉讼	无		
社会主体提起的环境行政公益诉讼	1	2000	青岛市市民诉青岛市规划局行政许可案
	2	2001	施某辉、顾某松诉南京市规划局违法审批案
	3	2002	陈某庆诉杭州市余杭区环保局不履行法定职责案
	4	2003	金某喜诉杭州市规划局违法颁发许可证案
	5	2003	陈某庆诉浙江省政府和浙江省环保局不履行法定职责案
	6	2013	中华环保联合会诉山西省原平市住房保障和城乡建设管理局环境侵权案
	7	2013	中华环保联合会诉国家海洋局违法批康菲复产案
	8	2014	李某欣诉石家庄市环保局不依法履行大气污染治理法定职责案
	9	2015	王某清诉青岛市环境保护局崂山分局、青岛市环境保护局不履行法定职责案
	10	2018	李某勤诉郑州市二七区人民政府不履行法定职责案
	11	2019	彭某锋诉绥中县人民政府不履行法定职责案
	12	2019	周某旗、周某成诉河南省生态环境厅不履行法定职责案